HISTOIRE ECCLÉSIASTIQUE

DU

DIOCÈSE DE COUTANCES

ÉVREUX, IMPRIMERIE DE A. HÉRISSEY.

HISTOIRE ECCLÉSIASTIQUE

DU

DIOCÈSE DE COUTANCES

PAR

RENÉ TOUSTAIN DE BILLY

CURÉ DU MESNIL-OPAC

PUBLIÉE POUR LA PREMIÈRE FOIS

Par FRANÇOIS DOLBET

—

TOME I

ROUEN

CH. MÉTÉRIE, SUCCESSEUR DE A. LEBRUMENT

LIBRAIRE DE LA SOCIÉTÉ DE L'HISTOIRE DE NORMANDIE

RUE JEANNE-D'ARC, N° 11

—

M DCCC LXXIV

EXTRAIT DU RÈGLEMENT

Art. 16. — Aucun volume ou fascicule ne peut être livré à l'impression qu'en vertu d'une délibération du Conseil, prise au vu de la déclaration du Commissaire délégué et, lorsqu'il y a lieu, de l'avis du comité intéressé portant que le travail *est digne d'être publié*. Cette délibération est imprimée au verso de la feuille de titre du premier volume de chaque ouvrage.

Le Conseil, vu la déclaration de M. *le Marquis* DE BLOSSEVILLE, *président de la Société, portant que l'édition de l'*Histoire ecclésiastique du diocèse de Coutances, *par* René Toustain de Billy, *préparée par* M. François Dolbet, *lui a paru digne d'être publiée par la* Société de l'Histoire de Normandie, *après en avoir délibéré, décide que cet ouvrage sera livré à l'impression.*

Fait à Rouen, le lundi 2 novembre 1874.

Le Secrétaire de la Société,

C. LORMIER.

HISTOIRE ECCLÉSIASTIQUE

DU

DIOCÈSE DE COUTANCES

PREMIÈRE PARTIE

Qui contient ce qui est connu depuis l'établissement de l'épiscopat en ce diocèse jusqu'au commencement du règne des Normands, l'an neuf cent douze.

CHAPITRE PREMIER

DE SAINT ÉREPTIOLE ET DE SAINT EXUPERAT

Il n'est pas possible de donner précisément le temps auquel la religion chrétienne fut reçue dans ce diocèse, ni les noms de ses premiers apôtres. Feu M. Duchesne, dans son livre des *Antiquités des villes*[1], parlant de

---

[1] *Les Antiquités et Recherches des villes, châteaux et places plus remarquables de toute la France*, par André DU CHESNE, II, 343.

Coutances et de ses évêques, estime que saint Ereptiole la convertit. Il y a néanmoins bien de l'apparence que la religion y fut établie longtemps avant l'épiscopat, ce dernier ne s'y trouvant que vers le milieu du v° siècle.

Le peu ou point de martyrs qu'on y trouve me semble une preuve assez forte qu'il y avait peu de chrétiens pendant ces siècles où tous les cantons de l'empire rougissaient de leur sang.

Il est vrai que j'ai lu dans un vieux martyrologe : « In agro Constantiensi, ad aquas duras, sanctæ Verenæ virginis et martyris », et qu'on m'a dit que ces « aquæ duræ[1] » étaient la paroisse d'Orval, à une lieue de Coutances. Mais cette sainte n'est connue ni honorée à Orval ou autre lieu de ce diocèse, et je ne crois pas qu'il y ait d'autre martyrologe que celui que j'ai vu qui en fasse mention; outre que ces paroles peuvent aussi bien convenir au diocèse de Constance en Allemagne qu'au nôtre. Dans le dénombrement des reliques que du temps de l'empereur Othon Ier, Thierri, évêque de Metz[2], transféra d'Italie en son église, nous trouvons qu'il emporta de Spolète le corps de sainte Sérène[3], vierge et martyre, et si c'est d'elle que parle le martyrologe, il aurait besoin de correction.

---

[1] L'endroit ainsi appelé par le Martyrologe serait Zurzach, sur le Rhin, entre Bâle et Constance et dans le diocèse de Constance. (*De sancta Verena virgine Zurzachi diœcesis Constantiensis in Helvetia*, Acta Sanct. sept., I, 57.)

[2] *Inventio sanctorum a Domno Deoderico pontifice repertorum atque ad civitatem Metensem translatorum* (Dacherii *Spicilegium*, V, 139.)

[3] Sainte Sérène est mentionnée dans les Actes de saint Sabin, évêque d'Assise, martyrisé en l'année 304, actes que Baluze (*Miscell.*, II, 47), après

Nous avons vu aussi les actes du martyre de saint Floscel, conservés dans un très-ancien bréviaire d'une église paroissiale qui porte son nom, à une lieue et demie de Valognes, près Montebourg. Ces actes portent qu'il avait pris naissance en cette paroisse et qu'il eut la tête tranchée par ordre de l'empereur Antonin ; en voici quelques termes : « Floscellus ex Constan-
« tiensis urbis provincia, in villa quam durus fluvius [1]
« in parte lustrat fuit oriundus. Sacra religionis insti-
« tutione imbutus », etc.; et par après : « Quo tem-
« pore, Cæsaris Antonini nefandissimi tota respu-
« blica subjugabatur imperio, sub quo Maximianum
« et Valerianum viros sanctæ et christianæ pietatis
« infestos universo terrarum spatio præsidere, antiqui
« ad memoriam revocant », etc. Le surplus, d'un style fort long et fort ennuyeux, porte que saint Floscel encore fort jeune ayant été présenté à Valérien, gouverneur de l'Occident, il employa toutes sortes d'artifices pour l'obliger de renoncer à Jésus-Christ, ce qui ne lui ayant pas réussi ni les tourments, il l'envoya à Antonin qui lui fit couper la tête ; mais à dire le vrai ces leçons de bréviaire, qui ont été tout

---

Baronius (*Ann.*, III, 297), déclare « sincerissima et optima esse », et qui sont attaqués par Le Nain de Tillemont (*Mémoires pour servir à l'Histoire ecclésiastique des six premiers siècles*, III, 297). On voit que cette sainte n'est pas la même que sainte Vérène, et que le martyrologe peut se passer de correction.

[1] Ce « durus fluvius » me semble une variante des « aquæ duræ » de la légende de sainte Vérène, qu'on a introduite dans celle-ci pour lui donner une apparence d'authenticité. Les Bollandistes (Sept. V, 479) et M. Jules Lair (*Bibliothèque de l'École des chartes*, t. IV, 6ᵉ série, p. 558) ont confirmé le jugement de notre auteur sur les actes de saint Floscel.

à fait changées dans les dernières éditions, me paraissent fort suspectes; le titre de très-méchant, « nefandissimi », ne convient guère à Antonin à qui tous les siècles ont donné le nom de pieux et qui, la quinzième année de son empire, qui est l'an de Jésus-Christ 154, fit par édit cesser la persécution contre les chrétiens; deux de ses successeurs, Caracalla et Héliogabale, portèrent son nom et méritèrent justement l'épithète de très-méchant; mais ils ne persécutèrent point les chrétiens, et nous ne lisons nulle part qu'ils eussent partagé le gouvernement de l'empire entre les deux lieutenants Maximien et Valérien, dont le premier régissait l'Orient et l'autre l'Occident, comme portent ces actes.

Sans donc avoir égard à ces actes, nous croyons qu'avant la fin du III° siècle et le commencement du IV°, il a pu y avoir quelques chrétiens en Cotentin, spécialement sous l'empire de Constance Chlore qu'on sait ne les avoir pas persécutés; mais nous n'estimons pas qu'on y ait fait profession publique de christianisme avant la venue de saint Mellon en cette province, qui fut sacré à Rome évêque de Rouen par le pape Melchiade, l'an de Notre-Seigneur 311.

Mais ce qui nous confirme que le christianisme était reçu en Cotentin longtemps avant l'épiscopat, c'est la seconde épître de saint Paulin et le rescrit du pape Innocent Ier à Victrice, archevêque de Rouen. Le premier loue Victrice de ce que non-seulement sa province était une nouvelle terre de Zabulon et de Nephtali où le nom de Dieu était connu et adoré; de ce que les rivages de la mer et les déserts, qui n'avaient autrefois pour habitants que des dragons et des bêtes farouches, étaient devenus une céleste Jérusalem par un nombre infini de saints anachorètes qui ne cessaient jour et nuit de bénir le nom du Seigneur par leurs agréables concerts et le chant des psaumes : « Ubi quondam « deserta silvarum ac littorum pariter intuta advenæ « barbari aut latrones incolæ frequentabant, nunc « venerabiles et angelici sanctorum chori urbes, op- « pida, insulas, silvas, ecclesiis et monasteriis plebe « numerosis, pace consona celebrant... ubi quoti- « diano sapienter psallentium per frequentes ecclesias « et monasteria secreta concentu, castissimis ovium « tuarum et cordibus delectantur et vocibus [1] », etc.; mais encore de ce qu'il avait converti à la foi des peuples les plus éloignés, tels que ceux de Thérouanne et les Flamands. Et le pape Innocent explique à ce même prélat, en treize canons [2], les points principaux de la discipline eccclésiastique qu'il est obligé d'observer; ce qui aurait été contraire à la vérité de la part de saint Paulin, et inutile de la part d'Innocent, si le christianisme n'avait pas été la religion dominante dans la province de Victrice de son temps.

Après quoi, je ne dois pas oublier que c'est une tradition constante parmi nous que saint Martin, archevêque de Tours, n'a pas peu contribué à la conversion des peuples de cette basse province; que c'est de là qu'est venu le grand respect qu'on y a toujours eu pour

[1] *Sancti Paulini opera*, I, 101, de l'édition de LE BRUN DES MARETTES.
[2] BESSIN, *Concilia Rothomagensis provinciæ*, p. 3.

sa mémoire, et que presque la moitié des églises de ce diocèse sont consacrées à Dieu sous son nom, d'où est venu le proverbe :

> « Sainte Marie et saint Martin
> « Ont partagé le Cotentin [1]. »

A l'égard maintenant de nos évêques, tous les auteurs qui en ont parlé comptent saint Ereptiole pour le premier et lui donnent la qualité de saint.

Il y a dans ce fameux registre du chapitre de Coutances appelé *livre noir* deux catalogues de nos évêques, l'un au commencement et l'autre à la fin. Le premier commence par ces mots : « Hic sunt nomina « episcoporum sanctæ Constantiensis ecclesiæ : primus « sanctus Ereptiolus », etc., et l'autre par ceux-ci : « Hæc nomina sunt episcoporum sanctæ Constantien- « sis ecclesiæ : Ereptiolus », etc. Démocharès [2], Robert Cenalis, messieurs de Sainte-Marthe ont suivi ces catalogues, mais ni les uns ni les autres ne marquent point la durée de son épiscopat.

Le P. Pommeraye, religieux bénédictin, dans le recueil qu'il a fait des conciles de Rouen, estime que saint Ereptiole établit son siége épiscopal à Coutances vers l'an 450 [3], sous le règne des premiers rois de

---

[1] Je laisse de côté des détails sur saint Martin, qui se trouvent dans une des copies de Toustain et sont tout à fait étrangers à la vie de nos évêques.

[2] Antoine DE MOUCHY, dit *Démocharès*, dans son traité *De Missæ sacrificio*, II, 39.

[3] Toustain de Billy se trompe. Dans le tableau synoptique des évêques de la province, inséré par D. Pommeraye en tête de ses conciles, on trouve saint Ereptiole en regard de Pharamond (420) et de Clodion (428) (*Sanctæ Rotomagensis ecclesiæ concilia*. Rouen, Bonaventure LEBRUN, MDCLXXVII. — Petit in-4°).

France encore païens. M. de Masseville [1] est du même sentiment, et M. de Lesseville, dans un petit livre qu'il a fait imprimer en 1664 de la translation de saint Gaud, dit que saint Ereptiole et Sigibold, évêque de Séez, assistèrent saint Germain, archevêque de Rouen, lorsqu'il sacra ce même saint Gaud évêque d'Évreux, ce qu'il a dit être entre 453, auquel an saint Germain succéda à saint Mellon, et 461, qu'il mourut ; mais de savoir combien il y avait de temps qu'il était évêque et combien il l'a été depuis, c'est ce que nous ne pouvons.

M. du Vaudôme [2] m'a communiqué un fragment de manuscrit, qu'il disait avoir tiré d'une très-ancienne vie de saint Lo, dans lequel il est rapporté qu'Ereptiole était natif de Coutances ; qu'il avait été élevé à Rouen, y avait été baptisé et nommé Ereptiole, comme ayant été par la grâce de Dieu dès sa jeunesse retiré par son baptême de la captivité du démon ; qu'ayant passé par tous les ordres ecclésiastiques, il fut enfin sacré évêque de Coutances et envoyé en cette ville pour y faire régner Jésus-Christ par ses paroles et son exemple ; qu'il s'en acquitta en véritable prélat et pasteur ; qu'il était plein de ce feu que le Fils de Dieu avait apporté du ciel pour embraser la terre ; que le paganisme régnant encore en plusieurs endroits de son diocèse, son zèle pour la gloire de Dieu lui faisait mépriser toutes sortes de périls afin de s'y opposer ;

---

[1] MASSEVILLE, *Histoire de Normandie*, VI, 47.

[2] Daireaux du Vaudôme, conseiller au présidial de Coutances. Il a laissé plusieurs travaux manuscrits sur les antiquités de cette ville.

qu'il perçait l'obscurité des bois les plus affreux pour découvrir et pour détruire les autels profanes sur lesquels ce peuple aveugle et opiniâtre offrait encore des sacrifices abominables au démon. Voici ses propres termes : « Fuit ille divus Ereptiolus ex eadem civitate
« Constantiensi, ut fertur, ortus, apud Rothomagum
« nutritus, edoctus, et sacro baptismatis fonte ablutus,
« sortitusque nomen hoc, tanquam qui fuit per illum
« e draconis fauce ereptus, moribus, ingenio ac doc-
« trina clarus, progressus per omnes ecclesiasticos pro
« more ordines, denique sacratus est a beato Syl-
« vestro, Rothomagensi episcopo, ecclesiæ et civitatis
« Constantiensis primus antistes. Quo in munere ser-
« vus fidelis et prudens talentum Domini non abscon-
« dit, sed zelo ardens et eo accensus igne quem filius
« Dei venerat mittere in terras, vias Domini rectas
« indefessus verbo et exemplo ubique docebat, et
« quum non minima plebis infidelis pars adhuc immo-
« labat in excelsis vel densissimis, intrepidus nemo-
« rum tenebras penetrabat, lucos succendebat et tur-
« pibus nefandisque sacris fumantia cacodæmonum
« altaria evertebat », etc.

Comme donc nous n'avons aucune raison de contredire l'autorité de feu M. de Lesseville, évêque de Coutances, ni de ce manuscrit, je crois que nous en devons demeurer là et dire que ce Sylvestre ayant succédé à Innocent, successeur de Victrice, environ l'an de Jésus-Christ 436, et tenu le siége huit ans, cet intervalle serait l'époque de l'érection de l'église de Coutances en église cathédrale et épiscopale, et que son premier évêque aurait au moins vécu jusqu'à la fin du siége de Germain, l'an de Jésus-Christ 460.

La tradition lui attribue encore le bâtiment de la basilique de Coutances, non en l'état qu'elle est aujourd'hui, mais qu'elle était lorsqu'elle fut détruite par les Normands. Tous les siècles qui l'ont suivi lui ont donné le titre de saint, comme à plusieurs de ses premiers successeurs, et l'ont regardé comme l'apôtre de Coutances, sans néanmoins l'honorer d'aucun culte extérieur.

Saint Exuperat fut disciple et successeur de saint Ereptiole. Il marcha sur ses traces et ne négligea rien pour faire régner la piété par tout son diocèse, comme ce que nous dirons ci-après le témoigne. C'est tout ce que nous en savons. Quelques écrivains l'appellent Exupère; Claude Robert et Duchesne le nomment Exuperantius; mais dans nos catalogues il est nommé Exuperatius, et c'est ainsi qu'on doit l'appeler.

CHAPITRE II

DE SAINT LÉONTIEN ET DE SAINT POSSESSEUR

Saint Léontien succéda à saint Exuperat vers l'an 500, selon la remarque du P. Pommeraye, et tint le siége environ douze ans. Trois époques rendent son épiscopat illustre : saint Pair, saint Gaud, et le premier concile d'Orléans.

Saint Pair était poitevin d'origine et religieux dans un monastère de son pays, qu'on appelait alors *Exionense monasterium,* à présent Saint-Jouvin-sur-Marne[1], qui est de bénédictins de la congrégation de Saint-Maur. L'amour d'une plus grande solitude lui fit quitter sa patrie, et avec la permission de son abbé, nommé Generosus, lui et Scubilion, son compagnon, vinrent sur le bord de notre mer occidentale en un lieu nommé Sciscy, et qu'on appelle présentement de son nom Saint-Pair[2], à raison de passer dans la petite île de Chausay, qui en est éloignée environ de deux lieues, et y mener une vie éloignée de tout commerce.

---

[1] Saint-Jouin-de-Marnes, arrondissement de Parthenay (Deux-Sèvres).
[2] Arrondissement d'Avranches (Manche).

Les actes de sa vie, rapportés par Surius, disent qu'il fut arrêté à Sciscy par le seigneur du lieu qui l'engagea à y demeurer[1] ; car quoique le paganisme fût communément aboli, il y en avait encore de fâcheux restes, et le menu peuple, ignorant et opiniâtre en ses erreurs, avait encore ses idoles secrètes, et spécialement un horrible dragon à qui il offrait des sacrifices comme à une divinité. Saint Pair fit mourir ce serpent du signe de la croix, retira par ses discours et ses miracles le peuple de ses erreurs, et bâtit sur le rivage de la mer un monastère qui a été jusqu'à l'arrivée des Normands qu'il fut détruit, l'école de toutes sortes de vertus. Sa piété et la grande austérité de sa vie eurent tant d'éclat, que les nouvelles en furent portées jusqu'au Poitou. L'abbé Generosus vint à Sciscy en connaître la vérité ; il vit que la renommée était moindre que la vérité, et l'austérité de la vie de saint Pair lui parut si excessive qu'il jugea à propos d'y mettre des bornes.

Léontien, évêque de Coutances, désirait depuis longtemps engager dans les ordres sacrés Pair et Scubilion, afin qu'ils pussent publiquement prêcher la parole de Dieu ; l'arrivée de l'abbé Generosus leva toutes les difficultés qui pouvaient s'y rencontrer. Pair et Scubilion furent sacrés diacres, ensuite prêtres à la prière de cet abbé et après le témoignage qu'il porta.

---

[1] « ..... Vir quidam nobilis et religiosus Deoque dilectus detinuit eos apud se, donec civibus suis illorum adventum indicaret, rogavitque illos ut in fanum Scisciacum se reciperent, suisque precibus homines ethnicismi erroribus implicatos a dæmonum cultu revocarent..... » (Surius, *de probatis sanctorum Historiis*, II, 758. — In-4º, Cologne, 1578.)

de leur légitimation, l'ingénuité et la noblesse de leur naissance, de l'intégrité de leurs mœurs et de la pureté des premières années de leur jeunesse. Ce témoignage est marqué tout au long dans l'original dont j'ai tiré ce que je dis. Dans un autre il est dit de Generosus : « Simul etiam apud Leucianum (il faut Leontianum) « episcopum et cives præclarum ei reddidit testimo- « nium [1] » ; et peu après : « Porrò Leucianus episco- « pus Paternum primo diaconum, inde presbyterum « ordinavit [2]. »

Les vertus de saint Pair ne furent pas renfermées dans la solitude de Sciscy ; il devint père et fondateur de plusieurs autres monastères : « Nec pauca apud « Constantienses, Baiocenses, Cenomanos, Abrincenses, « etc., ab illo fundata sint monasteria [3]. »

Je laisse le surplus de la vie de saint Pair : les louanges que tous les écrivains lui donnent ; les vers que Venance Fortunat composa en son honneur [4] ; comment le roi Childebert ayant désiré le voir, il fut à Paris ; comment les diables tremblaient à son seul aspect ; [comment] il assista au concile de Paris, en 557, et plusieurs autres particularités, pour remarquer qu'ayant été choisi, à l'âge de soixante-dix ans, pour être évêque d'Avranches, quelque temps avant cette élection, il vit en songe trois saints prélats, Léontien,

---

[1] Surius, p. 759.

[2] *Ibid.*

[3] *Ibid.*

[4] Fortunat, lib. III, cap. xx, et lib. VII, col. 23. Ces vers de Fortunat s'adresseraient à un autre « Paternus abbas », d'après les Bollandistes, april. II, 425.

Beor[1] et Melaine[2], dont les deux premiers étaient morts il y avait longtemps, lesquels lui imposaient les mains et le sacraient évêque : « Visi sunt ad eum in-« gredi sancti episcopi Melanius, Leucianus et Beor, « qui ad Dominum migraverant, ipsumque ordinare « antistitem[3]. »

La seconde chose qui rend l'épiscopat de Léontien considérable est l'arrivée de saint Gaud en ce diocèse, la sainteté de sa conversation, sa vie et sa mort.

Saint Gaud, suivant le catalogue de M. de Sainte-Marthe, est le deuxième évêque d'Évreux, et s'il est vrai, comme nous l'avons rapporté sur le témoignage de M. de Lesseville, qu'il a été sacré évêque d'Évreux par Germain, archevêque de Rouen, il a tenu ce siége plus de quarante ans, au bout desquels voyant son diocèse en paix et purgé de toute idolâtrie, étant d'ailleurs fort avancé en âge, il résolut de se donner tout entier à la retraite et à la contemplation; et comme le diocèse de Coutances était alors en réputation d'être une seconde Thébaïde par la piété de ses prélats, il forma le dessein de s'y retirer. Les actes de sa vie portent qu'après avoir par ses larmes et ses prières engagé son clergé et son peuple à ne s'opposer plus à sa retraite, et leur avoir désigné Maurusion comme le plus propre à les conduire, il vint à Coutances, se prosterna aux pieds de saint Léontien et passa quelque

---

[1] Vigor, évêque de Bayeux, mort avant 537, et non pas Beor, comme l'a écrit Toustain de Billy d'après Surius. (Boll., april. II, 429.)

[2] Saint Melaine, qui fut avec Léontien au premier concile d'Orléans, en 511, et vécut jusqu'à 530 environ.

[3] Surius, p. 760.

temps auprès de lui, espérant que Dieu par son moyen lui ferait connaître quelle serait sa volonté.

Gaud enfin, suivant les inspirations du Saint-Esprit et les avis de Léontien, se retira à Sciscy, y passa le reste de ses jours dans une très-grande pureté de cœur, y mourut et y fut inhumé. Nous parlerons de ses reliques au temps qu'elles furent trouvées.

Enfin la dernière époque de la vie de saint Léontien, c'est le premier concile d'Orléans, tenu le 10 juillet, l'an de Jésus-Christ 511, « ex evocatione gloriosissimi « regis Chlothovechi [1] ». Il y assista et souscrivit aux trente et un canons qui y furent statués pour la discipline ecclésiastique; et sa souscription, qui est la vingt-huitième, est ainsi conçue : « Leontianus epis- « copus ecclesiæ Constantinæ subscripsi [2]. »

Les évêques de cette province qui furent avec lui à ce concile et souscrivirent à ses ordonnances sont saint Godart de Rouen, Nepus d'Avranches, Litarède de Séez et Maurusion d'Évreux.

Nous ignorons le temps de la mort de Léontien. Nous savons seulement que comme il avait vécu en saint il mourut de même, et que les siècles qui l'ont suivi l'ont honoré du titre de saint.

Saint Possesseur succéda par une élection canonique à saint Léontien et tint le siége environ douze ans, ce qui est à remarquer contre les anciens registres et les leçons des anciens bréviaires du diocèse, en l'office de saint Lo, dont voici les termes : « Tempore

---

[1] *Acta conciliorum*, édition du Louvre, II, 1008.
[2] *Ibid.*, 1012.

« quo rex christianissimus Childebertus regnum Fran-
« corum pro potestate regia strenue gubernabat, ve-
« nerabilis Possessor episcopus Constantinæ urbis
« ecclesiæ populo præsidebat. Qui beatus Possessor
« multorum annorum curriculis domino militans, tan-
« dem jam provectus ætate, certus de renumeratione,
« adveniente exitus ejus die, tricesimo quinto episco-
« patus sui anno mortem subiit temporalem et vitam
« invenit sempiternam. » Car Léontien ayant certainement assisté au concile d'Orléans, en 511, et saint Lo, successeur de saint Possesseur, ayant été sacré par saint Godart, qui mourut en 525, il est évident que ce prélat n'a pu tenir le siége que douze ou treize ans au plus, et non trente-cinq comme ces actes le disent. Aussi a-t-on corrigé cette erreur dans les bréviaires plus récents que celui que je cite et dont je suis saisi, puisque dans un autre, que j'ai aussi et qui fut écrit environ l'an 1400, les trente-cinq ans d'épiscopat de saint Possesseur n'y sont pas marqués.

Ce que nous connaissons le plus de ce saint évêque nous vient de la vie de saint Marcouf. Ce saint homme était du diocèse de Bayeux, né de parents illustres, duquel Robert Cenalis parlant dit : « In iis fuere divus
« Marculphus, præter morum excellentiam, ac bona-
« rum disciplinarum copiam, generisque nobilitatem,
« heroica virtute erat præditus : statura quidem pusil-
« lus, verum major in exiguo regnabat corpore
« virtus... [1] »

---

[1] Roberti Coenalis *Gallica historia*, fol. 157 r°.

Saint Marcouf donc envisageant d'autres grandeurs que celles de la terre et songeant seulement au guide qu'il devait prendre dans le chemin qu'il avait résolu de suivre, connaissant d'ailleurs par la renommée la pureté et la grande sagesse de Possesseur, évêque de Coutances, abandonna tout pour venir le trouver. Ce saint le reçut avec toute la charité et la bienveillance possible ; il le retint près de lui un espace de temps assez considérable, il reconnut les desseins de Dieu sur ce disciple, et saint Marcouf étant parvenu à l'âge de trente ans, saint Possesseur le mit au nombre des clercs et, l'ayant ensuite promu à tous les ordres ecclésiastiques, selon les canons, le sacra prêtre et lui commit la prédication de la parole de Dieu dans tout son diocèse.

Ce que je dis ici n'est que la version des actes de saint Marcouf, tirés de Surius, dont voici les paroles : « Et quia jampridem famam sanctitatis B. Possessoris, « Constantiæ civitatis episcopi, auditione acceperat, « cum recto tramite expetiit, cupiens ipsius doctrinis « et exemplis instrui, a quo benigne susceptus, apud « eum tempus non modicum permansit, atque ab eo « tonsus, cum esset annorum triginta, clerici habitum « accepit. Postmodum autem per reliquos ecclesiasticos « ordines digna promotione sublevatus, tandem presbyter factus est. Tum vero cœpit, jubente illo pontifice, Constantienses cives indesinenter admonere [1]. »

La vie de saint Marcouf, ses miracles, comment il

---

[1] Surius, III, 9.

obtint du roi Childebert la terre de Nanteuil, paroisse qui porte maintenant le nom de ce saint[1], comment il y bâtit un monastère, fut père et abbé de quantité de religieux, ses disciples, ses voyages, etc., sont trop publics et trop connus pour nous y arrêter. Nous ajouterons seulement ces paroles de Cenalis : « Qui à « Francorum rege Childeberto aream obtinuit in « Constantino agro ad ædificandum illic monasterium, « Nantuum vulgus vocat[2], etc. », et quelques autres du martyrologe de M. Du Saussay, lequel après avoir remarqué qu'il était en admiration aux saints de son temps, odieux aux démons, qui à son seul abord quittaient le corps des possédés, agréable aux anges, desquels il était souvent visité, « erat », dit-il, « corpore « illibatus, sermone præclarus, opere sanctus, integer « fide, spe erectus, caritate diffusus, fervens Christi « amator et cultor assiduus..... Unde cum magna « dicendi ac docendi gratia præpolleret, a sancto Possessore urbis Constantinæ episcopo ordinatus sacerdos, « et cleri populi communi efflagitatione, munus etiam « prædicationis vice præsulis obire ejusdem jussione « obstrictus est[3]. » Nous parlerons de sa mort ci-après.

[1] Arrondissement de Valognes (Manche).
[2] ROBERT CENALIS, *ibid*.
[3] André DU SAUSSAY, *Martyrologium gallicanum*, in-f°, I, 253. Paris, Cramoisy, 1637.

CHAPITRE III

DE SAINT LO

De tous les évêques de Coutances, celui dont le mérite et la vertu sont le plus universellement reconnus et honorés, c'est le prélat dont nous avons à parler en ce chapitre. Il est regardé en ce diocèse comme saint Martin en celui de Tours. Sa fête, qui arrive le 21 septembre et qui nous fait transférer l'office de saint Mathieu, est une de celles où l'évêque doit officier pontificalement et une des plus solennelles de l'année. Elle a son octave, et la collecte qu'on dit en son office témoigne qu'on reconnaît en ce diocèse qu'il a été élevé à l'épiscopat par la miséricorde de Dieu pour être l'ornement de l'Église : « Deus qui ad deco- « randam Ecclesiam tuam beatissimum Laudum cons- « tituisti pontificem », etc.

Les anciens actes de saint Lo ne font aucune mention du lieu de sa naissance, quoique dans le bréviaire dernier imprimé il soit dit qu'il était né en la paroisse de Courcy, à une lieue de Coutances; ils témoignent seulement que le clergé et le peuple de Coutances, après avoir rendu leurs derniers devoirs à saint Possesseur, leur père, implorant avec un grand zèle la providence divine sur l'élection du successeur qu'il fallait lui donner, tout d'un coup deux prêtres du nombre de ceux qui étaient présents s'endormirent, « subito duobus ex his qui aderant sacerdotibus som- « nus obrepit » ; que pendant l'effet de leur sommeil, il leur apparut un homme vénérable par la blancheur de ses cheveux, lequel, après les avoir consolés, leur fit connaître celui qu'ils devaient substituer à saint Possesseur, leur déclarant son nom, ses mérites, son âge, crainte qu'il ne leur parût pas encore assez mûr : « Et consolatoria allocutione eorum tristitiam « deliniens, subrogandi antistitis nomen edidit, meri- « tum exprimit et ætatem, ne forte immatura videre- « tur, exponit. »

L'âge, en effet, de celui qu'on destinait à l'épiscopat n'étant que de douze ans, pouvait paraître peu mûr et faire de la peine à quelques-uns. Ce fut le contraire, la vision de ces deux prêtres causa tant de satisfaction au clergé et au peuple, que ces mêmes actes portent qu'il y en eut qui pleurèrent de joie, et que tous furent consolés de la perte qu'ils venaient de faire par l'avantage qui leur arrivait de voir un tel successeur : « Tunc pro communi consolatione Deo omnes in com- « muni gratias egerunt, nonnulli, ut assolet, præ « gaudio ubertim flere cœperunt ; copiosa est enim « gaudendi materia ubi bonis sic succedunt optima, nec « tam dolenda mutatio quam optandus ex mutatione « proventus. »

Le jeune Lo, seulement âgé de douze ans, fut élu

évêque de Coutances par les suffrages de tout le monde : « Cleri et populi communicato consilio in « pastorem animarum Laudus puer eligitur, filius in « patrem assumitur, duodenus dignus sacerdotio accla- « matur » ; et lorsqu'on lui eut fait connaître le choix qu'on avait fait de lui, « humiliter non pertinaciter « religiosus puer abstitit ».

On fut aussitôt supplier le roi d'agréer cette élection. Il n'avait garde de s'y opposer; des anges lui avaient apparu et l'avaient averti de n'apporter aucun empêchement à une élection ordonnée par Dieu : « Jam « enim idem rex angelica fuerat revelatione præmo- « nitus, ne præordinatam a Deo electionem aliqua- « tenus impediret. »

Saint Godart était alors archevêque de Rouen, qu'on avait fait venir exprès en cour : « Hujus rei gratia ad « regis præsentiam evocatus fuerat. » Il refusa absolument d'admettre au sacerdoce et d'élever à l'épiscopat une personne d'une jeunesse si extraordinaire; mais la nuit, s'étant endormi, il fut averti par un ange que le choix du jeune Lo, pour être évêque de Coutances, était l'ouvrage de la volonté de Dieu : « Cum « vero, imminente nocte, vir beatus sese sopori dedis- « set, astitit ei angelus Domini dicens nihil esse « Laudi pueritiæ metuendum, quem antequam nasce- « retur suprema providentia elegisset, urbisque Cons- « tantinæ populo præsulem providisset. » Et ainsi toute répugnance levée, Lo, qui était un véritable adorateur du Dieu en trois personnes et qui était destiné à en prêcher le culte, fut promu au sacerdoce et

sacré évêque, après une triple révélation : « Itaque
« verus cultor et futurus prædicator sanctæ Trinitatis,
« trina revelatione designatus episcopus tandem quod
« futurus erat esse compulsus est. »

Je laisse le surplus de ces actes, qui n'est que pour raconter comment il rendit la vue à une femme aveugle devant les portes de son église cathédrale, et comment il chassa le démon d'un arbre sous lequel ses serviteurs s'étaient arrêtés pour lui préparer son repas, en un lieu nommé le Bourg-Achard, à sept lieues en deçà de Rouen.

Mais on me permettra de croire et de dire qu'il faut corriger ces actes ; que l'âge de douze ans en saint Lo, lors de son élection et de sa consécration, est une erreur qui s'y est glissée par la faute des premiers copistes de ces actes, qu'on a reçus mal à propos et sans y faire toute l'attention qu'on devait ; aussi n'a-t-on nulle autre autorité ni aucune preuve dont on puisse se servir pour appuyer un fait de cette importance, et lequel, s'il était véritable, serait très-certainement l'unique. Il n'est pas croyable qu'un fait de cette nature eût pu être ignoré, ou qu'étant connu, il ne se fût trouvé quelque écrivain qui en eût fait mention. C'est pourtant ce qui ne se trouve point. Ceux qui ont lu Grégoire de Tours, Sévère Sulpice, Venance Fortunat et une infinité d'autres écrivains qui les ont suivis, jugent sans peine qu'ils n'auraient pas oublié un fait de cette nature, s'ils l'avaient su, et, d'ailleurs, qu'il ne pouvait avoir été sans qu'ils le sussent.

Saint Remi fut sacré à vingt-deux ans. On n'a point

manqué d'auteurs à nous en instruire. On précipita un peu l'ordination de Nectarius, de Tarasius, de saint Ambroise et de Photius. Ces faits sont-ils plus importants que ne serait l'ordination d'un enfant de douze ans? Nous les savons de tous les historiens de ces temps-là, au lieu qu'il ne s'en trouve aucun pour nous instruire de celui de saint Lo.

Rejetons donc comme une fable cette jeunesse extraordinaire dans un saint évêque, et ne lui attribuons pas plus qu'à Notre-Seigneur Jésus-Christ, lequel, à l'âge de douze ans, fut trouvé au milieu des docteurs, les écoutant et non pas les enseignant. Nous ne devons pas croire facilement que les Pères du second concile d'Orléans, tenu huit à neuf ans après son ordination, eussent pu voir parmi eux un évêque si jeune sans en témoigner quelque étonnement et sans prévenir par leurs décrets des abus qui auraient pu se glisser dans l'Église sous prétexte de révélations semblables.

Ces considérations et plusieurs autres semblables, que je laisse exprès, m'ont fait penser que cette erreur s'est glissée dans notre office par l'ignorance des premiers siècles qui ont suivi la venue des Normands. Peut-être que saint Lo n'avait que vingt-deux ans lors de son ordination ; que cet âge étant exprimé dans les originaux en chiffres, il s'y était trouvé quelque altération ; qu'ainsi les copistes ont mis xii au lieu de xxii et, sans approfondir davantage la chose, on a été bien aise de trouver du merveilleux jusque dans l'élévation d'un évêque dont la vie a été toute miraculeuse; on l'a cru, on l'a prêché, on l'a écrit, et cette opinion, telle quelle soit, est venue jusqu'à nous. Il faut néanmoins que feu M. de Lesseville, en reconnût l'absurdité, l'ayant retranchée dans les leçons du bréviaire qu'il fit imprimer en 1664, substituant le terme de jeunesse, « junior licet », à celui de « duodenus ».

Au reste, en disant que saint Lo fut ordonné à l'âge de vingt-deux ans, on ne doit pas penser que je le croie ou en aie quelque preuve ; mais puisqu'on veut qu'il y ait du miracle en sa vocation, il y aurait plus d'apparence à ce dernier qu'au premier, et les répugnances du souverain et de l'archevêque, qui eurent besoin de révélation pour être levées, ne conviennent guère moins à l'un qu'à l'autre de ces âges.

Orderic Vital, parlant de saint Godart, dit seulement qu'il sacra saint Lo, évêque de Coutances, mais il ne parle point de son âge : « Hic », dit-il, « et beatissimum « Laudum Constantiniensem episcopum consecravit.[1] » Il nous aurait fait plaisir de nous marquer l'année de ce sacre. Nous la découvrons par la mort de saint Godart et la durée de l'épiscopat de saint Possesseur. Saint Godart, selon tous les historiens, mourut le 6 juin 525, et saint Possesseur, suivant Robert Cenalis, tint le siége de Coutances pendant treize ans ; ce qui nous assure que ce fut vers le commencement de l'an 525 que saint Lo fut ordonné évêque. Il tint le siége environ quarante-trois ans et mourut, comme on l'estime, le 21 septembre 567. Nous connaissons cette époque par son successeur qui était déjà évêque en 568.

---

[1] Edition LE PREVOST et DELISLE, II, 341.

Mais avant que de passer outre, on voudra bien me permettre de dire mon sentiment sur la naissance, la vie et une partie des grandes actions qui ont distingué saint Lo entre nos évêques. Il était noble et fort riche ; la seigneurie de Briovère et ses dépendances, Courcy, Trelly, Canisy, Saint-Gilles, Rampan, Baudre, La Mancellière, Sainte-Croix et autres terres et lieux qui en dépendent, étaient son domaine. Etant élu évêque de Coutances, il les donna en dot à son église, et elle en a toujours joui depuis jusqu'au temps des troubles que l'hérésie de Calvin excita dans le royaume, lesquels lui en ont fait perdre la meilleure partie.

Je n'ai pas les actes de cette donation ; le temps et la venue des Normands en ont bien fait perdre d'autres ; mais nous avons tant de raisons d'en être persuadés, qu'à moins d'arguments bien évidents du contraire, on ne nous ôterait pas aisément cette croyance.

Il est certain que Briovère changea de nom, aussitôt après la mort de ce saint évêque, pour prendre le sien, et qu'elle a toujours été appelée la ville ou le château de saint Lo. Réginon, abbé de Prüm, qui écrivait au IXe siècle, parlant du retour des Normands en cette basse province, et de leur perfidie à l'égard de notre évêque Algeronde et de ses diocésains, l'appelle le château de saint Lo : « Quoddam », dit-il, « castellum « in Constantiensi territorio, quod ad sanctum Lod « dicebatur, obsident[1]. » Le *Gesta Normannorum*, chez

---

[1] DUCHESNE, *Historiæ Normannorum scriptores*, p. 13.

Duchesne, lui donne le même nom : « In territorio « Constanciæ civitatis circa castrum sancti Laudi sedem « sibi faciunt ¹. » Il est, si je ne me trompe, évident que ce changement de nom ne s'est point fait sans raison. Cette raison n'est point le tombeau ou quelques reliques de saint Lo en cette ville ni aux environs, puisqu'il n'y avait aucun lieu consacré à sa mémoire au temps que parlaient ces auteurs, mais simplement parce que ce château ou cette ville lui ayant appartenu pendant sa vie, il en conserva le nom après sa mort ; ce qui est très-naturel et conforme à nos manières d'agir, n'y ayant presque point de lieu, de paroisse ou de ville qui ne tire son nom d'un de ses maîtres ou patrons les plus illustres, spécialement en Cotentin. Ce serait perdre le temps que d'en rapporter des exemples : cette ville, ce château, cette seigneurie, selon toutes les apparences du monde, a eu le sort des autres.

M. de Vallois, parlant de la dénomination de saint Lo ², « episcopus Brioverensis », dit qu'elle lui était venue de ce qu'il se plaisait en ce lieu « loci amœnitate » ; mais ceux qui connaissent comme nous les deux villes, Coutances et Saint-Lo, ne trouveront pas cette raison très-bonne. Il y a une différence très-grande et une infinité de beautés et d'agréments en la première qui ne sont pas en l'autre : l'élévation du lieu où Coutances est bâti, le voisinage de la mer et des ports qu'on voit de ses tours, la vue, l'air, la cam-

---

¹ Duchesne, *Historiæ Normannorum scriptores*, p. 6.
² Hadriani Valesii *Notitia Galliarum*, p. 98.

pagne et mille autres circonstances devaient engager saint Lo à s'y plaire plus qu'ailleurs. Il y a donc bien plus d'apparence qu'on appelait cet évêque « Briove-« rensis » parce qu'il était né à Briovère, en était seigneur, l'avait donnée à son église et y demeurait quelquefois, comme naturellement on se plaît sur son bien propre.

Et ce qui me confirme encore en cette pensée, c'est que certainement la seigneurie de Saint-Lo et les dépendances ne sont point un présent fait à l'Église par les princes normands. Nous avons la charte du duc Guillaume, nous en parlerons en son lieu; mais nous pouvons remarquer par avance que ce prince fait trois choses en cette charte : premièrement, il donne à cette église certaines terres, rentes, seigneuries, possessions et privilèges ; secondement, il ratifie ce que d'autres princes, princesses et particuliers donnent et ont donné ; troisièmement, il lui confirme ce qui lui appartenait de toute antiquité, et c'est justement de cette dernière espèce qu'est la seigneurie de Saint-Lo. Voici les termes : « Quæ anteriori tempore fuerunt facta priore denotantur ordine, quorum « nomina hæc sunt : parrochia sancti Laudi super « Viriam fluvium integra cum omni exitu ad eam pertinente », etc.

Nous avons aussi les actes de Geoffroi de Montbrai dont nous parlerons ci-après, lesquels parlent de la ville de Saint-Lo comme d'un ancien domaine de l'Église, le revenu duquel fut augmenté par le bon ménage de ce prélat : « Burgum... sancti Laudi qui est

« super Viram fluvium adeo viriliter incrementavit ut
« teloneum quod erat 15 librarum, fieret 220 libra-
« rum [1]. »

Briovère et ses paroisses adjacentes qui sont à l'orient de la rivière de Vire, c'est-à-dire Baudre, Sainte-Croix, Saint-Georges et Mesnil-Rouxelin, étaient originairement du diocèse de Bayeux, et d'autre côté les paroisses de Sainte-Mère-Église, Neuville, Chef-du-Pont, ont été de celui de Coutances. L'échange en fut fait entre les deux évêques Leucade de Bayeux et Lo de Coutances, usage qui a persévéré longtemps en l'Église. Ainsi nous voyons que Philippe d'Harcourt, devenant évêque de Bayeux, soumit à son église sept paroisses et l'abbaye du Val-Richer, dont il était le seigneur, le patron et le fondateur, auprès de Lisieux, duquel évêché elles furent détachées, comme fit aussi Jourdain du Hommet de la baronnie de Nonant, l'abbaye de Mondaye et cinq ou six paroisses aux portes de Bayeux, les détachant de cet évêché et les soumettant à celui de Lisieux lorsqu'il en fut évêque. Voilà comme parle Robert Cenalis de cet échange : « Est et aliud paralipomenon super
« Phano divi Laudi, quod ut in baroniam erigeretur,
« ex consensu Bajocassini præsulis Constantinianus
« clerus Bajocassino permisit in compensationem eas
« quæ mox sequuntur decurias, seu parochias : Chris-
« tiferiæ scilicet virginis montanæ, vulgo saincte Marie
« du Mont [2] », etc.

Ce sont ces raisons qu'on en peut aisément tirer

---

[1] *Gall. christ.*, IX, 219, *Instrumenta*.
[2] ROBERTI COENALIS *Gallica Historia*, II, 162 v°.

qui me persuadent que saint Lo est recommandable à l'église de Coutances, non-seulement par l'excellence de ses vertus, mais aussi par ses bienfaits. Voici quelques autres particularités de sa vie.

La première, selon l'ordre du temps, est la visite qu'il rendit à saint Aubin, évêque d'Angers, l'an 530, selon la remarque du P. Le Cointe [1]. Il s'y rencontra ensemble cinq grands prélats, savoir : Melaine, évêque de Rennes; Victor, évêque du Mans; Marsus [2], évêque de Nantes; Lo, évêque de Coutances, et Aubin, évêque d'Angers.

Il y arriva ceci de remarquable, qu'au commencement du carême, « in capite jejunii », avant de se quitter, saint Melaine, célébrant les saints mystères, donna l'eulogie aux autres prélats entre lesquels Marsus, évêque de Nantes, par un scrupule hors de saison, serra son pain bénit en son sein, se réservant à le manger à l'heure du repas; mais Dieu, voulant instruire la simplicité de ce bon évêque, qui par cette singularité semblait en quelque façon condamner les autres, changea ce pain en un serpent vivant qui commença de se glisser et tourner autour de lui. Étant donc étonné autant qu'on peut l'être, et en devinant la cause, il retourna à Angers, dont il n'était pas fort éloigné, confessa sa faute aux prélats, qu'il y trouva encore, et en reçut

---

[1] Les Bollandistes sont d'avis que le P. Le Cointe se trompe. (*Acta Sanct. Sept.*, VI, 441.)

[2] On trouve deux Marcus au deuxième concile d'Orléans, l'un qui est évêque de cette ville, l'autre dont le siége épiscopal n'est pas indiqué. L'un des deux paraît être aux Bollandistes notre Marsus, évêque de Nantes. (*Acta Sanct. Januarii*, I, 931.)

l'absolution. Ceci est tiré de Bolland[1], dans les actes de saint Melaine.

Les autres sont [les] deuxième, troisième, quatrième et cinquième conciles d'Orléans, où il assista en personne à trois et envoya son procureur au quatrième. Le premier de ces conciles se tint l'an de Jésus-Christ 533, du règne de Childebert le 22ᵉ. La souscription de saint Lo aux statuts qui y furent faits est la vingt-sixième, conçue en ces termes : « Lauto, episcopus « Constantiensis subscripsi[2]. » Les prélats de cette province qui y furent avec lui sont : Filleul ou Flavius de Rouen, Passif de Séez et Pair d'Avranches. Sur quoi Binius, après avoir rapporté les noms de ceux qui souscrivirent au concile, remarque pour les plus illustres en sainteté, Gal, évêque de Clermont, Eleutère d'Auxerre, Lo de Coutances, Pair d'Avranches, et Injuriosus de Tours.

La souscription au troisième concile d'Orléans[3] n'est différente de la précédente qu'en tant qu'il y ajouta son église : « Lauto, episcopus ecclesiæ Contantien-« sis[4] », etc. Il envoya, comme nous l'avons dit, son procureur au quatrième[5], la souscription duquel nous trouvons en ces termes : « Escupilio presbyter « missus Lautone episcopo civitatis Constantiæ, con-« sensi et subscripsi[6]. » Le terme de seigneur à toutes

---

[1] *Acta Sanct. Januarii*, I, 331.
[2] *Acta concil.*, II, 1176.
[3] En 538.
[4] *Acta concil.*, II, 1430.
[5] En 541.
[6] *Acta concil.*, II, 1442.

les subscriptions de procureurs des autres prélats précède le nom de ces prélats; ainsi nous lisons : « Theo-
« datus presbyter missus a domino Leucadio episcopo
« civitatis Bajocassinæ ; Baudastes presbyter missus a
« domno Perpetuo episcopo civitatis Abrincatinæ[1] », etc.
Je me persuade qu'il manque au nôtre par la faute des
premiers copistes.

Enfin, l'an 549, il fut au cinquième de ces conciles
avec Passif de Séez, Theudebaud de Lisieux, Licinius
d'Évreux, Gilles d'Avranches, et le même Théodote,
prêtre, pour Leucadius, évêque de Bayeux, et c'est sa
souscription qui est la vingt-septième, laquelle étant
conçue en ces termes : « Lauto in Christi nomine epis-
« copus ecclesiæ Constantinæ, vel Brioverensis, subs-
« cripsi[2] », a fait penser au P. Sirmond et aux réformateurs du bréviaire de Coutances après lui, que Briovère
était le nom ancien de Coutances, *comme nous avons
dit ailleurs.*

La mort et les funérailles de saint Pair sont encore
une époque très-considérable en la vie de saint Lo.
Ce saint homme, comme nous l'avons dit, fut tiré de
l'abbaye de Sciscy, sacré évêque d'Avranches à l'âge
de soixante-dix ans et tint le siége environ treize ans.
Quelques jours avant de mourir, il tomba malade.
Notre évêque le sut, l'alla voir, l'assista à la mort, et
comme il avait toujours souhaité d'être inhumé à Sciscy,
saint Lo eut soin du convoi, où arriva cette circonstance si particulière que Scubilion, qui s'était retiré

---

[1] *Acta concil.*, II, 1442.
[2] *Ibid.*, 1449.

en Bretagne dans un monastère, étant mort en même temps, leurs deux corps furent enfermés dans un même tombeau. On le voit encore au milieu du chœur de l'église de Saint-Pair, ou tout au moins le mausolée élevé sur leurs reliques, sur lequel est en bosse la figure de ces deux saints. On y dit la messe, et l'on estime ce lieu si saint que l'on n'y inhume aucuns corps. Voici les paroles de Surius sur ce sujet : « Cum-
« que Paterni exequias celebraret Lauto episcopus, qui
« ante dies octo ejus invisendi causa eò venerat, ejus-
« que sacrum corpus ad basilicam deportaret, itemque
« Lauscius episcopus sanctum Scubilionem ad basili-
« cam eamdem adduceret, ambo pontifices, concinente
« psallentium choro, præter omnem expectationem,
« invicem sibi occurrerunt, et viri sanctissimi quorum
« funera illi antistites curabant, felici transitu locum
« orationis quem ipsi extruxerant, eodem die simul
« occuparunt, et qui si in vita mutuo dilexerant nec
« in morte quidem separati sunt, idque adeo ut uno
« eodemque momento uno atque eodem monumento
« pariter conditi sint [1]. » (760.)

Le P. Louis Le Cointe marque cette mort être arrivée l'an de J. C. 563 [2], d'où il faut corriger ce que nous venons de rapporter de Binius, saint Pair n'étant pas

---

[1] Surius, II, 760.

[2] Charles, et non Louis Le Cointe, dit (*Annales ecclesiastici Francorum*, t. XXIII, in-f°; Paris, imprimerie royale, 1666), sous l'année 563 : « Hoc anno qui preditus fuit literâ dominicali G, Paternus episcopus Abrincensis obiit feriâ secundâ die Aprilis decimâ sextâ, quâ nomen illius legitur in tabulis ecclesiasticis annum agebat in pontificatu decimum tertium, ætatis octogesimum tertium. »

évêque en 533, mais en 557, auquel temps il assista au concile de Paris. Saint Lo rendit encore cet office de piété à saint Marcouf. Nous apprenons des actes de sa vie que la maladie dont il avait été attaqué s'augmentant peu à peu et le bruit s'en répandant de tous côtés, on venait lui rendre visite, tant religieux que séculiers, mais particulièrement le bienheureux Lo, évêque de Coutances, qui l'assista charitablement en ce dernier passage, lui ferma les yeux et fit son inhumation. Voici les termes de ces actes chez Surius : « Invalescente « languore, fratres undique, multaque ex vicinis locis « turba populorum atque etiam in iis venerabilis Cons- « tantiensis urbis episcopus Lauto visitandi studio ad « eum accurrerunt[1]. » A quoi le martyrologe de M. Du Saussay ajoute : « Ultimumque ferè trahentem spiritum « summo benevolentiæ affectu visitavit[2] », et ailleurs : « Funus pio affectu curavit[3]. »

Ce même martyrologe français parle de la mort de saint Lo comme n'ayant pas été fort éloignée de celle de saint Marcouf, car après ces paroles que nous venons de rapporter, il ajoute immédiatement celles-ci : Saint Lo lui-même peu de temps après, plein d'années et de mérites, mourut de la mort des justes : « Moxque « ipse sanctis laboribus fessus æterna in requie obdor- « mivit[4]. »

On lui donne ordinairement cinquante-huit ans de

---

[1] Surius, III, 13.
[2] Du Saussay, *Martyrol.*, I, 253.
[3] Cette citation est tirée de l'article de saint Lo (Du Saussay, II, 642).
[4] Du Saussay, II, 643.

vie et quarante-six ans d'épiscopat ; j'estime qu'il y a quelque chose à corriger en l'un et en l'autre. Nous l'avons dit, il fut sacré au commencement de 523, il mourut vers la fin de 567 ou 568 ; ce serait environ quarante-trois ans ; mais pour son âge, on ne le peut déterminer qu'en marquant à quel an de cet âge il fut sacré.

Il mourut à Coutances, fut inhumé dans la cathédrale d'où ses reliques, lors de l'arrivée des Normands, furent portées en divers lieux ; nous le dirons en son lieu. Son nom est demeuré en vénération à tous les siècles. Le Martyrologe romain en fait mention au 21 septembre, en ces termes : « Apud Constantiam sancti « Lautonis episcopi », et tous ceux qui ont parlé en quelque manière de nos affaires l'ont considéré comme celui de nos prélats le plus excellent en sainteté. Il y a plus, l'église cathédrale de Tulle, où une partie de ses reliques fut portée au temps de la persécution, l'honore et considère comme un de ses protecteurs. Il y a plusieurs églises dedans et dehors ce diocèse dédiées sous son nom, à Angers une église collégiale, une paroisse et un prieuré de chanoines réguliers au milieu de Rouen. L'abbaye de Bourg-Achard, dans le même diocèse, à sept lieues en deçà de cette ville, bâtie, dit-on, et comme il est représenté dans une ancienne vitre, au lieu où il sauva ses domestiques qui préparaient son repas sous un arbre, comme nous avons dit, lui est aussi dédiée, ainsi que celle de la ville qui porte son nom en ce diocèse. Je passe une infinité d'autres monuments du respect qu'on a toujours eu pour lui, pour en rapporter seulement deux.

On montre proche le grand portail de la cathédrale de Coutances la pierre sur laquelle il était lorsqu'il rendit la vue à cette femme dont nous avons parlé. Les évêques, ses successeurs, avant que d'entrer en l'église et prendre possession du siége épiscopal, fléchissent le genou sur cette pierre vis-à-vis l'image en bosse de ce saint, qui est contre le mur du portail de l'église, et jurent sur le livre que le chantre leur présente, qu'ils conserveront les droits de l'église; et nous verrons ci-après qu'il n'y a pas longtemps que la première fois qu'ils approchaient de cette église, ils y venaient les pieds nus plus de deux cents pas.

On jurait autrefois sur les reliques de saint Lo, comme vengeur de ceux qui, ayant osé invoquer son nom en témoignage de leur fidélité dans les promesses, osaient les violer dans la suite. Ainsi, dans la charte de Robert le Magnifique, duc de Normandie, gardée dans les archives de l'église de Rouen, nous lisons ces mots : Nous voulons que la présente donation soit inviolable, et pour cet effet nous la confirmons, sous le témoignage de Jésus-Christ, en la présence corporelle des saints confesseurs Germain, Ouen, Lo et Cande, que nous prions de nous aider et punir ceux qui à l'avenir seraient assez téméraires que de soustraire quelque chose à l'aumône que nous faisons à ladite église. Et l'on sait encore que dans les derniers siècles, un de nos rois refusa absolument de confirmer un traité qu'il venait de faire avec le connétable de Saint-Pol, en mettant la main sur la croix que l'on garde en l'église de Saint-Lo d'Angers, au bas de laquelle sont enfermées les reliques du saint, parce qu'on était persuadé par plusieurs exemples que ceux qui violaient le serment fait sur ces reliques mouraient la même année, ce que ce prince craignait d'éprouver.

Je finirai ce chapitre par ces paroles d'un très-ancien bréviaire de Coutances, manuscrit : « Erat », dit-il, « in vultu juvenili digna pontifice gravitas, in aspectu « columbina simplicitas, in verbis eloquentiæ dignitas, « in carne illæsa nivei pudoris integritas, in mente « custos integritatis, humilitas in animo affluens et in-« deficiens liberalitas. »

De son temps arriva le martyre de saint Hélier, disciple de saint Marcouf, lequel, s'étant retiré par sa permission en l'île de Jersey, y avait bâti un monastère et y était père de plusieurs religieux; mais une troupe de pirates infidèles y ayant abordé voulurent obliger ce bon religieux à renoncer à Jésus-Christ, ce que refusant constamment, ils le firent mourir cruellement lui et la plupart de ses religieux. Le Martyrologe en fait mention en ces termes : « Constantiæ in Normania « sancti Helerii a Vandalis in Gerseia insula occisi. »

CHAPITRE IV

DE SAINT ROMPHAIRE

Il est nécessaire avant toutes choses de remarquer et corriger une erreur qui s'est glissée en nos mémoires dans le catalogue des évêques que j'ai déjà cité et dans ceux qui les ont suivis et ont parlé de nos affaires. On a fait du successeur de saint Lo deux évêques en changeant par un vice d'écriture la lettre *p* de Romphaire en *ac* ; on a fait Romachaire, et pour les éloigner l'un de l'autre et en faire deux personnes aussi bien que deux noms, on a placé six évêques entre eux qui sont : Léon, Léontien, Ursin, Ulphobert, Lupicinus et Nepus. Mais ce qui démontre l'erreur, c'est que saint Lo ayant eu un successeur dès l'an 568, et l'évêque de Coutances étant déjà assez distingué pour faire les obsèques du martyr Prétextat, archevêque de Rouen, en 589[1], il n'y a nulle apparence de placer huit évêques pour remplir un si petit espace de temps. Marachaire ou Romachaire était en 569 à la dédicace de l'église de Nantes; il fit les obsèques de Prétextat, vingt ans

[1] Grégoire de Tours, *Hist.*, VIII, chap. xxxi.

après. J'ai peine à croire que ce ne fût le même que nous appelons Romphaire, d'autant plus que nos catalogues imprimés et manuscrits donnent l'un ou l'autre de ces noms indifféremment au successeur de saint Lo.

Pour ce qui est des six prétendus évêques qu'on met entre ces deux noms, Léon n'est que la moitié de Léontien qu'un mauvais copiste a séparé. Ce Léontien est celui dont nous avons parlé, qui assista au premier concile d'Orléans en 502; les autres appartiennent à Constance en Suisse [1], et Nepus à Avranches.

Saint Romphaire, car c'est ainsi qu'on l'appelle et écrit son nom en ce diocèse, était Anglais de nation; son père s'appelait Hermolaüs, que les actes que j'ai traduits uniquement ici qualifient de très-bon homme, « patre Hermolao, viro optimo », et sa mère Delphine. Dès ses plus tendres années, il s'adonna à l'étude des humanités, de la philosophie et de la théologie. Poussé du désir de voyager, dès l'âge de dix-huit ans, il fit dessein de venir en France, pour voir et jouir de la conversation des saints Pères qui étaient alors en grande estime dans l'Aquitaine : « A teneris annis, cum huma-
« nioribus tum philosophicis ac theologicis operam de-
« dit. Decimo octavo ætatis suæ anno, peregrinandi
« desiderio captus, Gallias invisere voluit, ut sancto-
« rum Patrum qui tunc in Aquitania vigebant, cons-
« pectu et colloquio frueretur. » Il s'embarqua pour cet effet; mais il s'éleva tout aussitôt une tempête si furieuse qu'il se trouva lui et tous ceux qui étaient avec

---

[1] Le premier du moins, Ursinius, d'après le *Gallia*.

lui en grand danger. Ils furent poussés au port de Barfleur où ils entrèrent heureusement, et où Romphaire rendit miraculeusement la santé à trois malades de la vie desquels tout le monde désespérait : « Ubi navem
« conscendit, mox orta est tempestas quæ, non sine
« magno navigantium periculo, navigantes ad por-
« tum, qui dicitur Barofluctus, deduxit, ubi tres infir-
« mos ac corporis de salute desperantes pristinæ res-
« tituit sanitati. »

Saint Lo était alors évêque de Coutances ; il fut en cette ville le saluer, en fut reçu très-bien, et ayant passé par tous les degrés de cléricature, fut sacré prêtre. Après quoi, Romphaire se retira à Barfleur, dont on dit qu'il fut curé, où il mena une vie si sainte et si pieuse qu'elle lui attira l'amitié et l'admiration de tout le monde : « Constantiensi ecclesiæ tunc præerat
« vir, pietate et sanctitate insignis, dominus Laudus,
« quem salutandi causa Constantias venit. A quo beni-
« gne acceptus et sacerdotali dignitate decoratus, vir
« Dei Rompharius tandem Barofluctum repetit, ubi
« integritate vitæ atque innocentia omnium animos sibi
« conciliavit. »

Le Martyrologe de M. Du Saussay ajoute à ce que nous venons de dire qu'il était de parents nobles, mais qu'il les ennoblit encore davantage par la grandeur de sa piété et de ses mérites, en quoi il surpassait de beaucoup tous ceux de son âge ; que pour éviter cette estime publique qui ne lui était pas agréable, il quitta son pays et vint en France où, se trouvant sans aucun secours humain, il s'abandonna tout entier à Dieu ;

que s'étant retiré dans une solitude du Cotentin, il s'adonna à la contemplation, et travailla excellemment à servir Dieu et à procurer le salut aux hommes de ces cantons où il s'était retiré : « Illustrium in Anglia pa-
« rentum Hermolai et Delphinæ filius, natalium digni-
« tatem raræ pietatis insigniis admodum decoravit
« quibuscum coætaneis præcelleret, ut auræ popularis
« ingratos sibi declinaret rumores, patria excessit atque
« in Neustriam appellens, omni humano subsidio desti-
« tutus, se cœlo commisit, denique in secessu agri
« Constantiensis divina speculatione miroque etiam in
« Dei obsequio et incolarum salute operatus est [1]. »

La vertu était alors si estimée que saint Lo étant mort, le clergé de Coutances lui donna pour successeur ce saint prêtre qu'il alla exprès chercher dans l'extrémité du diocèse : « Mortuo autem beato Laudo, om-
« nium sententiis Constantinæ civitatis præsul ipse
« Rumpharius eligitur », ou, comme le porte le martyrologe : « Sancto Laudo ad cœlestia evocato, Dei
« nutu ejus in vicem qua omnium dignissimus erat
« sublectus est [2] ».

Ce ne fut donc pas, disent ces actes, l'antiquité de la noblesse de ses pères, ni les recommandations mendiées des princes qui lui ouvrirent la voie de l'épiscopat, mais la vertu qui, l'ayant toujours accompagné, l'éleva enfin sur ce dernier degré d'honneur : « Non igitur
« fumosæ majorum imagines, non eblanditæ principis
« commendationes viam ei ad pontificatum invenerunt,

---

[1] Du Saussay, II, 905.
[2] Ibid.

« sed eadem virtus quæ illum perpetuo comitata est,
« tandem in isto celsissimo solio eumdem collocavit. »

Le surplus de ces actes ne contient que l'éloge de cet évêque et l'énumération de ses vertus ; nous ne nous y arrêterons pas davantage, non plus qu'à rapporter ce que feu M. de Lesseville a ajouté à ce que nous venons de dire dans la réformation qu'il fit du bréviaire en 1664. Je rapporterai seulement deux époques dignes de remarque, savoir : la dédicace de l'église de Nantes et la mort de Prétextat, archevêque de Rouen.

Félix, évêque de Nantes, l'un des plus illustres prélats de ce siècle, au rapport même de M. Mézeray, et qui a tant été loué par la muse de Venance Fortunat, ayant fait bâtir depuis les fondements son église cathédrale, appela, selon la coutume, les plus fameux prélats de son temps pour en faire avec lui la dédicace. Fortunat nous en fait la description, et c'est de lui que nous apprenons que saint Romphaire y fut appelé, et y assista. Parlant donc des prélats qui y assistaient, il dit :

« Inter quos medios, Martini sede sacerdos,
Euphronius [1] fulget metropolita sacer...
Domitianus [2], item Victorius [3], ambo columnæ,
Spes in utrique manens pro regionis ope.
Domnulus [4] hic fulget meritis; Maracharius inde,
Jure sacerdotii cultor uterque Dei [5]. »

[1] Évêque de Tours.
[2] Évêque d'Angers.
[3] Évêque de Rennes.
[4] Évêque du Mans.
[5] Dom Bouquet, *Recueil des historiens des Gaules*, II, 481.

Ce Maracharius n'est autre que celui nommé par Grégoire de Tours Romacharius, et par nos mémoires Rompharius, duquel nous parlons ici. C'est le témoignage du fameux Louis[1]. Le Cointe, prêtre de l'oratoire, lequel nous suivons ici et qui a examiné ce fait très-exactement[2].

Je sais qu'il y eut au même siècle et en même temps à peu près un évêque d'Angoulême nommé aussi Maracharius, qui de seigneur de cette ville en devint évêque, duquel parle Grégoire de Tours au xxxvi° chapitre du V° livre de son histoire, et qu'on dit avoir été empoisonné par son chapitre; mais ce fut longtemps auparavant cette dédicace si l'on en croit les continuateurs, ou longtemps après si l'on en croit le P. dom Romuald, feuillant natif d'Angoulême, qui marque cette mort en 591, après avoir tenu le siége seulement sept ans. Ainsi nous pouvons conclure que ce Maracharius était véritablement celui que nous appelons Romphaire, et qu'il était notre évêque en 568, temps de cette dédicace[3].

A l'égard de Prétextat, archevêque de Rouen, son histoire est trop publique pour être rapportée ici; je n'en dirai que ce qui peut faire quelque chose à notre histoire. Ce prélat eut quelque part dans les effroyables brouilleries de cour qui firent trembler toute la France sous le règne de Chilpéric et des fameuses Brunehaut et Frédégonde. Il en fut chassé de son église et exilé

---

[1] Charles.
[2] *Annales ecclesiastici*, II, 105 et 303.
[3] Ce n'est pas l'avis des auteurs du *Gallia*, IX, 980.

dans l'île de Jersey, dépendante, comme on le sait, de ce diocèse. Saint Romphaire regarda ce bannissement comme un martyre, et pendant les huit ans qu'il dura, il fit tout ce qu'il put pour en adoucir les amertumes.

Chilpéric fut tué par la cruauté et la perfidie de Frédégonde; ce fut la cause du retour de Prétextat dans son diocèse. Mais cette princesse, qui portait impatiemment le retour et encore plus les reproches continuels que lui faisait cet évêque de sa cruauté et de ses vices, résolut de s'en défaire. Elle loua un assassin, qui, à la faveur des ténèbres du matin, se glissa dans l'église, perça d'un coup de poignard sous l'aisselle ce saint évêque, tout proche de l'autel où il allait célébrer les saints mystères, un dimanche matin que quelques-uns disent avoir été celui de Pâques.

Prétextat fut porté tout sanglant dans sa chambre, où il mourut peu après. Le bruit de cet accident fut bientôt répandu dans toute la province. Sitôt que notre évêque l'eut appris, il alla à Rouen. Le seul service qu'il pouvait lui rendre était la sépulture; c'est ce qu'il fit au rapport de Grégoire de Tours et de tous les écrivains de ce temps-là : « Ad quem sepeliendum Roma-« charius, Constantinæ urbis episcopus, advenit[1]. » Je finirai cet article par les paroles de M. de Denneville dans son *Inventaire de l'histoire de Normandie :* « La « ville, le royaume, la France entière eut horreur de « ce paricide. Toutes les Églises de la Province furent « fermées, et Gontran envoya trois Évesques pour en

---

[1] Liv. VIII, ch. xxxi.

« informer. Mais la puissance de Fredegonde estoit
« aussi bien au dessus des loix et du chastiment, comme
« sa malice et son impudence au dessus de la honte et
« de l'infamie. Gontran luy-mesme eut bien de la peine
« à se sauver de ses embûches[1] ». Ce furent Leudovald,
évêque de Bayeux, et le nôtre qui résolurent cet interdit
général dans la province, et qui y fut jeté du consentement des autres.

Cet assassinat arriva, selon la supputation de
M. Mézeray, l'an 587[2]. Nous n'avons aucun témoignage
certain qui nous instruise combien notre évêque y survécut. Seulement les actes de sa vie nous assurent que
la piété, la religion, le service de Dieu et le travail
pour le salut de ses diocésains, étaient son exercice
continuel, duquel s'étant saintement acquitté, il s'en
alla en recevoir la récompense au ciel. Voici les termes du martyrologe : « Quo in munere, postquam
« omni pietatis instantiâ divinâ procurasset, multos-
« que ad justitiam et religionem promovisset castis
« moribus et exemplis, cupidus Domini sui cui fideliter
« servierat, beati conspectus ejus ad fruitionem evola-
« vit[3]. »

Nous estimons que cette mort arriva environ l'an de
Jésus-Christ 590 ; après avoir tenu le siége vingt-deux
ans ; son corps fut inhumé dans sa cathédrale. Au temps
de la persécution des Normands infidèles, ses reliques en

---

[1] P. 22.

[2] Mézeray (vol. I, p. 137 et 139 de l'éd. in-8° de 1830) ne dit pas cela. Il fixe à 587 la mort de Chilpéric par Landry et Frédégonde, mais non celle de Prétextat qu'il ne date pas.

[3] Du Saussay, II, 905.

furent ôtées, cachées en divers lieux, et enfin transférées, avec celles de saint Lo et de saint Frémond, en cette paroisse nommée à présent Saint-Lo, laquelle dépend encore de Coutances, où elles reposent, du moins en partie. Son nom est en vénération par tout le diocèse. On en fait la fête double le 18 novembre. Il y a une grande paroisse à deux lieues de Saint-Lo, du côté du midi, sur la rivière de Vire, une chapelle en la cathédrale et une à Barfleur, qui sont dédiées à sa mémoire : « Nomenque benedictione plenum æternæ venerationi « consecratum in terra cœli jam felix municeps reli- « quit[1]. »

Nous devons encore remarquer deux grands saints de son temps et de son diocèse qui furent successivement évêques d'Avranches : le premier est saint Sénier. Nous apprenons de Robert Cenalis, un de ses savants successeurs, qu'il avait pris naissance en la paroisse de Coutainville[2], qu'il avait été élevé dans le monastère de Sciscy, et qu'après la mort de saint Pair, il en fut tiré pour lui succéder en la chaire épiscopale d'Avranches.

L'autre est saint Sever, fondateur et premier abbé du monastère qui porte son nom dans une paroisse à deux lieues de la ville de Vire, laquelle porte aussi son nom. La naissance de ce saint homme ne répondait pas à son mérite; le même auteur que je viens de citer nous apprend qu'il passa sa jeunesse dans une servitude fâcheuse sous un seigneur nommé Corbet : « Duris-

---

[1] Du Saussay, II, 905.
[2] Arrondissement de Coutances.

« simam servitutem sub Corbetano[1] domino multis die-
« bus et annis perpessus. » Dieu changea le cœur de
ce maître ; il reconnut le mérite de son serviteur, lui
accorda la liberté et autant qu'il souhaitait de sa terre
pour y bâtir un monastère. Il en bâtit un et devint
père de plusieurs saints religieux; il passa par tous les
degrés de la cléricature, fut sacré prêtre et commis à
prêcher la parole de Dieu par saint Lo. Son mérite alla
si loin, qu'après la mort de saint Sénier il fut élu pour
lui succéder. Ce choix lui fit beaucoup de peine ; mais
enfin connaissant que c'était la volonté de Dieu, il ne
s'opiniâtra point, il l'accepta; mais ce fut pour le
quitter aussitôt qu'il lui serait possible. Il le quitta en
effet peu de temps après, et retourna en son monastère où il mourut en paix et fut inhumé proche l'autel :
« Toto jam pectore cœlo inhians senio confectus et annis
« evolat ad superos. »

[1] Il est appelé Corbecenus dans la légende donnée par les Bollandistes (*Act. sanct.* febr. I, 188).

CHAPITRE V

DES SAINTS ULPHOBERT, LUPICIUS, CHARIBON, VALDOMAR HULDERIC ET FREMONT

Nous connaissons les noms de saint Ulphobert et de saint Lupicius par l'autorité des catalogues du livre du chapitre, laquelle assurément est très-faible en l'histoire de ces premiers temps. Ce qui me paraît certain, c'est qu'il y a de l'erreur à les placer devant saint Romphaire ou Romachaire, puisque nous avons fait voir que ces deux noms ne font qu'un évêque, lequel succéda à saint Lo. Nous les avons donc rétablis dans le rang qu'ils doivent avoir.

C'est aussi contre la disposition de ces mêmes catalogues que nous avons donné à leurs deux successeurs le rang qu'ils tiennent en ce chapitre; mais la date des chartes où nous les avons trouvés souscrits ne nous permettait pas d'en user autrement. Nous allons les coter, et ce en sera la preuve.

Charibon est cet évêque que les catalogues appellent Trahé, comptent le seizième et font succéder à Valdomar, successeur de Hulderic. Il doit les précéder, car le roi Clovis II ayant, en 650, assemblé un concile dans

l'église de Saint-Vincent de Chalons, « pro zelo reli-
« gionis, vel ortodoxæ fidei dilectione [1] », nous trouvons entre les noms de ceux qui souscrivirent à vingt
canons qui y furent faits, la souscription de notre prélat conçue en ces termes : « Charibonus episcopus
« ecclesiæ Constantinæ subscripsi [2] ». C'est la première
des évêques de cette province, laquelle est suivie de
celle de « Amlacarius », évêque de Séez ; « Launobodus »,
évêque de Lisieux ; « Ragnericus », d'Evreux, et « Betto
« episcopus ecclesiæ de Julio bona », non, dit le P. Sirmond, que Lillebonne soit un évêché, mais on l'avait
donnée à ce prélat sa vie durante, du consentement de
saint Ouen, archevêque de Rouen, lequel assista aussi
à ce concile.

Nous apprenons par deux chartes de l'abbaye de
Saint-Denis que Valdomar succéda à Charibon. La
première est du mois de juillet en 658 ; c'est la charte
des priviléges que Landri, évêque de Paris, accorda à
ce monastère, à laquelle, pour plus grande sûreté, il fit
souscrire avec lui plusieurs autres prélats, entre lesquels
nous trouvons notre évêque « Valdomarus [3] ». L'autre
est de l'an suivant 659 ; cet évêque, ayant assemblé
les évêques à Clichy, leur demanda leur souscription
aux dons et aux priviléges qu'il avait accordés à ce monastère : « Auctoritatis suæ præceptum de eadem mo-
« nasterii sancti Dionysii libertate conscribi jussit [4]. »

---

[1] *Acta concil.*, III, 948.
[2] *Ibid.*, 952.
[3] Mon édition des conciles porte « Baldomerus » (988).
[4] *Acta concil.*, III, 988.

Nous trouvons notre Valdomar au nombre de ces souscrivants [1].

Ce fut environ vers ce temps que se fit la célèbre élévation du corps du bienheureux abbé saint Marcouf par l'archevêque de Rouen. Ce prélat se sentit en obligation de faire la visite des diocèses de ses suffragants et d'y répandre, ainsi qu'il le dit lui-même, la semence de la parole de Dieu. Il vint en ce diocèse, et étant arrivé au monastère de Nanteuil, Bernoin, qui en était abbé, le pria de transférer le corps de saint Marcouf en un lieu plus décent. Il le fit transporter en tout honneur, au chant des psaumes, au devant de l'autel. Voici les paroles de cet archevêque en parlant de lui-même dans le livre qu'il a écrit de la vie de saint Eloi : « Alio tempore, cum suas parochias verbum « Dei seminando circumiret, venit in pagum Constan- « tinum, ubi autem ad monasterium beati Marculphi « accessit. Rogatus est a Bernoino ejus monasterii « abbate, ut corpus santi Marculphi in alium locum « transferret. Qui ejus precibus satisfaciens, transtulit « sacrum corpus in apsidem cum hymnis et congruo « honore [2]. »

Un écrivain nommé Théodoric, rapporté par Surius, lequel a écrit en vers la vie de saint Ouen, parlant de cette translation, dit que saint Ouen la faisant en témoignant souhaiter avoir la tête du saint pour enrichir son église, il tomba du ciel entre ses mains un billet qui lui permettait de prendre ce qu'il voudrait des

[1] *Waldemarus episcopus*, etc. (990).
[2] Surius, IV, 905.

autres reliques de ce saint abbé, mais qui lui défendait de toucher à la tête.

> « Contigit hinc autem quod et idem tempore quodam
> Ad Constantini transiret munia pagi
> Æternæ cunctis præbens documenta salutis,
> Cui Bernuinus Abbas multùm Reverendus,
> Obvius accessit hilaris, secumque recepit,
> Ipsi congaudens, et præsule digna rependens,
> Dicens : Præsul ave, meritorum munere clare,
> Unum te petimus, quod sis conferre paratus,
> Nec decet ut renuas, vel sola voce recuses ;
> Sed dignare piis cunctorum cedere votis :
> Ut pariter nostri Patris, nostrique Patroni
> Marculphi membra jubeas hinc esse movenda.
> Post hæc vir sanctus cunctorum vota secutus,
> Relliquias sanctas, aliàs facit esse ferendas,
> Primus majorem præsumens ferre laborem :
> Nam levat à terra, simul et cervice remissa,
> Transvehit ad Thecam gemmis auroque politam;
> In quam dùm posuit, Abbati protinus inquit :
> Relliquias nobis de corpore ferre licebit,
> Ejus, quo memorem nobis celebremus honorem ;
> Abbas è contra solerter retulit ista :
> Non nego, digne pater, verum concedo libenter,
> Et tua quod querit devotio, ferre licebit.
> Cùmque volutaret animo, caput ut sibi ferret,
> Cœlitùs immissam meruit sibi sumere chartam,
> In qua scriptura, scripti quoque vera litura,
> Hæc mandata dabat, quæ sacra voce notabat :
> Ne caput attrectes, nec de cervice sequestres,
> Unde tibicumque capiens quod queris, habere [1]. »

Parce que dans tout ceci il n'est point fait mention de l'évêque de Coutances, j'ai pensé que l'on pouvait avec quelque raison croire que cette visite s'était faite entre la mort de Valdomar et la consécration de son successeur.

Ce successeur fut certainement Hulderic; et s'il est

---

[1] *Neustria pia*, 72 et 73.

vrai, commé on le conte, que cette visite de saint Ouen et cette translation se firent en 660, il faudra dire que Hulderic fut sacré peu après. C'est ce qui nous paraît par une charte du monastère de Saint-Pierre-le-Vif, au diocèse de Sens. Cette charte est rapportée dans l'histoire des bénédictins séculiers [1], 3, benedict. part. 2, page 614, et m'a été indiquée par R. P. D. Julien Bellaise, bénédictin de Fécamp [2]. Elle contient les priviléges que Emmon, évêque de Sens, accorda aux religieux de ce monastère. Elle est datée de la troisième année du règne de Clotaire III, et de l'an de Jésus-Christ 664 [3], et entre les prélats qu'on y voit souscrits, on y lit « Hughierus » ou « Huldericus », évêque de Coutances, avec « Amicharius » de Séez, « Higgo » de Lisieux, « Concessus » d'Evreux et « Ragnobertus » de Bayeux.

C'est le seul endroit que je sache où l'on voit le nom de notre évêque, à qui la postérité a aussi attribué le nom de saint.

Il est maintenant hors de doute que cet évêque, à qui nos anciens catalogues ont donné le nom de Rolumud, ne soit le très-illustre saint Frémond dont les reliques sont gardées avec celles de saint Lo dans l'église du prieuré et paroisse de Saint-Lo de Rouen, et dont une grande paroisse et un prieuré dans ce diocèse, sur la rivière de Vire, à trois lieues au-dessous

---

[1] *Annales benedictini*, I, 450.

[2] Né à Saint-Symphorien, arrondissement de Mortain, en 1641 ; mort à l'abbaye de Saint-Ouen de Rouen, le 23 mars 1711.

[3] Lisez 658.

de la ville de Saint-Lo, portent le nom et le reconnaissent pour leur patron. L'église et le monastère du Ham, bâtis et consacrés à Dieu sous le nom de la sainte Vierge par lui, en sont un témoignage qui ne peut être contesté.

Le Ham est une paroisse du doyenné de Valognes, à une lieue et demie de cette ville, sur une petite rivière qui en vient, nommée le Merderet, lieu tout propre à une solitude. C'était autrefois un prieuré de bénédictins, dépendants de Saint-Père-en-Vallée-lez-Chartres. Il fut sécularisé et mis en commande l'an 1591, en faveur de Pierre de Serres, abbé de Montebourg. Au temps dont nous parlons, c'est-à-dire sous l'épiscopat de saint Frémond, on y bâtit un monastère qui fut détruit à la venue des Normands et réédifié quelque temps après leur conversion, comme nous dirons en son lieu. Il n'en reste à présent que très-peu ou point de vestiges ; la plupart néanmoins de son église paraît fort ancienne.

Il n'y a pas longtemps qu'ayant été trouvé à propos de remuer l'autel, lequel, à la manière du temps de sa première élévation, était presque au milieu du chœur, afin de l'approcher plus près du mur du pignon, on y trouva une pierre de laquelle nous apprenons quand et par qui ce monastère fut premièrement bâti et consacré. Cette pierre est un carreau blanc assez tendre ; elle est presque entièrement carrée, de trois pieds en tous sens, épaisse de cinq pouces environ ; elle a un bord tout autour de quatre doigts de large, élevé d'un demi-doigt ; elle est au milieu marquée d'une espèce de croix en chiffres ou fleurisée; à chaque coin de ce fond, il y a une petite croix passée ou arrondie. On dit que lorsqu'on la changea de place elle servait de crédence, et qu'auparavant c'était la pierre de l'autel même.

Sur cette pierre, c'est-à-dire sur les bords et sur l'épaisseur de cette pierre, on y avait gravé, non en caractères gothiques, mais en lettres rondes et romaines aisées à lire, à la réserve de certains termes et expressions qui ne font pas un sens parfait, parce qu'il se trouve quelques caractères effacés, et que les termes qui étaient gravés au haut de quatre colonnes sur lesquelles cette pierre était placée, s'étant perdus par la perte de ces colonnes, on n'y peut pas suppléer aisément. Voici ce qu'on y lit sur les bords :

Ligne première : « Constantiensis urbis rector domi-
« nus Frapomundus pontifex..... »

Deuxième : « In honore almæ Mariæ, genetricis Do-
« mini, hoc templum..... »

Troisième : « Hocque altare cònstruxit fideliter atque
« digne dedicavit, mense..... »

Quatrième : « Augusto medio, et hic festus celebratus
« dies sit annos singulos. »

Et sur l'épaisseur, cinquième : « Anno IIIe. II. A. M.
« regnante Theodorico rege in Francia hoc cinubium
« cinxit muris et..... »

Sixième : « Patravit caulas quam pulcherrimas
« choro, nexas pascua perpetua suarum ovium..... »

Septième : « Et primus cœpit struere monasterium
« dominus pontifex..... »

Huitième : « Habens curam pastoralem. Item rex
« concessit ad cinubium locum..... »

Neuvième : « Ipse etenim donavit plurimas et cæteras
« pertinentias optimas in amore Domini..... »

Dixième : « Virginale cum Maria almissima, cum ipsa
« vivant et exultent in æterna sæcula.[1] »

J'estime que la construction s'en doit faire ainsi :
« Constantiensis urbis rector Frapomundus pontifex,
« in honore almæ Mariæ Virginis, genitricis Domini,
« hoc templum hocque altare construxit fideliter at-

---

[1] Toustain de Billy ne reproduit pas exactement l'inscription du Ham.
M. de Gerville, en 1834, et plus récemment M. Le Blant, ont donné la véritable lecture, qui est celle-ci :

PARTIE SUPÉRIEURE DE L'AUTEL.

† Constantininsis urbis rectur domnus Frodomundus pontifex
In honore alme Maria genetricis Dni hoc templum hoc
Quae altare construxsit fidiliter adquae digne dedicavit meuse
Agusto medio et hic festus celebratus dies sit ℞ annu singolus

PREMIÈRE FACE.

Anno IIIIII jam regnante Theodorico rege in Francia hoc
Cinubium chingxit mur[is]..... [feli]citer.....
..... abens curam pasturalem in amore Dni suarum ovium..

DEUXIÈME FACE.

Patravit caulas quam pulcherreme nec a morsebu[s] lu[po]rum
E[t] vora[citate]..... gant.....
.....ur pascua perpetua choro nexas virgenale cum Ma

TROISIÈME FACE.

ria almissema ipsa vivant et exultent in eterna secola.
Dom[inus]..... n.....
Item locum rex concessit ad istum cenubium ipsi etenem.....

QUATRIÈME FACE.

primus cipit struere hic monistrium demum pontifex erectus r..... sem[per].....
pluremus adque citeras pard[inas s]eptinari nomero †
† sic ba.....

(DE GERVILLE, *Notice sur quelques antiquités mérovingiennes décou-*

« que digne dedicavit, mense Augusto medio, et hic
« festus celebratus dies sit [per] annos singulos. Theo-
« dorico rege in Francia, hoc cinubium cinxit et patravit
« caulas choro nexas, pascua perpetua suarum ovium,
« et primus cœpit struere monasterium domnus ponti-
« fex, habens curam pastoralem. Item locum rex con-
« cessit ad istum cinubium, ipse enim donavit plurimas
« et cæteras pertinentias optimas in amore Domini,
« virginale cum Maria almissima, cum ipsa vivant et
« exultent in æterna sæcula. »

On me permettra de traduire ainsi en notre langue :
Le seigneur Frémond, évêque de Coutances, a bâti
fidèlement et dédié dignement cette église et cet autel
en l'honneur de la sainte Vierge Marie, mère de Notre-
Seigneur, au milieu du mois d'août, de quoi on renou-
velle et solennise la fête tous les ans. Ce fut l'an 302
depuis la consécration de saint Martin, c'est-à-dire l'an
de Jésus-Christ 678. Le roi Thierri régnant en France,
il ferma de murailles ce monastère et y fit bâtir des cel-
lules joignant au chœur de l'église, pour être le lieu de
la demeure perpétuelle de ses ouailles. Ce fut ce seigneur évêque qui le premier commença de construire
ce monastère, c'est-à-dire qui en mit la première pierre,
poussé du soin d'un véritable pasteur. Le Roi donna
ce lieu pour y bâtir un monastère, et y fit plusieurs

---

vertes près de Valognes, p. 14 et suiv. — Edmond LE BLANT, Inscriptions
chrétiennes de la Gaule antérieures au VIIIe siècle, t. I, p. 181-186, et
pl. 61. — Voir aussi MABILLON, Ann. Bened., I, 538 et 657 a; TRIGAN,
I, 637, etc., etc.)

On sait que l'autel du Ham est conservé à la bibliothèque publique de
Valognes.

autres donations excellentes avec leurs appartenances, pour l'amour de Notre-Seigneur et de la très-sainte Vierge Marie, avec laquelle puissent-ils vivre éternellement [1].

Il y a une infinité de remarques à faire sur cet excellent monument de l'antiquité, qu'on ne peut soupçonner d'aucune supposition. Il nous apprend que du règne du roi Thierri ou Théodoric, nous avions à Coutances un évêque nommé Fromond ou Frémond, qui fit bâtir et dédia le monastère et l'église du Ham auxquels le roi fit de grands biens ; et la seule difficulté que nous y reconnaissons après la construction de ces paroles, qui sont fort embrouillées sans l'explication que nous leur avons donnée, ce sont ces figures qui en marquent l'année.

Nous avons cru que les trois premières III signifiaient trois ; la quatrième, qui est un C, marquait cent ; les autres et les dernières A. M. désignaient *a Martino,*

---

[1] M. E. Le Blant traduit ainsi :

« † Le seigneur Fromond, pontife, rector de la ville de Coutances, a, en l'honneur de la bienfaisante Marie, mère de N.-S., élevé ce temple et cet autel, et les a pieusement et dignement dédiés au milieu du mois d'août ; que cet anniversaire soit célébré tous les ans par une fête.

« † L'année sixième du règne de Thierry, roi de France, il entoura ce monastère de murs..... heureusement.... accomplissant ses fonctions de pasteur ; en l'amour de N.-S., il établit la bergerie de ses ouailles avec la plus grande sollicitude. Ni les morsures des loups, ni la voracité.... éternels pâturages.... unies au chœur des vierges avec la bienfaisante Marie, puissent vivre et jouir avec elle du bonheur céleste dans l'éternité des siècles. Le seigneur.... De plus, le roi a concédé le terrain de ce monastère ; en effet.... (Fromond) a commencé le premier à élever ce monastère ; enfin nommé pontife.... toujours.... plusieurs.... et d'autres prairies au nombre de sept. †

« † Ainsi.... »

D'après lui, l'autel du Ham appartiendrait donc à l'année 676.

depuis saint Martin. On entendait ordinairement depuis saint Martin, depuis la mort de ce saint. Mais nous savons aussi que dans la France occidentale, on supputait souvent depuis qu'il fut sacré évêque; cette consécration de saint Martin fut l'an de Jésus-Christ 376, à quoi si l'on ajoute 302, que nous estimons être marqués sur cette pierre, viendra l'an de Jésus-Christ 678, l'onzième du règne de Thierri. Au reste, je donne ceci comme une construction; si l'on trouve mieux, j'y acquiescerai volontiers.

Les mémoires que l'on garde en ce prieuré et cette paroisse dont nous avons parlé, qui porte le nom de Saint-Frémond, marquent qu'il naquit dans le diocèse d'Évreux. L'amour de la pénitence et de la solitude lui fit quitter son pays. Il vint en ce lieu qui était un véritable désert et qui en porte encore toutes les marques, il y bâtit un petit hermitage et un oratoire en l'honneur de la sainte Vierge, il eut bientôt des disciples et des imitateurs, en sorte que sa solitude devint en peu de temps un juste monastère, duquel il fut le premier abbé. Il en fut tiré malgré lui pour être élevé à la dignité d'évêque de Coutances, successeur de Hulderic.

Il tint le siége vingt et un ou vingt-deux ans et gouverna son diocèse en véritable et saint pasteur. Son corps après sa mort fut porté en son monastère, ainsi qu'il l'avait désiré. Sa mémoire y est demeurée en grande vénération; on y solennise sa fête le 24 octobre comme d'un saint pontife, ainsi qu'on faisait autrefois en l'abbaye de Cerisy, diocèse de Bayeux, de qui le prieuré de Saint-Frémond, aujourd'hui en commande, dépend. On y conserve encore un très-ancien bréviaire au calendrier duquel la fête de ce saint évêque est marquée au caractère des fêtes solennelles. On voit en une des vitres de la nef de cette église, du côté de l'évangile, une figure d'évêque peinte avec les ornements pontificaux, souscrite de saint Frémond. En l'église paroissiale qui porte son nom, au-dessus de l'autel du chœur, il y est de même peint. Au côté du même autel, on y montre son tombeau en carreau, couvert d'une table de bois qui sert de crédence. Enfin, contre un pilier de cette même église est affiché un cadre qui contient sa vie et son éloge en vers français imprimés sur du parchemin, en 1621.

CHAPITRE VI

DES ÉVÊQUES WILLEBERT, SALOMON, AGATHÉE, LIVIN UBIFRIDE, JOSUÉ, LÉON, ANGULON ET HUBERT

Notre histoire tombe en défaut pendant plus d'un siècle. Nous trouvons les noms de ces évêques dans les catalogues du chapitre. Nous les rapportons ici, encore y a-t-il de l'erreur. Au lieu d'Adelbert qui y est marqué successeur d'Ubifride, il faut mettre Willebert et le faire succéder à saint Frémond. Ce que nous allons dire en sera la preuve.

L'an de Notre-Seigneur 692[1], c'est-à-dire peu d'années après la mort de saint Frémond et sous son premier successeur, Ansbert, archevêque de Rouen, tint un concile provincial, « in quo plurima Deo accepta et « sanctæ ecclesiæ pro futura utilitate disputata sunt », au rapport du moine Aigradus, mais particulièrement pour la confirmation des priviléges de l'abbaye de saint Wandrille ou il avait été élevé. Willebert, notre évêque, assista à ce concile, selon le témoignage du même au-

---

[1] Le P. LE COINTE rapporte ce synode à l'année 688, la cinquième d'Ansbert (*Annales eccles.*, IV, 191, 192); D. POMMERAIE, p. 18, et D. BESSIN, p. 13, le placent en 693.

teur[1]. Il est vrai qu'en le nommant il ne désigne pas l'église dont il était évêque, non plus qu'il fait des autres; mais nous l'apprenons du savant P. Le Cointe [2].

Voici quelques remarques que nous devons faire pendant ces temps d'obscurité, et qui furent suivis de plus malheureux encore, dont la première est que ces catalogues tant de fois cités et que nous citerons encore plusieurs fois, ayant qualifié de saints sept de nos évêques, ajoutent après saint Agathée qu'ils désignent pour le dix-neuvième : « Hic sunt nomina eorum qui « non sunt sancti : Livinius, etc. ».

Celui qui connaît le fond des cœurs en jugera; mais il est certain qu'en ces temps-là notre diocèse était en presque tous ses cantons peuplé de monastères, et ces monastères remplis de personnes de grande piété. Les plus renommés de ces saints lieux étaient : Sciscy, Nantreuil, Maduin, Landelles, Saint-Sever, le Ham, Saint-Sauveur-de-Pierrepont, Saint-Côme, sans parler de plusieurs autres qui, à l'arrivée des Normands, furent ruinés aussi bien que ceux-ci, et depuis, par la piété de leurs enfants, ont été rétablis sous le nom de prieurés.

Les plus célèbres des saints habitants de ces monastères dont la mémoire est venue jusqu'à nous sont : saint Ortaire, saint Gilles, saint Fragaire, Gerbou, Oldebert et saint Clair. Le premier était abbé de Landelles, qui est à présent une grande paroisse à deux lieues de Vire où l'on tient que son corps repose; on

---

[1] D. Bessin, p. 13; D. Pommeraie, p. 19.
[2] *Annal. eccles.*, IV, 194.

y en fait la fête le 21 mai. Son nom est en grand respect en divers lieux de ce diocèse où l'on prétend qu'il se fait de grands miracles par son intercession.

Saint Gilles était un religieux de Saint-Sever, et son corps fut trouvé sous les ruines de son monastère lors de l'élévation de Saint-Sever, comme nous verrons ci-après. Saint Fragaire, religieux de Sciscy, fut évêque d'Avranches; il y a une paroisse auprès de Villedieu qui porte son nom, est consacrée à sa mémoire, et où il est particulièrement respecté.

Le corps de ce Gerbou, qu'on répute aussi saint, repose dans l'église de Saint-Sauveur-de-Pierrepont qui est une grosse paroisse à une lieue environ de la Haye-du-Puits, du côté de la ville de Valognes.

Le dixième canon du concile de Francfort est tout entier à son sujet. Il avait été religieux et abbé de Saint-Wandrille. Mainard, archevêque de Rouen, l'avait, à ce qu'il disait, pourvu de l'évêché d'Evreux ; il en jouissait. Il fut accusé devant les Pères de Francfort, où il avait été appelé, de n'avoir pas été sacré évêque. Il avoua n'avoir pas été canoniquement ordonné diacre, d'où s'ensuivit une ordonnance du concile par laquelle il fut enjoint à son métropolitain et aux autres évêques de la province de le déposer. Voici le canon : « Defi-
« nitum quidem a domno rege et a sancta synodo
« esse dignoscitur, ut Gerbodus, qui se episcopum esse
« dicebat, et suæ ordinationis testes non habuit, qui
« tamen episcopalia a Magenardo metropolitano epis-
« copo consecutus est; qui etiam professus est dia-
« conum et presbyterum non secundum canonicam

« ordinationem ordinatum esse; ut ab eodem gradu
« episcopatus, quem se habere dicebat, deponeretur a
« prædicto metropolitano, sive a comprovincialibus
« episcopis[1]. » Il le fut en effet et se retira au monastère de Saint-Sauveur, où son nom et sa mémoire sont demeurés en grande vénération. On le dépeint comme portant à son cou une espèce de meule ou de roue, pour nous représenter une boîte qu'il portait incessamment de cette sorte, en laquelle étaient renfermées des reliques de son saint abbé Wandrille.

Le monastère de Maduin et le nom de l'abbé Oldebert ne nous sont connus que par la vie de saint Clair. Il était, dit-on, en cette paroisse de la Hague, appelée Nacqueville, à deux lieues de Cherbourg, au couchant de cette ville, sur le rivage de la mer du Nord, au lieu où il y a encore une chapelle dédiée à saint Clair. Ce fut là où saint Clair, après être venu d'Angleterre en ce diocèse, se retira et où, sous la discipline de ce saint abbé, il apprit cette haute vertu qui lui fit préférer la mort à la perte de sa pureté.

Je ne prétends pas ici faire l'histoire de sa vie; elle est trop publique et trop connue pour s'y arrêter; mais on voudra bien me permettre de dire qu'il y a toutes les apparences du monde qu'on s'est trompé sur le temps qu'on le dit être venu en Cotentin, y avoir vécu, y avoir été ordonné prêtre, enfin persécuté et massacré par les ordres d'une femme. Ce ne sont pas ces faits, mais le temps de ces faits, qui me semblent

---

[1] *Acta conciliorum*, III, 906.

insoutenables; car certainement le temps qu'on marque sous l'épiscopat d'Erloin et de Seginand, de qui l'on dit qu'il fut ordonné prêtre, et enfin persécuté et massacré par les ordres d'une femme, on comprend facilement que ce temps ne peut en aucune manière convenir à l'état où étaient le Cotentin et la province alors.

Je crois donc franchement que le monastère de Maduin ayant été détruit comme les autres par la fureur des Normands païens, l'abbé Oldebert et Clair, son disciple, vivaient avant la venue de ces barbares; que l'erreur est venue de ce qu'on a trouvé qu'il avait été ordonné prêtre par Seginand, qui vivait vers la fin du IXe siècle, et que le nom de Seginand s'est glissé dans ces actes au lieu de celui de quelqu'un de ceux qui sont contenus au titre de ce chapitre, par la faute ou l'ignorance des copistes. Le sage lecteur en sera juge.

Au reste, pour nous consoler du peu de lumières que nous avons de ce qui se passa en notre église pendant ce siècle, on me permettra de rapporter ici le témoignage de deux grands hommes sur l'état général des églises de France en ce temps-là. Le premier est extrait de l'épître de saint Boniface, évêque de Mayence, au pape Zacharie : « Carlomannus », dit-il, « dux Fran-
« corum me accersitum ad se rogavit in parte regni
« Francorum, quæ in sua est potestate, synodum inci-
« pere congregare : et promisit se de ecclesiatica reli-
« gione, quæ jam longo tempore, id est, non minus
« quam per LX. vel LXX. annos calcata et dissipata fuit,
« aliquid corrigere et emendare velle. » Et deux lignes

après : « Franci enim, ut seniores dicunt, plusquam per
« tempus octoginta annorum synodum non fecerunt,
« nec archiepiscopum habuerunt, nec ecclesiæ canonica
« jura alicubi fundabant vel renovabant. Modo autem
« maxima ex parte per civitates, episcopales sedes tra-
« ditæ sunt laïcis cupidis ad possidendum, vel adulte-
« ratis clericis, scortatoribus et publicanis sæculariter
« ad perfruendum[1]. » L'autre est d'Adon, évêque de
Vienne, qui, parlant de l'état des églises en France,
dit que Wibilichaire ou Wubilichaire, son prédécesseur,
fut obligé de quitter et abandonner son église à cause
de l'état misérable où elle fut réduite.

Enfin, ce qui nous reste à remarquer, c'est le bâtiment de l'église de la ville de Saint-Lo. Les mémoires
de cette église témoignent que ce fut Charlemagne qui
se donna ce soin, y mit des chanoines, la dota et la fit
solennellement dédier à Dieu, sous le nom de Sainte-
Croix et de Saint-Etienne.

[1] *Acta conciliorum*, III, 1878 et 1879.

CHAPITRE VII

DE WILLARD, ERLOIN ET SEGINAND

Nous sommes redevables au P. Lecointe de ce que nous savons de cet évêque, que nos catalogues appellent Willard, sans nous en marquer autre chose. Ce savant homme témoigne[1] qu'il assista au concile de Paris, tenu l'an 829, à raison de ce que par la vertu des reliques de saint Pierre et de saint Marcellin, un diable avait été contraint de sortir d'une fille possédée et avouer qu'ils étaient douze envoyés exprès pour détruire la France par tous les fléaux de la colère de Dieu, « propter malitiam populi ejus et omni modas « iniquitates eorum qui super eum constituti sunt, qui « numera et non justitiam deligunt, qui plus hominem « quam Deum metuunt, qui pauperes opprimunt et « pupillas ad se vociferantes audire nolunt, nulli jus- « titiam nisi mercanti faciunt ». Et pour donc apaiser la colère de Dieu en remédiant à ces désordres, le roi et empereur assembla une partie de ses prélats à Paris, du nombre desquels fut le nôtre : « Interfuerunt Pa-

[1] VIII, 70.

« risiensi concilio qui jam laudati sunt a nobis, Ra-
« gnoardus, Willardus seu Guillardus, episcopus Cons-
« tantiensis. » Il venait de dire, expliquant les noms
de ces évêques : « Guillardus, dictus Forcaut, is est qui
« Willardus nominatur in vulgatis episcoporum Cons-
« tantiensium tabulis [1]. »

Il assista aussi au concile de Thionville, l'an 835[2],
et, au rapport de Hincmar, il souscrivit à la déposition
d'Abbon. Il rapporte seulement le nom de ces évêques
souscrivant, sans désigner leurs églises ; mais nous
les connaissons d'ailleurs, et nous lisons dans le
P. Le Cointe : « E provincia Rothomagensi præter Ra-
« gnoardum metropolitanum duo interfuerunt, Frecul-
« phus Lexoviensis et Willardus seu Guillardus Cons-
« tantiensis de quibus jam locuti sumus[3]. » Enfin,
l'année suivante, 836, il assista encore à cette assemblée de prélats que ce même empereur, Louis le Débonnaire, avait convoquée à Aix-la-Chapelle, et souscrivit aux règlements qui y furent faits : « Præter
« archiepiscopos supra nominatos », dit le même auteur,
« Aquisgranensi placito 13 interfuerunt episcopi : Ro-
« thardus Suessionensis, Willadus seu Willardus Cons-
« tantiensis in provincia Lugdunensi secunda. »

Erloin ou Herloin succéda à Willard, sans néanmoins que nous en sachions le temps, par le peu de
monuments qui nous restent de lui. C'était un prélat
distingué ; mais il fut évêque dans le temps le plus

[1] Le P. Le Cointe, VIII, 70.
[2] *Ibid.*, 355.
[3] *Ibid.*, 358.

malheureux du monde ; aussi ne le fut-il de Coutances que de nom, pour ainsi dire, les Normands infidèles ayant porté le fer et le feu par toute son église et tout entièrement détruit sans distinction de sacré ni de profane, et sans aucune distinction d'âge, de sexe ou de qualité. Et encore, si nous en croyons M. le président Fauchet, ce diocèse n'était pas parfaitement en paix avant l'épiscopat d'Erloin. Voici ses termes : « Le Coutentin... mesmes du temps des rois Merovingiens, estoit habité des Sesnes, Pirates : et semble avoir esté abandonné par les Charliens (comme aussi la basse Bretagne, variable et trop esloignee de la correction des rois François) à ces Normands et aux autres escumeurs de mer : pour estre cette terre, comme une presque Isle separee de terre ferme [1]. » Il ajoute sur l'an 850 que, les Normands étant entrés par l'embouchure de la Seine et détruisant généralement tout par où ils passaient, Charles composa avec eux, leur donna le Cotentin pour y habiter, et de tous temps les Français avaient souffert ces étrangers [2].

Voici ce que le grand chartrier du chapitre de Coutances dit de notre église : « Prima Normanorum gravis-
« sima persecutione, nequissimi scilicet et sacrilegi Has-
« ting suorumque prædatorum sæviente amplius quam
« trigenta annis, ab anno Dominicæ incarnationis
« DCCCXXXVI, secunda Rollonis, illustrissimi Normanorum
« ducis anno DCCCLXXV, indictione VIII, Walachria

---

[1] *Les Antiquités et histoires gauloises et françoises, recueillies par le président Fauchet*, p. 857.
[2] P. 697.

« Flandria, Burgundia, Britannia et tota Neustria,
« quæ nunc dicitur Nortmannia, partimque Francia
« inenarrabiliter desolatis, plurimæ captæ ac desolatæ
« sunt urbes, oppida diruta, destructæ ecclesiæ, prædia
« sanctorum et ecclesiastica jura et privilegia direpta,
« clerus, populus incola gladiis aufugit annullatus, sanc-
« torum reliquiæ et corpora latibulis abscondita, vel
« fuga per diversas provincias exportata. His itaque
« ingruentibus miseriis, sancta Constantiensis ecclesia,
« quæ præterito jam multo tempore floruerat, jamque
« sub trigenta et tribus episcopis Deo fideliter militave-
« rat, funditùs evertitur, prædiis ac privilegiis privatur,
« reliquiis et sanctorum corporibus viduatur, continuis-
« que septuaginta quatuor annis fedatæ idolatriæ et
« paganis furibus concultatur[1]. » Dudon de Saint-
Quentin, chez Duchesne, fait la peinture de ce Hasting
d'une manière qui mérite d'être insérée ici ; la voici :

> Hic sacer atque ferox nimium, credulis et atrox.
> Pestifer, infestus, torvus, trux, flagitiosus.
> Pestifer, inconstansque, procax, ventosus et exlex.
> Lethifer, inimitis, præcautus, ubique rebellis.
> Proditor, incentorque mali, duplex simulator.
> Impius et tumidus, pellax, deceptor et audax.
> Furcifer, incestus, infrenis, litigiosus.
> Pestiferique mali augmentum, doli incrementum.
> Non atramento, verum carbone notandus.
> Et tanto scelere ante alios immanior omnes,
> Quantus ad astrigerum tendit suspectus Olympum [2].

Un homme de ce caractère, qui ne trouve point de

---

[1] Je donne la copie de Toustain, qui est, on le voit, un peu différente de celle des auteurs du *Gallia christiana*, XI, 217 *instrument*.

[2] *Historiæ Normannorum scriptores*, p. 63. — Edition Lair, 130, 131.

résistance, ne pardonne rien. En effet, la Chronique de Tours dit que l'an 1ᵉʳ de Lothaire, qui est celui de Jésus-Christ 784, Hasting, suivi d'une infinité de Danois, étant entré en France, détruisit les villes, villages et hameaux par tout ce que la rage a de plus funeste : « Lotharii imperatoris anno primo, Hastingus « cum innumera Danorum multitudine Franciam in- « gressus, oppida, rura, vicos, ferro, flamma, fame de- « populatur [1]. » Celle du monastère de Besun marque que la discorde s'étant mise entre les fils de Louis le Débonnaire et causé une cruelle guerre entre eux, cette union de peuples différents qui composaient le royaume de France et en faisait la force et la beauté se rompit, chacun de ces princes attirant à son parti des principaux du royaume, dont la plupart périt en cette guerre civile. Les entrées de la France demeurant ainsi ouvertes et sans défense, une multitude de Normands, de Danois et d'Anglais s'en emparèrent et se répandirent par toute la France. On ne voyait partout que meurtres de chrétiens, pilleries, saccagements, brûlements, prises de villes. A leur premier abord ils se rendirent maîtres de Rouen, Évreux, Bayeux et des autres villes de la Neustrie qu'ils pillèrent : « Filii « ejus gravi pernicie in semet dissidentes unicum « prius pulcherrima de diversis nationibus facta com- « page Francorum regnum fæta sectione sciderunt. « Tunc demum inter regni primores conglobantur hor- « ribilia bella veluti intestina deseritur custodia litto-

---

[1] *Historiæ Normannorum scriptores*, p. 25.

« rum maris Oceani, augescit numerus hostium, crescit
« innumerabilis multitudo Normanorum, Danorum
« atque Britannorum. Fiunt passim Christianorum
« strages, deprædationes, vastationes, incensiones.
« Capiunt quascumque civitates nemine resistente...
« In primo suo adventu, Rotomagum, Ebroas, Bajocas,
« et cætera Neustriæ civitates depopulati fuerant[1]. »

On ne peut lire sans horreur ce que les écrivains de ces malheureux temps nous en ont laissé. En effet, jamais il ne s'est vu une désolation semblable ; les peuples éperdus fuyaient d'une province à l'autre, la campagne était déserte, les villes sans murailles assez fortes pour assurer leurs habitants, et ceux que le fer, le feu et la captivité épargnaient, succombaient à la faim et à la misère : « Normani », dit Adrevaldus, moine de Fleury, chez Duchesne[2], « gens Aquilonatis nostro « generi plus æquo præcognita..... omnen oram ma- « ritimam pessumdedit, atque ut verius dicam in vas- « tam redegit solitudinem. »

Les prélats devinaient aisément la cause de ces malheurs : la simonie, l'injustice, la dissolution du clergé et du peuple, avaient irrité la colère de Dieu qui, pour venger ces crimes, avait permis à ces barbares de désoler le royaume. C'est ce que disent les évêques assemblés au concile de Meaux en 845 : « Quia sicut necesse
« fuerat divinis jussionibus non est secuta obedientia,
« dedit Dominus ab Aquilone, unde, juxta Prophetam,
« pandetur omne malum, dignos meritis nostris Apos-

---

[1] *Historiæ Normannorum scriptores*, p. 22.
[2] *Ibid.*, p. 27.

« tolos, crudeles scilicet et immanissimos Christiani-
« tatis persecutores Northmannos : qui usque Parisios
« venientes, quod jussit Dominus demonstraverunt[1]. »
Ils s'assemblaient presque continuellement pour conférer entre eux des moyens d'apaiser le ciel par la correction des mœurs, réconcilier les princes, les unir contre les infidèles et veiller à l'observance de tant de constitutions récemment, mais presque inutilement faites par les empereurs, pères des rois régnants, ainsi qu'il apparaît par les conciles de Loiret[2], de Thionville, Vernon, Beauvais, Meaux, Paris, et par quantité d'autres qui les ont suivis, de quelques-uns dequels nous ferons mention.

A celui de Paris, en 846[3], assista Erloin notre évêque. Les moines de Corbie s'y présentèrent et demandèrent la confirmation de leurs priviléges ; c'est à cette charte que nous trouvons notre prélat en ces termes : « Erluinus gratia Dei Constantiæ episcopus
« hoc privilegium consensi[4]. » On y voit aussi souscrits :
Fréculf, évêque de Lisieux ; Saxobod, de Séez, et Baufrid, de Bayeux, avec Gonbaud leur métropolitain. On me permettra encore, pour preuve de ce que je viens de dire, d'insérer ici quelques paroles de ce concile :
« Convenientibus nobis », disent les Pères, « Galliarum

---

[1] *Acta concil.*, IV, 1479.

[2] *Lauriacum :* Toustain de Billy ou son copiste avait mis Léviniat, qui n'existe pas.

[3] C'est aussi la date adoptée par Pagi et les auteurs de l'*Art de vérifier les dates,* contrairement à Labbe et à notre édition des conciles, qui ont mis 847.

[4] *Acta concil.*, IV, 1504.

« episcopis ex regio præcepto Parisius, ut super his
« quæreremus quæ in ecclesiis Dei, tam propter civilis
« belli transactam violentiam, quam et ob inertiam
« prælatorum atque subjectorum, longe jam secus
« quam dignum est geruntur; nec non cujus rei gra-
« tia pestis atque lues tamdiu in populo grassantur [1]. »

L'an 853, Erloin fut au concile deuxième de Soissons, touchant la déposition de certains prêtres, que Hincmar prétendait n'avoir pas été bien ordonnés. Ebbon avait été déposé de l'archevêché de Reims, il avait été rétabli ensuite par l'autorité de l'empereur Lothaire et de quelques évêques par lui assemblés à Ingelheim ; mais ce rétablissement n'ayant pas été trouvé légitime, il fut une seconde fois déposé. Hincmar, moine de Saint-Denis, fut mis en sa place. Entre son rétablissement et sa seconde déposition, il avait sacré plusieurs prêtres ; ce fut pour leur faire juger l'ordination nulle que Hincmar, par l'autorité du roi, assembla les évêques à Soissons, où, dit Frodoard, « de-
« cretum est ut quidquid in ordinationibus ecclesiasticis
« Ebbo post depositionem suam egerat, præter sacrum
« baptisma, irritum haberetur, et ordinati ab eo gradi-
« bus ecclesiasticis privati existerent [2] ». Et le premier canon de ce concile touchant cette déposition porte qu'Ebbon avait plutôt damné qu'ordonné ces ecclésiastiques : « Gradibus ecclesiasticis estimatus fuerit
« promovisse damnationi potius abnoxios effecisse. »

[1] *Acta concil.*, 1501.
[2] *Flodoardi presbyteri ecclesiæ Remensis historia,* un vol. in-12, p. 174. Paris, Cramoisy, 1611 (édit. du P. Sirmond).

C'est à cette résolution et aux autres règlements de ce concile que nous trouvons Erloin souscrit en ces termes : « Erloinus Constantiæ urbis episcopus, « relegi, consensi et subscripsi [1]. » Paul de Rouen, Gombert d'Évreux, Baufrid de Bayeux, Airard de Lisieux, Hildebrand de Séez et Ansegaud d'Avranches, souscrivirent aussi. Erloin assista encore cette même année au concile de Verberie avec les mêmes prélats, à la réserve de celui d'Avranches, au sujet du rétablissement de Heriman en son évêché de Nevers et d'un certain monastère, nommé *Lebraha*[2], dont un certain Conrad s'était emparé.

La France n'était guère plus heureuse que notre patrie ; elle était remplie de factieux rebelles et de brigands qui la ruinaient presque autant que les Normands par leurs courses. Dans la confusion de ces désordres quelques-uns appelèrent Louis, roi de Germanie, et l'engagèrent de venir en France pour remédier à ces malheurs. Il les crut, il y vint. Charles, son frère, attendit pour s'opposer à ses progrès, se vit en un moment abandonné de son armée et obligé de se retirer. Il en leva une seconde, mais celle de Louis, à son tour, déserta et prit le parti de Charles. Louis et ses partisans crurent mieux réussir par le moyen des évêques ; il les convoqua à Reims. Cette seconde entreprise ne lui succéda pas mieux ; au contraire, les prélats, spécialement ceux des provinces de Rouen et de Reims, s'étant assemblés à Kiersy-sur-Oise, en 858, lui

[1] *Acta concil.*, V, 53.
[2] Leber, en Alsace.

écrivirent une épître synodale par laquelle ils lui exprimèrent en vrais Pères de l'Église les devoirs d'un bon roi chrétien dans un temps comme celui-là. Louis était à Attigny lorsqu'il la reçut, ce qui, joint à la rebellion de ses sujets, l'obligea de se retirer avec dessein néanmoins de revenir l'an suivant. Tout le fruit de son voyage avait été le pillage et la profanation des églises, les meurtres et les incendies. Les prélats, craignant un second voyage, s'assemblèrent l'an suivant, 859, à Metz, pour aviser aux moyens de l'empêcher; ils lui députèrent neuf prélats, trois archevêques, Wénilon de Rouen, Hincmar de Reims et Gonthier de Cologne, et six évêques, dont le nôtre, Erloin de Coutances, fut le premier. Les autres sont : Hildegaire de Meaux, Adventius de Metz, Abbon d'Auxerre et Erchenrad de Châlons. Ils leur donnèrent leurs instructions, « commonitorium », suivant lesquelles ils devaient l'absoudre s'ils le jugeaient véritablement repentant des maux que sa venue avait causés en France.

Il assista encore cette même année 859 au concile de Savonnières, près de Toul, et nous lisons son nom, « Erloinus Constantiæ episcopus[1] », avec ceux des autres évêques de ce concile, à l'épître synodale envoyée à Wénilon, archevêque de Sens, qui, dans les dernières guerres, avait trahi son maître et bienfaiteur le roi Charles, qui en avait porté sa plainte aux Pères.

Il fut aussi à la célèbre assemblée, tant des évêques que des grands du royaume, convoquée par le roi au

---

[1] *Acta concil.*, V, 490.

château de Pitres, en 861. Ce château, pour le dire en passant, était une fortification bâtie sur la Seine en un lieu qu'on appelle encore aujourd'hui le Val-de-Pitan [1], où d'un côté et d'autre les rivières d'Eure et d'Andelle entrant, perdent leur nom dans la Seine. Nous trouvons son nom écrit à trois chartes expédiées pour la confirmation et conservation des priviléges des monastères de Saint-Denis [2] et de Saint-Martin [3]. Le savant P. Mabillon, dans son *De Re diplomatica*, aux pages 452 et 455, rapporte les deux premières chartes du concile de Soissons, où effectivement les évêques s'étaient transportés du Val-de-Pitan, et la souscription d'Erloin en particulier [4], pour servir d'exemple de la manière dont on écrivait en ces temps-là.

Il se trouve encore plusieurs autres assemblées ecclésiastiques auxquelles Erloin, notre évêque, assista. Nous les omettons pour éviter l'ennui. Il résidait communément à la suite de la cour, comme au lieu le plus propre pour assister ses pauvres diocésains qui, ayant été obligés d'abandonner leur patrie, erraient vagabonds par le royaume, passant de province en province comme de misérables mendiants.

Nous ne savons pas précisément quand il mourut; mais vivant encore en 863, lorsqu'à Soissons il souscrivit à ces chartes dont nous venons de faire mention, et ayant eu certainement un successeur en 866, il est

---

[1] Le Valpitant, hameau d'Amfreville-sous-les-Monts (Eure).
[2] *Acta concil.*, V, 556.
[3] *Ibid.*, 568.
[4] *Herluinus Constantiensis episcopus* (p. 453). — *Erluinus Constantianæ ecclesiæ episcopus* (p. 455).

aisé de voir que ce fut dans cet intervalle de temps.

Ce successeur est Seginand, évêque de Coutances de nom seulement, n'y ayant plus de Coutances ni d'autres personnes dans le diocèse que des barbares et des infidèles. Il résidait, ainsi que son prédécesseur, à la cour de Charles le Chauve, dont il était conseiller, et participa comme les autres aux désordres et aux malheurs dont la France se trouva alors accablée.

Il était, comme nous venons de le dire, évêque de Coutances en 866, et en cette qualité il assista au troisième concile de Soissons, assemblé particulièrement au sujet de ces ecclésiastiques dont nous avons parlé, ordonnés par Ebbon et déposés au deuxième concile de Soissons par Hincmar, mais particulièrement un d'entre eux nommé Wuilfrid, lequel fut archevêque de Bourges. Wuilfrid et les autres ecclésiastiques avaient été à Rome porter leur plainte au pape Nicolas qui venait de succéder à Benoît. Ce pontife en avait écrit à Hincmar. Il lui avait écrit qu'ayant vu les actes de leur déposition, elle ne lui avait pas paru fort légitime; il conseillait par les termes les plus obligeants de mettre bas toute animosité contre eux et de les rétablir; en cas qu'il crût ne le pouvoir faire, de convoquer en concile les archevêques de Reims, de Lyon, Adon de Vienne, Wénilon de Rouen et tous leurs suffragants, à Soissons, pour voir la cause, l'examiner et la juger sans passion. Ç'avait été par Remi de Lyon que Nicolas avait écrit à Hincmar; il l'avait chargé de faire tous ses efforts pour vaincre son opiniâtreté et l'engager à faire justice à ces ecclésiastiques. Remi ne put rien. Le synode se tint et Hincmar fit si bien par ses artifices et grands raisonnements, qu'il tourna l'esprit des évêques qui jugèrent contre les ecclésiastiques ce qu'il voulut. Ils n'approuvèrent pas tout à fait leur déposition, mais pour les tenir suspends plus longtemps et différer leur rétablissement, ils en renvoyèrent le jugement au pape, sous prétexte qu'ils n'étaient pas en assez grand nombre pour casser un jugement porté par les évêques de cinq provinces. C'est à cette lettre synodale que nous trouvons notre évêque Seginand souscrit pour la première fois avec Wénilon de Rouen, Hildebrand de Séez, Ercambert de Bayeux et Hilduin d'Évreux, en ces termes : « Seginandus Constantiensis « episcopus [1]. »

Le synode écrivit une seconde épître au même souverain pontife, à laquelle notre évêque ayant souscrit de la même façon et en mêmes termes, on voudra bien pour plusieurs raisons que j'en explique le sujet en peu de mots. Environ 850, Noménoé [2], se servant des malheurs de la France, pensa à les augmenter, à secouer le joug, et se faire roi de Bretagne. Il assembla pour cela les évêques et seigneurs de sa province ; mais voyant que quelques-uns refusaient de consentir à cette injuste nouveauté, il inventa contre eux des crimes, les fit déposer, bannir, et élire d'autres en leur place. Il fit deux évêchés de Tréguier et de Saint-

---

[1] *Acta concil.*, V, 627.

[2] « Quomodo Nomenoius tyrannus Brithonum de quatuor episcopatibus « fecit septem, tempore Carolis Calvi Francorum regis », apud DUCHESNE, *Historiæ Francorum scriptores,* I.

Brieuc, et voulut que Dol fût un archevêché, afin que les prélats de son prétendu royaume ne fussent point sujets à l'archevêché de Tours, ni aux synodes de France. Les principaux de ces évêques déposés furent Salacon de Dol, Susanne de Vannes, Actard de Nantes. Ce dernier en porta ses plaintes aux Pères de ce concile de Soissons, ceux-ci au souverain pontife. La peinture que font ces Pères des Bretons est plus affreuse que celle qu'en auraient faite ceux des conciles de Savonnières et de Paris. Ils lui disent que ce sont des impies, qui n'ont nulle religion, qui ne veulent obéir à nulles lois, qu'ils ne suivent que les conseils de leur folie et de leur malice, qu'ils ne sont chrétiens que de nom :
« Nullus cultus religionis inter eos, nullus disciplinæ
« vigor haberi possit in illis : quoniam cum sint bar-
« bari, feritate nimia tumidi, nullis sacris institutis
« obediunt, nullis præceptionibus sanctorum patrum se
« subdunt, sed pro libitu insipientiæ malevolentiæque
« suæ cuncta peragunt..... nomine tenus Christiani[1]. »

Seginand, notre évêque, connaissait trop la barbarie de ces Bretons pour ne pas souscrire à cette épître synodale et aux plaintes qu'Actard lui-même porta au Pape. Il ne refusa pas non plus sa souscription aux chartes du renouvellement des priviléges de l'abbaye de Solignac, au diocèse de Limoges, bâtie et fondée du temps du roi Dagobert, par saint Éloi, évêque de Noyon, « Viromandensis ecclesiæ episcopus[2] », suivant la requête que Bernard, abbé de ce lieu, en avait présentée au roi et au

---

[1] *Acta concil.*, V, 628.
[2] *Ibid.*, 631.

concile, parce que les Normands avaient brûlé les anciennes chartes de leurs exemptions : « Quoniam Northmanorum crudelitate grassante priora instrumenta incendio fuerant concremata [1] ». Et cette souscription est : « Seginandus Constantinensis episcopus, subscripsi [2]. »

Hincmar, archevêque de Reims, avait un neveu du même nom que lui ; il travailla à l'avancer, et ce si efficacement que l'évêché de Laon ayant vaqué, il viola les saints canons, à ce qu'on dit, pour l'en faire pourvoir. Mais la liaison qui devait être éternelle entre ces deux prélats, oncle et neveu, dura peu : l'oncle poussa le neveu à bout, le fit déposer, enfermer dans un cachot, le diffamant comme le plus scélérat des hommes, et enfin lui fit arracher les deux yeux pour lui ôter à jamais l'espérance de rentrer en son église, comme il était arrivé à Rothade, évêque de Soissons, qui avait été longtemps l'objet de sa haine, faute de cette cruelle et malheureuse politique. Il se tint trois synodes pour ce sujet, auxquels notre prélat assista, le premier au château de Verberie, l'autre à Attigny, et le dernier à Douzy. Hincmar de Reims ayant toujours eu l'adresse de joindre le roi à ses intérêts, comme le plus sûr moyen de réussir, on dit qu'il y eut des évêques au premier de ces conciles qui souscrivirent avec peine à la déposition de l'évêque de Laon. Il n'en fut pas de même des chartes de priviléges accordées aux monastères d'Arras et de Charroux [3], au pied desquelles nous

---

[1] *Acta concil.*, V, 632.
[2] *Ibid.*, 633.
[3] *Ibid.*, VI, 1212.

lisons le nom de Seginand, notre prélat, avec les autres, ainsi que le roi, qui y était présent, témoigna le souhaiter. Ceci se passa l'an de Jésus-Christ 869, et il ne se trouve rien de notre évêque Seginand jusqu'en 876, auquel an l'empereur Louis II, neveu de Charles le Chauve, étant mort, le pape Jean VIII, suivant sa parole, en donna avis au roi qui ne manqua pas aussitôt de passer en Italie, aller à Rome et y recevoir la couronne impériale le jour de Noël, d'où venant à Pavie le mois de février, il fit approuver son élection par les évêques et les grands d'Italie qu'il y avait convoqués. C'est des actes de ces conciles ou assemblées de Pavie que nous apprenons certainement que notre évêque l'accompagna en son voyage d'Italie, se trouvant souscrit aux décisions ou statuts ecclésiastiques qui y furent arrêtés en cette même année 876, rapportés au concile tenu à Pontion, château royal, dans le diocèse de Châlons, assez près de Vitry, où l'empereur pour se faire voir aux Français, comme il avait fait aux Italiens, en cette nouvelle dignité, et augmenter s'il le pouvait la grandeur du pape, comme le pape avait fait la sienne, il avait fait venir les évêques et les principaux seigneurs de son royaume. Aussi les actes de ce concile portent qu'il y entra, particulièrement deux fois, d'une manière extraordinaire : la première, habillé à la française, mais tout couvert de dorure, accompagné des légats du pape :
« Venit domnus Imperator Carolus in vestitu deaurato, « habitu Francico, cum legatis apostolicæ sedis [1], in

---

[1] *Acta concil.*, VI, 166.

« synodum »; l'autre, le 16 juillet, sur les neuf heures du matin, il entra habillé à la grecque, portant la couronne impériale sur sa tête, toujours accompagné des légats du pape, et y fut reçu par les évêques en habits pontificaux : « Mane circa horam novam, venit Imperator Græcanico « more paratus et coronatus. » Et quelque temps après, deux évêques italiens furent au logis de l'empereur, d'où ils conduisirent l'impératrice Richilde, son épouse, portant aussi la couronne impériale : « Et adduxerunt « imperatricem Richildem coronatam in synodum[1]. »

C'est à ce concile, si l'on en croit M. le président Fauchet, que l'église gallicane commença ouvertement à prendre sa liberté[2]. Je n'en sais rien; mais je n'ignore pas que le pape, soit pour complaire à Charles ou autrement, ayant établi Anségise primat des Gaules et de Germanie, et son premier légat universel pour agir en qualité de vicaire ecclésiastique par tous les deux royaumes, les évêques se récrièrent contre, comme étant une innovation à laquelle ils avaient peine à se soumettre. Il y eut moins de difficulté pour les priviléges de l'abbaye de Charlieu, présentés à ce concile par Ratbert, évêque de Valence, de laquelle abbaye Edouard, frère de cet évêque, était le fondateur, à la charte desquels nous trouvons notre évêque Seginand, souscrit avec plusieurs autres[3]. Enfin nous apprenons de M. Du Tillet, dans son recueil du rang des grands[4], qu'il fut

---

[1] *Acta concil.*, VI, 168.
[2] Page 758.
[3] *Acta concil.*, VI, 180.
[4] Du Tillet, *Recueil des rois de France, leur couronne et maison*, en-

présent à la diète ou assemblée générale tenue à Paris par l'empereur Charles le Chauve, l'an 877. « Signe-« rent », dit-il, « les prelats et Barons en l'ordre qui « ensuit » : prélats d'Italie, puis les prélats de France, « Jehan, archevesque de Rouën, ... Signand, Evesque « de Coustances ».

Nous ignorons les autres particularités de sa vie aussi bien que le temps de sa mort; mais nous ne devons pas finir ce chapitre sans faire mention de deux saints de ce diocèse qu'on dit avoir souffert le martyre de son temps. Le premier est saint Clair, immolé sur le bord de la rivière d'Epte par les coupe-jarrets d'une femme ennemie de la pureté de ce saint homme, comme tout le monde le sait. Mais, nous l'avons remarqué ci-dessus, nous croyons absolument que M. Denyau, curé de Gisors, qui a écrit le plus exactement et noblement qu'il est possible la vie de ce saint martyr[1], s'est trompé sur le temps de son ordination et celui qui l'ordonna prêtre, aussi bien que les écrivains qui l'ont précédé, attendu qu'il n'est pas possible d'accorder les circonstances de la vie et du sacerdoce de saint Clair au temps de Seginand.

L'autre est saint Léon. Il était de Carentan[2], d'une naissance noble; sa mère avait nom Alicie. On la nomme particulièrement, parce qu'on dit qu'étant enceinte de saint Léon, elle eut révélation qu'elle serait

---

semble le rang des grands, p. 358 et 359 (1 vol. in-fol. Paris, du Puys, 1586).

[1] *L'Histoire et la vie, martyre et miracles de saint Clair, prestre et ermite au pays du Vexin;* Rouen, Raphaël MALASSIS, 1645 et 1646, in-8°.
[2] *Acta Sanctorum Martii*, I, 93.

mère d'un grand saint. Il vint au monde environ l'an 856, sous l'épiscopat d'Erloin. Il fut envoyé fort jeune à Paris, y fit ses études, et fut après élevé avec Louis le Jeune, roi de Germanie. Il s'engagea dans les ordres sacrés, et le souverain pontife, connaissant son mérite, lui confia l'archevêché de Rouen après la mort de Jean Ier. On ne sait s'il y vint, ayant été presque aussitôt destiné pour être l'apôtre de Bayonne et des peuples voisins encore idolâtres. Il y fut accompagné de ses deux frères, Philippe et Gervais, et par la force de ses prédications et la grandeur de ses miracles, il en bannit l'idolâtrie et y fit recevoir notre religion. Les actes de sa vie portent entre autres choses qu'il renversa de son souffle l'idole de Mars, qui était un colosse d'une grandeur effroyable, taillé sur un rocher immobile, que ces peuples adoraient.

Le zèle de la gloire de Dieu le porta dans les lieux les plus reculés de la Biscaye pour y faire connaître et adorer Jésus-Christ. Mais un jour qu'il en revenait, il fut surpris et arrêté par des corsaires qui, après lui avoir fait souffrir toutes sortes de tourments, l'assassinèrent enfin en haine de la religion qu'il professait : « Multis pro Christo affectus injuriis, et ad extremum impiis sævientis turbæ gladiis cæsus, jugem corporis mortificationem cruento consummavit sacrificio[1]. » Ses frères furent sacrifiés du même couteau. Bayonne et tout le diocèse reconnaît Léon comme son apôtre et son premier évêque. Ses reliques sont conser-

---

[1] *Conciles de Rouen*, de D. POMMERAYE, p. 39.

vées dans une châsse d'or magnifique. Nous sommes redevables à feu M. Le Prévost, chanoine et secrétaire de l'église de Rouen, des actes de saint Léon, du culte qu'on lui rend dans cette église et la nôtre. Il tira ces actes des archives et de l'ancien bréviaire de Bayonne, et l'on a imprimé dans le Recueil des Conciles de Normandie [1] la belle requête qu'il présenta pour ce sujet, en l'an 1633, à feu Mgr de Harlay, son archevêque, pour l'engager : « Excitent », lui dit-il entre autres choses, « oves pascuæ tuæ illustris natio Normanorum, « omnesque tui Primatus Ecclesiæ, et illa in primis « quæ peculiarem sibi Patris affectum longa vidui- « tate conciliat, filia tua Constantiensis, de cujus « tribu Leo noster processisse dignoscitur [2]. »

Il avait dit, avant ce que nous venons de rapporter, du lieu de la naissance : « Ex tot tantisque docu- « mentis satis superque constat Leonem ipsum Caren- « tomi in Provincia tua natum, patriâ Neustrium [3] », pour l'engager à faire rendre à ce saint le culte qui lui est dû.

[1] D. POMMERAYE, p. 37.
[2] *Ibid.*, p. 41.
[3] *Ibid.*, p. 39.

CHAPITRE VIII

DE LISTE, RAGENARD, AGEBERT, ALGERONDE
ET HERLEBAUD

Je rapporte ces trois premiers noms, Liste, Ragenard et Agebert, parce que je les trouve dans le catalogue ordinaire de nos évêques. J'ai néanmoins peine à ne pas croire qu'il n'y ait de l'erreur. Seginand vivait encore en 877; Algeronde fut tué le jour de la Toussaint 889 [1]. Quand on pourrait assurer que Seginand serait mort sitôt après l'assemblée de Paris, et qu'Algeronde n'aurait pas été évêque un an entier, à peine resterait-il douze ans pour l'épiscopat de ces trois prélats.

On en jugera; mais j'ose dire que s'il n'y a pas d'erreur en ce fait, il y en a certainement en la suite; la voici : Ragenard, Herlebaud, Agebert, Thierri ou Théodoric, Herbert, Algeronde. Cet ordre est contraire à la vérité. Du temps de Théodoric, qui siégeait en 912, la

---

[1] L'évêque de Coutances qui fut tué à cette époque serait Liste, et non pas Algeronde, d'après le *Gallia Christiana*, IX, 867. On lit, en effet, dans les Annales de Saint-Waast : « In ipsa etiam obsidione positus Lista, pre-« dictæ (Constantiæ) civitatis Episcopus, diem clausit extremum. » (D. Bouquet, VIII, 88.) Ce texte ne dit pas que l'évêque ait été tué.

persécution cessa et la Normandie devint chrétienne, comme nous le dirons bientôt; et Algeronde fut tué, comme nous venons de dire, vingt-trois ans auparavant, par les Normands perfides et païens, et il paraîtra par une charte que nous allons citer, datée de l'an 905, qu'Herlebaud fut évêque après Algeronde, et non avant lui.

Pendant l'épiscopat de Seginand, la France avait eu presque quinze ans de paix avec les Normands, les uns s'étant retirés en leur pays, chargés de richesses, et ayant été données des terres dans le royaume à ceux qui y avaient voulu rester avec Hasting, à qui l'on avait donné à vie le comté de Chartres. Mais une nouvelle armée de ces barbares revenant sous la conduite d'un nouveau chef nommé Rollon, et entrant par les trois embouchures de la Garonne, de la Loire et de la Seine, on vit à la lettre l'accomplissement de la prophétie de Jérémie : « Pro eo quod non audistis verba
« mea, ecce ego mittam et assumam universas cogna-
« tiones aquilonis, ait Dominus, et Nabuchodonosor,
« regem Babylonis, servum meum, et adducam eos
« super terram istam, et super habitatores ejus, et super
« omnes nationes quæ in circuitu illius sunt; et inter-
« ficiam eos, et ponam eos in stuporem et in sibilum, et
« in solitudines sempiternas. Perdamque ex eis vocem
« gaudii et vocem lætitiæ, vocem sponsi et vocem spon-
« sæ, vocem molæ et lumenæ lucernæ. Et erit universa
« terra hæc in solitudinem, et in stuporem...[1] »

[1] Jérémie, chap. XXV, vers. 8, 9, 10 et 11.

Nos pères, par cette paix, avaient presque espéré de se voir de retour en leur patrie et se rétablir sur les ruines de leurs anciennes demeures; mais cet abord de Rollon leur fit perdre tout espoir de consolation. Ce ne furent, en effet, partout que meurtres, vols, incendies, viols et tout ce que la barbarie a de plus cruel. « Per enim plateas », dit la chronique, « jacebant cada-
« vera clericorum et laicorum nobilium, ac mulierum,
« juvenum et lactentium. Non erat via vel locus quo
« non jacerent mortui, et erat tribulatio omnibus et
« dolor [1]. »

Nos historiens disent que pendant trente-sept ans que dura cette persécution, il n'y a point de lieu entre l'Océan, la Meuse, la Seine et le Rhône, qui n'ait ressenti les effets de la cruauté des Normands, comme étant un fléau dans la main de Dieu dont il se servait pour châtier les Français dont les crimes avaient mérité son indignation.

Charles le Chauve mourut l'an 877, laissant son royaume à Louis le Bègue, son fils, qui ne régna que dix-huit mois et laissa trois fils, Louis, Carloman et Charles surnommé le Simple.

Les deux premiers ayant partagé le gouvernement remportèrent quelques avantages considérables sur les Normands et donnèrent quelques espérances aux Français; mais étant morts après deux ou trois ans de règne, le royaume tomba en désordre par la minorité et le peu d'esprit de Charles le Simple. Charles le Gros,

---

[1] *Gesta Normannorum,* apud *Historiæ Normannorum scriptores,* p. 5.

empereur, le troisième des fils de Louis de Germanie, vint en France pour en avoir le gouvernement en qualité de roi ou de tuteur de son cousin. Les Normands assiégeaient alors Paris ; il s'y avança avec une grosse armée, mais il ne fit rien : « Parisios », dit Réginon, « cum immenso exercitu venit, ibique adversus hostes « castra posuit : sed nil dignum imperatoria majestate « gessit[1]. » Il composa avec eux, il leur abandonna tout le pays qui est en deçà de la Seine au pillage, « ad deprædandum[2] ». Il se retira en Allemagne, et les Français donnèrent le gouvernement à Eudes, comte d'Anjou, qui prit la qualité de roi et ne fit guère mieux que les autres. Ce fut l'an de Notre-Seigneur 887. L'an suivant ils retournèrent à Paris ; mais ne pouvant s'en rendre maîtres, ni obliger les Parisiens de leur permettre de monter leurs vaisseaux par le courant de la rivière, « miram et inauditam rem non solùm nostra, « sed etiam superiore ætate fecerunt[3] ». Ils traînèrent leurs bateaux par terre, depuis le lieu où sont à présent les Tuileries jusqu'au-dessus du faubourg Saint-Antoine, et puis, les remettant à l'eau et se divisant où la Marne et la Seine s'unissent, ils furent piller la Champagne et la Bourgogne, d'où revenant quelque temps après, ils assiégèrent pour la troisième fois Paris sans pouvoir le prendre et furent contraints de repasser leurs vaisseaux sur terre, comme ils avaient fait : « Anno », dit le même Réginon, « Dominicæ incarna-

---

[1] *Historiæ Normannorum scriptores*, p. 12.
[2] *Ibid.*
[3] *Ibid.*

« tionis DCCCXC, Nortmani a Matrona fluvio exeuntes
« Parisios revertuntur. Et quia omnimodus descensus
« fluminis per pontem prohibebatur, tertio castra
« locant, et iterato certamine prædictam urbem im-
« pugnant. Sed civibus... audaciter reluctantibus,
« Nortmanni desperatis rebus naves per terram cum
« magno sudore trahunt [1]. » Ils revinrent aussitôt en
cette basse province, et apprenant que ce qui était
resté de ces Cotentinais revenus pendant la paix
s'étaient enfermés dans la ville de Saint-Lo avec leur
évêque, ils l'assiégèrent, et ayant trouvé moyen de leur
couper les eaux, ils furent obligés de se rendre la vie
sauve. Les Normands la leur promirent, mais ils violè-
rent leurs promesses et les égorgèrent tous et, sans respecter ni sacré ni profane, ils immolèrent leur évêque
Algeronde avec eux : « Britanniæ finibus classem tra-
« jiciunt. Quoddam castellum in Constantiensi terri-
« torio, quod ad Sanctum Lod dicebatur, obsident, et
« accessum ad fontem aquæ ex toto prohibentes, oppi-
« danis siti arescentibus, fit deditio, eo pacto, ut vita
« tantùm concessa, cætera tollerent. Illis a munitione
« progressis, gens perfida fidem et promissa data pro-
« phanat, omnesque absque respectu jugulat, inter
« quos Episcopum Constantiensis Ecclesiæ interi-
« munt [2]. »

L'auteur de la chronique qui a pour titre « Gesta
Normannorum » dit la même chose : que le roi Eudes
les ayant éloignés de Paris à force d'argent, ils se divi-

[1] *Historiæ Normannorum scriptores*, p. 12.
[2] *Ibid.*, p. 13.

sèrent en trois bandes ; que les uns vinrent à cheval, les autres à pied et les autres par eau en cette basse province ; qu'ils campèrent proche Saint-Lo en 889, le prirent enfin, le rasèrent et massacrèrent les habitants : « Circa castrum S. Laudi sedem sibi faciunt, « ipsumque castrum impugnare non cessant, anno « Domini DCCCLXXXIX. Anno Domini DCCCXC, Laudi cas- « trum, interfectis habitatoribus, funditus terræ co- « æquatum[1]. »

C'est ce qui a donné sujet à M. Du Moulin d'appeler notre évêque un martyr : « Rhou », dit-il, « laissant ses « vaisseaux à Rouen amene ses troupes dans le Cos- « tentin, assiege le Chasteau de S. Lo, coupe le cours « d'une fontaine à ceux de la garnison, qui promet- « tent de rendre la place, et demandent la vie, on leur « accorde, mais pour les tromper et leur oster à la « sortie : car Algeronde trente-sixiesme Evesque de « Constances, comme un constant martyr y perdant la « vie, gaigna la Couronne de gloire[2]. »

Par tous ces témoignages nous apprenons l'état pitoyable de ce diocèse, le martyre d'Algeronde et le temps de son épiscopat. Nous apprenons aussi par une charte de l'abbaye de Corbeni[3], donnée au public par l'auteur de l'Histoire des bénédictins, que Herlebaud notre évêque, malgré la disposition des catalogues, fut

---

[1] *Historiæ Normannorum scriptores*, p. 6.

[2] *Histoire générale de Normandie*, par M. Gabriel Du Moulin, curé de Menneval, p. 14 et 15. On voit que cet auteur, après avoir suivi le récit de Réginon, veut le compléter et se trompe sur le nom de l'évêque qui était au siége de Saint-Lo.

[3] Arrondissement de Laon (Aisne).

sacré notre prélat, non avant, mais après l'épiscopat d'Algeronde [1].

Cette charte regarde les reliques de saint Marcouf. Lors de la destruction du monastère de Nanteuil, elles avaient été transférées à Nantes; mais comme on ne les y crut pas tout à fait en sûreté, on en fit comme on faisait de toutes les autres, on les divisa et l'on en envoya une partie à Corbeni avec quelques-uns de Nanteuil. Ceux de Corbeni estimèrent tant la possession de ce trésor, qu'ils firent intervenir l'autorité du roi pour qu'il leur demeurât sans espoir de retour. Ils obtinrent d'Herlebaud, évêque de Coutances, son consentement pour ce sujet, afin que ni lui ni ses successeurs ne réclamassent point contre, en cas que le monastère de Nanteuil et le diocèse se rétablissent. La charte qui en fut dressée est de 905; notre évêque Herlebaud y est souscrit. Nous apprenons de cette souscription, qui est la seule chose qui nous reste de lui, le temps de son épiscopat et qu'il est le prédécesseur immédiat de Théodoric, sous lequel arriva l'heureuse conversion des Normands, la paix et l'espérance du rétablissement de ce diocèse, comme nous allons voir.

[1] Voici la partie de cette charte qui est relative à Herlebaud : « Salubri « itaque usus consilio, et licentiam ab episcopo Erleboldo retinendi nobis- « cum, eo quod maneret regressus difficilis, impetravimus, et epistolam « ab eodem præsule, et ab archiepiscopo Guidone, ac reliquis subscriptam « coepiscopis, de eadem re suscepimus... Datum VIII kalendas Martii, « indictione VIII, anno XIV regnate domno Karolo, gloriosissimo rege, « redintegrante IX. Actum Corbiniaco palatio. » (*Annales Benedictini*, III, 322 et 323.) Ceci prouve qu'Herlebaud doit venir après l'évêque qui est mort au siége de Saint-Lo, mais ne prouve nullement que cet évêque soit Algeronde.

DEUXIÈME PARTIE

Qui comprend ce qui est arrivé en ce diocèse depuis la conversion des Normands, en 912, jusqu'en 1204, durée du règne de leurs ducs en cette contrée.

CHAPITRE PREMIER

DE THÉODORIC

Je ne saurais mieux commencer ce chapitre que par les paroles de M. de Denneville en son Abrégé de l'Histoire de Normandie. Parlant de l'état de cette province lors de la conversion des Normands : « Les peuples « esperdus », dit-il, « fuyent à troupes d'une Province « en autre, la Campagne deserte, les Villes n'ont point « de murailles assez fortes pour asseurer leurs habi- « tans ; et si le Ciel ne s'en fust meslé, toute la France « alors devenoit Normandie. Mais la valeur des Fran- « çois cedant à celle des Normands, il estoit raison-

« nable que le Paganisme cedast à la Religion Chres-
« tienne[1]. »

En effet, il ne restait de la famille de Charlemagne que ce Charles à qui nos historiens donnent la qualité de simple ou plutôt d'insensé, « stultus ». Il était jeune, sans esprit, sans conseil, sans force, sans argent, sans armes, sans amis et adonné à ses plaisirs. Les bons et généreux Français avaient péri à la journée de Fontenay et à diverses autres rencontres. Ce qui restait de grands seigneurs ne songeait qu'à profiter du malheur public et à se rendre souverain chacun en son canton. Tout au contraire succédait aux Normands, et personne n'osait s'opposer à leur fureur. Le ciel s'en mêla : au défaut de vivants, il fit combattre les morts. Les reliques de saint Martin les chassèrent de Tours, celles de saint Benoît conservèrent Fleury contre leurs efforts, et enfin la chemise de la sainte Vierge, conservée en l'église de Chartres, les ayant fait fuir d'une manière tout à fait extraordinaire, détermina Rollon à embrasser une religion pour laquelle le ciel combattait visiblement. Rollon avait amassé ses forces ; il était allé à Chartres à dessein de ne s'en point éloigner qu'il ne s'en fût rendu maître ; tout lui réussissait ; les puissances du royaume étaient trop faibles pour la secourir, elle était aux abois, lorsque le ciel inspira à l'évêque une nouvelle façon de combattre : il se revêtit de ses habits pontificaux, et, suivi de son clergé et de son peuple, il alla au-devant de ses ennemis portant pour étendard cette

[1] *Inventaire de l'histoire de Normandie*, p. 38 et 39.

précieuse relique de la mère de notre Sauveur. Les Normands, à cette vue, furent saisis d'une peur et d'un étourdissement si extraordinaire, qu'ils s'enfuirent tout aussitôt tremblants et sans oser faire aucune résistance; et pour faire comprendre à tout le monde que la main de Dieu et non la vertu des hommes avait fait tout cela, il arriva que les Français étant allés attaquer les Normands sur une colline où ils s'étaient retirés après leur désordre, ils en furent repoussés et bien battus.

Cette époque nous doit être considérable, ayant été comme le principe de notre repos et la fin de nos malheurs. Cet accident inspira à Rollon du respect pour notre religion. A son arrivée en cette province, Francon, archevêque de Rouen, était allé au-devant de lui et lui avait présenté les clefs de sa ville qu'il savait ne pouvoir autrement préserver du sac. Il avait réussi; ce barbare même avait eu toujours depuis beaucoup de considération pour le prélat, qui n'oubliait aucune occasion de lui parler de se faire chrétien. Rollon l'avait peu écouté jusqu'alors; mais après ce qui lui était arrivé à Chartres, il se fit en lui un notable changement. Il ne refusa plus les propositions de paix que lui firent faire les Français par la médiation de l'archevêque de Rouen, ni celles de se faire chrétien. La paix se fit. On en sait les circonstances qui font voir combien Charles était faible, et la fierté des Normands. On souffrira que j'en cote ici une. Dans l'entrevue qui se fit à Saint-Clair-sur-Epte entre Charles et Rollon et leurs armées, les seigneurs français demandèrent que Rollon fît hommage au roi des terres qu'il en recevait et dont il l'investissait, en lui baisant le pied suivant la coutume : il jura Dieu qu'il n'en ferait rien. Exhorté tout au moins de faire rendre ce respect au monarque par un des chefs de son armée, celui qui avait cet ordre, au lieu de se baisser, prit le pied de Charles pour le porter à sa bouche, et le renversa par terre sur le dos, affront dont les Français, au lieu de se venger, ne firent que rire aussi bien que les Normands : « Qui statim », dit Guillaume de Jumièges, « pedem « Regis arripiens, deportavit ad os suum, standoque « defixit osculum, Regemque fecit supinum. Itaque « magnus excitatur risus, magnusque in plebe tumul- « tus [1]. »

Rollon reçut enfin le baptême et voulut que ses sujets fussent catéchisés et régénérés comme lui. Il employa les premiers sept jours, pendant lesquels il porta l'habit blanc, à faire part à Dieu de ses conquêtes avant de les diviser à ses compagnons : il donna de grands biens aux églises de Rouen, Bayeux, Évreux, et aux abbayes du Mont-Saint-Michel, de Rouen, de Jumiéges et de Saint-Denis.

Théodoric était alors évêque de Coutances, mais, comme ses prédécesseurs, de nom seulement, Coutances et tout le Cotentin étant désolés, de sorte qu'il n'y avait ni ville, ni église, ni maison, ni habitants autres que des païens. Il se présenta au duc afin d'avoir quelque part à ses libéralités et quelque conso-

---

[1] *Historiæ Normannorum scriptores*, p. 231.

lation dans les misères qui l'accablaient lui et son église.

Rollon se retira à Rouen, et du consentement de l'archevêque, lui donna l'église de Saint-Sauveur pour y faire sa demeure et son diocèse, jusqu'à ce qu'il plût à Dieu de rétablir celle de Coutances et peupler le Cotentin. Théodoric fit alors chercher ce qu'il put des reliques de saint Lo et saint Frémond, ses prédécesseurs, et les y fit transporter. Il s'y fit, disent les historiens, tant de miracles, que dès lors cette église changea de nom et a toujours été depuis nommée de saint Lo. Voici comme François Farin[1], historien de Rouen, en parle :

Ce fut l'an de Jésus-Christ 913 que cette église, de paroissiale qu'elle était, devint cathédrale, deux ans après le baptême de Rollon, duc de Normandie, qui, après avoir donné des fiefs, des terres et des possessions amples à plusieurs églises de son duché qui avaient été ruinées ou par lui ou par le cruel Hasting, voulut aussi montrer la compassion qu'il avait pour le pays de Coutances qui, n'ayant point d'autels et fort peu de chrétiens, était dans une consternation épouvantable.

Théodoric était pour lors évêque de ce pays désolé, restant par conséquent lui-même dans la misère et dans les pleurs; mais Dieu, qui ne manque jamais à ses serviteurs, fit jouer les ressorts admirables de sa providence; il dissipa peu à peu les obscurités et remit peu à peu les choses en meilleur état.

---

[1] En réalité, Farin ne dit qu'une partie de ce que lui fait dire notre auteur; c'est celle que je vais mettre entre guillemets.

Ce bon prélat fit pour lors lever de terre les corps de saint Lo et de saint Romphaire, évêques de ce lieu, qui, pour la crainte des Normands, avaient été inhumés devant le grand portail de l'église de Bayeux, et les fit transporter à Rouen, sous le bon plaisir de Rollon qui, étant nouvellement converti à la foi, alla au devant, les reçut honorablement, montrant pour cet effet que ce trésor lui était plus cher que tous les biens du monde.

Le même Théodoric fit aussi apporter le corps de saint Frémond, et ayant fait mettre toutes ces reliques dans un coffre de bois bien fermé, la tradition porte que les cloches de l'église de Saint-Sauveur sonnèrent d'elles-mêmes aux approches de ces gages précieux, et que les chevaux qui les portaient demeurèrent tout court, quoiqu'on fît tous les efforts possibles pour les faire avancer, témoignage évident que Dieu voulait que ses saints fussent honorés en ce lieu, ce qui se fit par le consentement de l'archevêque de Rouen qui n'avait rien tant à cœur que la gloire de Dieu et la satisfaction des peuples. « L'Église de saint Sauveur où furent
« posées ces saintes reliques, reçut un grand éclat de
« leur presence ; les peuples y vinrent de toutes parts
« pour recevoir la guerison de leurs infirmitez, et les
« miracles y furent si grands et si connus, qu'elle
« changea le nom qu'elle avoit de saint Sauveur en
« celui de saint Lo... [1] »

Ce fut ici que notre grand duc laissa des marques de

---

[1] *Histoire de la ville de Rouen*, VI° part., p. 2; édition de 1731.

sa bonté et de son autorité souveraine, donnant cette église non-seulement à saint Lo, mais aussi au très-révérend pasteur Théodoric et à tous ses successeurs, pour en jouir paisiblement et à toujours, et pour comble de sa libéralité il augmenta cette donation d'un logis tout proche pour être le domicile des évêques et des prêtres qui les aideraient à célébrer le divin office.

Francon, qui pour lors était archevêque de Rouen, comme libéral et obligeant, ratifia volontiers ce que le duc avait fait, reçut Théodoric avec joie, lui donna cette église avec toutes les appartenances par droit d'hospitalité pour lui servir de retraite et y faire les fonctions épiscopales, et ledit « Theodoric y fit sa rési-
« dence comme en son propre Siege, s'appellant pour
« lors *Evêque de saint Lo de Roüen et de Coûtances,*
« et quatre Evêques ses successeurs y ont fait pareil-
« lement leur demeure, à sçavoir Herbert, Algerond,
« Guillebert et Hugues I qui fit venir sept Chanoines
« de Coûtances à Roüen[1] ».

Tous ces évêques avaient droit de conférer les ordres sacrés aux paroissiens de Saint-Lo et de Saint-Jean-de-Rouen, « et on tenait leur juridiction dans une grande
« salle qui tomba en ruine l'an 1630 »; j'en parle pour l'avoir vue. « Ces cinq évêques ont demeuré en ce lieu
« l'espace de cent vingt ans, et on croit qu'ils y sont
« inhumez[2]. »

Les mémoires du chapitre de Coutances dans le re-

---

[1] *Histoire de la ville de Rouen*, VI° part., p. 2; édition de 1731.
[2] *Ibid.*

gistre que j'ai déjà cité et au même lieu témoignent la même chose : « Tanto vero desolationis hujus decur-
« rente spatio, multi qui reliquias et corpora Sanctorum
« detulerant, in exilio tam longo defuncti sunt, et ob hoc
« per diversa terrarum spatia corpora Sanctorum multa
« defunctis custodibus remanserunt. Rollone autem po-
« tentissimo duce sacræ fidei et secundæ regenerationis
« fonte renato in anno DCCCCXI, indictione XIV, et post
« biennium cum Carolo rege pacificato, corpora sanc-
« torum episcoporum Constantiensium, Laudi atque
« Rumpharii, quæ exportata fuerant, Rotomagum sunt
« delata, atque in ecclesia S. Salvatoris concessu Rol-
« lonis recepta. Igitur Rollo, qui et Robertus nomine
« sacri baptismatis, dedit eamdem ecclesiam, in qua
« sunt prædictorum Sanctorum corpora suscepta, beato
« Laudo, necnon et domino Theodorico, qui tunc tem-
« poris Constantiensis episcopus erat, et omnibus suc-
« cessoribus ejus jure perenni, terram quoque juxta
« prædictam ecclesiam, ubi maneret episcopus et cle-
« rici sui qui ecclesiæ servirent. Quia ergo Constan-
« tiensis pagus Christicolis vacuus erat et paganismo
« vacabat, prædictus Constantiensis episcopus beato
« Laudo et ipsius ecclesiæ Rotomagi serviebat, ibique
« sicut in sede propria sedebat. Ipsa quoque ecclesia
« quæ transacto longo tempore vocata fuerat S. Salva-
« toris, ob honorem et merita sancti et gloriosi hospitis
« nominatur et est sancti Laudi[1]. »

Nous apprenons de ces mêmes mémoires que le

---

[1] *Gallia Christ.*, t. XI, c. 217, *instrum.*

christianisme s'établit peu à peu dans le Cotentin, tant par le retour de quelques-uns de ceux qui étaient en fuite depuis la persécution ou de leurs enfants, que par la conversion des Normands ; aussi l'évêque venait-il de temps en temps en ce diocèse veiller aux choses de son ministère, selon l'exigence des cas et qu'il le jugeait nécessaire pour le temporel et le spirituel de son église : « Reviviscente vero gratia Dei religione chris-
« tiana Constantiis et ejusdem circumquaque finibus, ex
« deliberatione et temporis et rei necessitate veniebat
« huc sæpe dictus præsul, dispositisque ecclesiasticis
« propriisque negotiis Rotomagum reversus, ibi velut
« in sede propria morabatur, scilicet episcopale offi-
« cium agens libere in ecclesia sancti Laudi sicut in
« Constantiensi [1]. » Voir la suite dans le recueil des Chartes, page 1re [2].

Nous trouvons encore qu'il fit ce qu'il put pour rétablir l'ordre ecclésiastique et canonique. Ne pouvant pas réédifier la cathédrale de Coutances que les païens avaient détruite, il fit construire contre un reste de muraille une espèce de chapelle en appentis, où ce qu'il avait pu former de chanoines s'assemblaient pour faire le service divin. Il leur distribua les revenus et prébendes de son église, selon que les uns et les autres en découvraient ; ce que nous dirons ci-après en sera la preuve.

---

[1] *Gallia Christ.*, t. XI, c. 217, *instrum.*
[2] Il s'agit d'un recueil de chartes composé par notre auteur et qui a disparu.

CHAPITRE II

DE HERBERT, GILBERT ET HUGUES Ier

Nous n'avons aucun mémoire de qui nous puissions apprendre combien de temps Théodoric fut évêque, ni en quelle année il mourut. Lui et ses trois successeurs siégèrent pendant le x° siècle, et nous ne savons des deux premiers de ces trois que le nom et qu'ils demeuraient ordinairement en leur église de Rouen, d'où ils venaient assez souvent à Coutances donner ordre aux affaires qui se présentaient selon leur pouvoir. Le diocèse, cependant, se peuplait merveilleusement par le retour des fugitifs ou de leurs enfants, et par la conversion des Normands qui vinrent avec Haigrold, roi de Danemark. Ce prince fut chassé de ses États environ l'an 940, par Suen, son fils; il vint en Normandie et y fut très-bien reçu par Guillaume, fils et successeur de Rollon, qui y régnait depuis plus de vingt ans. Il donna au roi fugitif le Cotentin pour y demeurer lui et ses gens et en jouir autant de temps qu'il voudrait y rester, et lorsque, par l'assistance de ce bon prince, il fut en état de retourner, il donna à ceux qui voulurent se faire chrétiens, rester ou revenir après le rétablissement d'Haigrold, de grandes possessions dans le Cotentin.

Dudon, doyen de Saint-Quentin, parlant de ce duc Guillaume, dit de lui : « Nemo justior in factis, nemo « sanctior in dictis, nemo potentior in armis. Nullus au- « det alii in regno suo præjudicium facere, nullus fur- « tum et sacrilegium perpetrare[1].... Refulgebat in eo « sanctitas et prudentia, prœnitebat incessanter æquitas « et justitia. Opprimebat superbos et malevolos severi- « ter, exaltabat humiles et benevolos reverenter. Pa- « ganos et incredulos muneribus et verbis adducebat « ad cultum veræ fidei, credentes urgebat ad laudem « Christi[2]. »

On en rapporte une merveille qu'on voudra bien que je n'oublie pas ici, vu que notre Cotentin y participa. Ce prince faisait bâtir une chapelle à Fécamp en l'honneur de la très-sainte Trinité ; les murs en étaient achevés, on travaillait la charpente ; mais quelques mesures que prissent les ouvriers, il leur était impossible de les prendre justes : elle était toujours trop grande ou trop petite, et jamais proportionnée. On travaillait en même temps dans le Cotentin à bâtir une chapelle en l'honneur de saint Marcouf, dans l'île qui porte son nom ; un coup de vent en enleva la charpente, comme elle était prête à être levée, et la transporta à Fécamp, où elle se trouva si juste pour la chapelle de la sainte Trinité, qu'on fut persuadé que c'était un coup de la puissance de Celui qui commande aux vents et à la mer. Tous nos historiens rapportent ce

---

[1] Édit. Lair, 196.
[2] Ibid., 193.

fait sur les mémoires de l'abbaye de Fécamp; il y a néanmoins quelque chose à corriger pour la date, parce que le duc Guillaume étant mort en 942, selon Orderic[1], ou en 943, selon Guillaume de Jumiéges[2], ce n'eût pas été de son temps, s'il était arrivé en 944 comme le marque M. Du Moulin sur les mémoires de cette abbaye[3].

Comme ce bon et généreux duc était le protecteur des princes affligés, on raconte qu'Hélouin, comte de Ponthieu, ayant été chassé de ses États par Arnould, comte de Flandre[4], implora son secours. Il y fut, et cet usurpateur refusant de faire justice, il lui déclara la guerre. Nos Cotentinais, comme les plus généreux de ses sujets, avaient de droit et de toute antiquité la pointe de l'armée, l'honneur des premiers coups et des plus grands hasards; ils furent commandés d'attaquer Montreuil. Ils exécutèrent cet ordre avec tant de bravoure, qu'ils passèrent sur le ventre à ceux qui osèrent leur résister, firent le reste prisonniers et rendirent bientôt leur duc maître du château, de la ville, et de tout le pays.

Ce bon prince périt par la trahison la plus détestable. On choisit pour gouverner son fils Richard qu'il laissa fort jeune, quatre seigneurs d'une sagesse con-

---

[1] L'édition de Duchesne (*Historiæ Normannorum scriptores*, p. 459) porte 942; celle de MM. Le Prevost et Delisle (III, 86) porte 943. La véritable date de la mort de Guillaume Longue épée serait, d'après M. Le Prevost, le 16 décembre 942.

[2] Gabriel Du Moulin, 52.

[3] Duchesne, 238.

[4] En 939, suivant M. Lair. (Dudon de Saint-Quentin, 83.)

sommée, Bernard-le-Danois, comte de Harcourt, deux Cotentinais, Raoul de la Roche-Taisson et Anslec de Briquebec, et enfin Osmond de Centeville, les trois premiers pour avoir soin de ses États et le quatrième de sa personne. Il n'est pas de mon sujet de raconter l'ingratitude de Louis d'Outre-mer envers le fils d'un père à qui il avait tant d'obligation, ni les perfidies dont il se servit pour le faire périr, non plus que la sage conduite de ses sages gouverneurs pour le conserver lui et ses États.

La fin de toutes ces intrigues fut une guerre. On avait mandé secrètement Haigrold, roi de Danemark, dont nous avons parlé, rétabli dans ses États par le secours de Guillaume; il vint promptement avec une grosse armée, descendit au port de Dives; les Cotentinais aussitôt levèrent le masque et se joignirent à lui, le reste de la province suivit leur exemple, et tous, d'une même affection, jurèrent le rétablissement de leur duc. Les deux armées s'affrontèrent à Cressenville.

Il y eut pourparler de paix; mais les Cotentinais, impatients de voir en l'armée ennemie celui [1] qui avait été la cause de la mort de leur duc Guillaume, le rompirent. On combattit, les Français furent défaits, le roi pris, et il ne fut en liberté qu'après avoir fait justice au jeune duc Richard. Il renonça à toutes prétentions sur ses États, augmenta son domaine et jura solennellement l'observation de la paix.

Richard n'oublia rien pour remercier Haigrold; il le

[1] Le comte Hélouin, qui, en recevant l'appui de Guillaume, avait été une des causes de l'assassinat du duc (DUDON DE SAINT-QUENTIN, édit. Lair, 83-85).

combla, lui et ses capitaines, des plus riches dépouilles de ses ennemis et quantité d'autres présents, et les renvoya fort satisfaits. Il s'en trouva quelques-uns qui embrassèrent la foi, et voulant bien rester, il leur donna des terres en ce diocèse. Nous en remarquerons un, Guillaume-aux-Épaules, « Guillelmus ad humeras », dont la postérité a longtemps subsisté très-noblement en une paroisse, nommée en ce temps-là Poupeville, à présent Sainte-Marie-du-Mont, à une lieue de Carentan ou deux, laquelle lui fut donnée pour lui et ceux de ses soldats qui voudraient rester [1].

Gilbert eut pour successeur Hugues, premier du nom. Comme nous ne savons pas le temps de la mort de celui-là, nous ignorons le commencement de l'épiscopat de celui-ci. Nous savons seulement qu'il est dit évêque en 989, et ce, par le moyen d'une charte de donation que fit cette année-là le duc Richard à l'abbaye de Fécamp de plusieurs terres et seigneuries, à laquelle notre évêque est souscrit. M. Le Prévost, qui avait remarqué cette signature, nous dit, en outre, qu'on lit son nom et sa souscription en une autre charte du même duc en faveur du monastère de Saint-Ouen de Rouen avec ceux de Robert, archevêque de cette ville, Raoul de Bayeux, et Gérard d'Evreux.

Il fut l'an suivant, 990, à la dédicace du monastère de Fécamp, que le duc avait fait rebâtir depuis les fondements, à laquelle on dit qu'il y eut quatorze évêques et qui fut fort célèbre par les préparatifs, dit

---

[1] Tout cela est un peu légendaire.

le manuscrit de M. Bigot, « omnibus quæ necessaria
« erant dedicationi. Convocatis episcopis, cum magno
« gaudio, anno ab incarnatione dominica 990, Kalendis
« Julii, prædictam ecclesiam dedicaverunt feliciter. »

Le P. Pommeraye, dans son recueil des synodes de
Normandie, rapporte, des manuscrits de cette abbaye,
la description de ce qui se passa à cette dédicace[1]. Je
l'omets pour insérer ici quelques termes des priviléges
que ce duc lui accorda, en même temps parce que j'y
trouve le nom et le rang que tenait notre évêque parmi
les autres : « Ego Richardus consul meo posse, quem
« sibi ascivit cunctipotens Deus, qui est Trinitas, et
« unitas, suâ misericordiâ præveniente, non propriis
« meis exigentibus meritis et sua mihi largitus est gratis,
« opto esse fidelis; et confero ei... Qua de re accitis
« totius nostræ Diœcesis Episcopis, Roberto scilicet
« sanctæ Rhotomagensis Ecclesiæ Archiepiscopo, nec-
« non et Radulpho sanctæ-Bajocensis Ecclesiæ Præ-
« sule, atque Hugone Constantiæ Ecclesiæ Præsule,
« Geraldo quoque sanctæ Ebroacensis Ecclesiæ Pastore,
« Rogerio quoque Lisoïensis Ecclesiæ Præsule, Norgoto
« quoque sanctæ Abrincatensis Ecclesiæ Episcopo, cum
« assensu fidelium nostrorum hoc egimus, etc.[2] »

Ce duc Richard, qu'on nommait sans Peur, était
illustre en piété. Il en reste une infinité de monuments.
Notre église en ressentit les effets; et comme notre diocèse ayant été exposé le plus à la rage des païens, il était
resté le plus misérable, le zèle de l'évêque engagea le

---

[1] D. Pommeraye, p. 59.
[2] Ibid., p. 60 et 61 : Neustria pia, p. 208.

duc à travailler à son rétablissement. Il fit faire une recherche exacte de toutes les anciennes possessions, il les augmenta de nouveaux dons, dont il fut dressé une charte nouvelle qui ne se trouve plus, mais de laquelle, aussi bien que des bienfaits de ce duc, notre registre parle en ces termes : « Willelmi marchionis, pariter et « ducis, et ut legitur Christi martyris, Richardus filius... « sanctam Constantiensem ecclesiam largius quam ce- « teri sublimare decrevit; canonicos namque instituit, « et terras et redditus unde viverent dedit et confir- « mavit. » Et ailleurs : « In diebus illis Blainvilla, et « Cruciatum, et terra de Sola cum silva non modica « fuerant præbendæ canonicorum, quod etiam chartula « Richardi marchionis et Hugonis episcopi testatur « usque hodie [1]. »

Il arriva aussi en ce diocèse une merveille qui servit beaucoup à son rétablissement et à faire respecter notre religion à ces nouveaux convertis et chrétiens. Le monastère de Saint-Sever, dont nous avons déjà parlé, avait eu le même sort des autres; il avait été entièrement détruit, on n'avait point eu le soin ou le temps d'enlever les reliques de ce saint abbé, qui étaient demeurées ensevelies sous les ruines de son église et de son monastère, desquels il ne restait presque aucuns vestiges, à la réserve d'une masse de pierres couvertes de ronces et de halliers inaccessibles ; et comme le pays était habité par un peuple nouveau, on perdait la mémoire de ce que c'était. Dieu le fit connaître; une lumière

---

[1] *Gallia Christ.*, XI, 218, *instrum*.

extraordinaire, ou pour mieux dire un feu qui ne consumait point et qui ne se nourrissait de rien, paraissait jour et nuit sur ces buissons ou halliers. Le peuple en fut ému, on en donna avis au duc, et par ses ordres et ceux de l'évêque, « itum est », dit Robert Cenalis, « in viscera terræ [1] », on y trouva trois corps de saints, saint Sever, saint Gilles, et un autre dont on ignore le nom. Il sortit de leur monument une odeur très-agréable, dont tous ceux qui étaient présents furent parfumés : « Retecto tandem monumento, eos, qui asta- « bant, universos odor perfudit suavissimus [2]. » Il fit plusieurs miracles, et par ordre du prince le corps de saint Sever fut transféré à Rouen. Il se fit encore, dit l'histoire, plusieurs miracles en cette translation. Il marquait lui-même ses stations, dont la première est marquée en l'église des Préaux, paroisse peu éloignée du bourg d'Evrecy, à trois lieues de Caen. Ce trésor fut déposé dans une église du faubourg de Rouen, d'où l'on en apporta quelque partie au temps du rétablissement de cette abbaye. Hugues, cependant, demeurait à Rouen, et, comme ses prédécesseurs, revenait de temps en temps à Coutances selon qu'il le jugeait nécessaire. Nos registres remarquent que des chanoines dont nous avons parlé, il en transféra sept à son église de Saint-Lo.

[1] *Neustria pia*, 75.
[2] *Ibid.*

CHAPITRE III

DE HERBERT II ET ROBERT Ier

Herbert succéda à Hugues, « defuncto Hugone, epis-
« copatum Herbertus accepit[1] », et tint le siége seulement un an. Au catalogue que nous avons tant de fois
cité, il est écrit à côté de son nom : « Rexit per unum
« annum. » Il y a néanmoins deux particularités assez
remarquables en ce peu de temps qu'il fut notre
évêque ; il quitta Rouen et vint demeurer à la ville de
Saint-Lo, dont lui et ses prédécesseurs étaient seigneurs
temporels et spirituels, et montra par cette action à
ses successeurs le chemin de venir résider dans le
Cotentin, comme la plus grande et principale partie
de leur diocèse.

Il fit en outre un acte de justice assez extraordinaire.
Il trouva à Coutances quelques chanoines peu capables
de leur ministère; il les suspendit de leurs offices, et
saisit leur temporel jusqu'à ce qu'ils fussent mieux
instruits. C'est ce que nous apprend le registre du chapitre qui en parle en ces termes : « Hic quosdam cano-

---

[1] *Gallia Christ.*, XI, 218, *instrum.*

« nicorum qui sibi minus urbani, minusque faceti vide-
« bantur, ab ecclesia Constantiensi radicitus tanquam
« illiteratos et inutiles extrudit, eorumque terras et
« possessiones non modicas, donec eruditiores et aptio-
« res restitueret, in dominio suo retinuit[1]. »

Il permuta son évêché avec Robert, évêque de Lisieux. Ce fut l'an de Notre-Seigneur 1022. On trouve entre autres choses qu'en l'an 1034, il donna l'habit de religieux et bénit Hélouin, fondateur et premier abbé du Bec, et si c'est lui[2] qui assista en 1049 au concile de Reims, il aura vécu longtemps.

Ce Robert, qui quitta l'évêché de Lisieux, était originaire de ce diocèse; cette raison l'engagea à cette permutation. L'église et la ville de Coutances étant encore en ruine, il résida comme son prédécesseur en la ville de Saint-Lo qui avait été rebâtie et fortifiée. Il entreprit, conjointement avec son clergé et ses diocésains, de bâtir son église cathédrale, comme en effet on y travailla, de sorte que lorsqu'il mourut en 1047, elle était fort avancée.

Nous avons remarqué avec quelle affection le duc Richard s'appliqua à faire recherche des anciennes possessions de l'église et du clergé de Coutances. La princesse Gonnor, son épouse, n'eut pas moins de zèle pour son rétablissement; tous nos mémoires témoignent qu'elle y contribua très-particulièrement, et nous apprenons de la grande charte nommée de Guillaume le Conquérant, son petit-fils, qu'elle mit la

[1] *Gallia Christ.*, XI, 218, *instrum.*
[2] Les auteurs du *Gallia* le pensent.

première pierre à l'église et lui fit plusieurs donations, entre autres la terre de Raoul de Surtainville. Nous expliquerons, en parlant de sa dédicace, ce que nous avons pu savoir de ceux à qui elle est la plus redevable de l'état où elle est. Nous dirons seulement ici que l'opinion et commune croyance est que la pierre dont elle a été bâtie a toute été apportée de la paroisse d'Yvetot, près Valognes, éloignée de Coutances de dix lieues; ce qui paraît incroyable, moins par rapport à l'éloignement qu'à la difficulté des chemins impraticables aussi bien en été qu'en hiver, mais ce qui fait comprendre combien était grande l'affection de ce peuple pour le rétablissement de la maison de Dieu.

Nos mémoires, au reste, ne parlent pas trop avantageusement de ce prélat Robert; ils l'accusent non-seulement de n'avoir pas voulu rendre les prébendes à ces chanoines qui en avaient été privés pour un temps par Herbert, mais, de plus, d'en avoir fait son propre et les avoir données en héritage à ses parents et à ses sœurs : « Robertus episcopus », disent-ils, « qui Her-
« berto successit et episcopus fuerat Lexoviensis, non
« solum præbendas dictorum canonicorum servitio ec-
« clesiæ non reddidit, verum etiam hæc et alia in feo-
« dum et hereditatem nepotibus, et consanguineis, et
« sororibus suis non large sed prodige distribuit[1]. » Ces mêmes mémoires ajoutent ensuite ce que nous venons de dire en l'article précédent touchant la cathédrale, en ces termes : « Hujus tamen temporibus incœpta et

---

[1] *Gallia Christ.*, XI, 218, *instrum.*

« ex parte constructa est Constantiensis ecclesia, fun-
« dante et coadjuvante Gonorra comitissa[1]. »

Ces princes et princesses de Normandie étaient très-pieux, et comme on leur persuadait que cette vertu était presque uniquement enfermée dans les monastères, ils les comblaient de biens et de richesses pour l'y entretenir. Celui du Mont-Saint-Michel était un des plus célèbres de ce temps-là. Rollon, dès les premiers jours de sa conversion, avait eu une considération particulière pour lui ; les respects qu'eurent ses fils pour ce lieu ne furent pas moindres. Richard II, ayant succédé à son père, eut les mêmes sentiments que lui pour ce fameux manastère qui, ayant été consumé par le feu en 1003, fut rétabli par ses libéralités. La charte, qui est datée de l'an 1020, en est conservée dans les archives de l'abbaye. Nous en faisons mention, parce que du grand nombre des bienfaits de ce duc, il y en a une bonne partie de ce diocèse, entre autres la baronnie de Saint-Pair et les autres dépendances qui étaient de l'abbaye de Sciscy avant la venue des Normands, terres cultivées ou non, églises, moulins, prairies, forêts, et tout ce qui est contenu et borné au levant par le grand chemin tendant à la ville de Coutances, au nord par le ruisseau nommé Venley, au midi par la rivière, au couchant par la mer ; la paroisse de Chantelou, l'église, le moulin, les bois et leurs dépendances, avec encore quelques autres que j'omets, la charte étant imprimée dans le *Neustria pia*

---

[1] *Gallia Christ.*, XI, 218, *instrum.*

du P. Arthur Du Monstier [1], pour remarquer qu'aux signatures, celle de Maingise, évêque d'Avranches, y précède non-seulement celle des autres évêques, mais même celle de Robert, archevêque de Rouen ; que Hugues, évêque de Bayeux, souscrit après cet archevêque et avant Robert, évêque de Coutances, lequel est suivi de Hugues, évêque d'Évreux, et de Herbert de Lisieux.

De son temps, l'abbaye de Cerisy, au diocèse de Bayeux, fut bâtie et fondée, en 1032, par Robert surnommé le Magnifique, duc de Normandie, frère et successeur de Richard III, et fils de Richard II, et nous trouvons le nom de notre évêque souscrit à la charte qui en fut dressée [2]. Il est aussi souscrit à la charte de la donation que firent Mauger, archevêque de Rouen, et Guillaume d'Arques, son frère, de la terre de Periers-sur-Andelles, à l'abbaye de Saint-Oüen de Rouen, ainsi que MM. de Sainte-Marthe l'avaient remarqué avant nous [3].

L'épiscopat de Robert est particulièrement fameux par la générosité des Cotentinais. Ethelred, roi d'Angleterre, s'étant brouillé avec Richard, duc de Normandie, son beau-frère, envoya une grosse armée en cette province, avec ordre d'y mettre tout à feu et à sang, sans épargner autre chose que le monastère de Saint-Michel-du-Mont, mais surtout de prendre le duc et le lui conduire les mains liées derrière le dos. Cette armée aborda à Barfleur dans le meilleur dessein du monde de bien exécuter ces ordres ; mais on lui épargna la peine

---

[1] *Neustria pia*, p. 378.
[2] *Ibid.*, 432.
[3] *Gallia Christ.*, XI, 870,

d'aller plus loin. Néel, vicomte de Saint-Sauveur, gouverneur du Cotentin, assembla les communes et alla affronter les Anglais avec tant de violence qu'il n'en resta qu'un seul, lequel n'étant pas présent lors de l'attaque, et venant au bruit, vit le malheur de ses compagnons, à quoi ne pouvant remédier, il s'enfuit à ses vaisseaux, coupa les câbles, les sauva avec ce qu'il y avait dedans et se retira en Angleterre.

Ethelred voyant sa flotte revenir : Eh bien, s'écria-t-il de loin, où est le duc? — Sire, lui répondit ce fuyard, nous n'avons point vu le duc, nous avons seulement combattu, à notre grand malheur, avec les habitants d'un seul comté, gens fiers et invincibles, où non-seulement les hommes, mais aussi les femmes sont vaillantes et guerrières, lesquelles, avec les seuls leviers dont elles portent leurs cruches, terrassent et assomment les plus vaillants de leurs ennemis, et Votre Majesté saura que tous ses soldats ont péri par leurs mains. Ce que ce prince ayant entendu, il se repentit et eut honte de la témérité de son entreprise : « Nos, serenissime Rex, Ducem
« minimè vidimus, sed cum unius Comitatus gente
« ferocissima nostro cum interitu dimicavimus. Ubi non
« modò sunt viri fortissimi bellatores, sed et feminæ
« pugnatrices, robustissimos quosque hostium vectibus
« hydriarum suarum excerebrantes; à quibus omnes
« scito tuos extinctos esse milites. Quibus Rex auditis
« insipientiam suam agnoscens, tristis erubuit. »
(Guillaume de Jumièges, livre V, chapitre IV[1].)

---

[1] *Historiæ Normannorum scriptores*, 251.

Le règne des Normands ou plutôt des Cotentinais en Italie, Sicile, Constantinople, Antioche et autres lieux de l'Orient, est l'autre gloire de l'épiscopat de Robert. On connaît ce que c'est ; je l'abrége en peu de mots. L'an 1023[1], qui fut le deuxième de l'épiscopat de Robert, quarante, quelques-uns disent cent Normands, la plupart de ce diocèse, revenant de la terre sainte, abordèrent à Salerne, et indignés de la tyrannie insupportable avec laquelle les Sarrazins traitaient les habitants de cette malheureuse ville chrétienne, qui était ainsi que le reste du pays tombée sous leur domination, demandèrent des armes et se jetèrent sur ces infidèles avec tant de fureur, que de vingt mille qu'ils étaient, à peine en resta-t-il un pour en porter la nouvelle, et ainsi comblés de gloire et de richesses, de retour en leur pays, ils animèrent les autres à ce haut exploit de chasser les Sarrazins de toute l'Italie.

Hauteville-le-Guichard, paroisse à deux lieues de Coutances, avait pour seigneur un gentilhomme nommé Tancrède, père de douze fils. Guillaume et Drogon, les deux aînés, avaient été de ce pèlerinage et chefs de cette grande action ; ils résolurent d'y retourner et menèrent avec eux Onfroi, Robert, surnommé le Guichard, Guillaume, Humbert, Tancrède et Roger, leurs frères, laissant Geoffroi seul avec leur père à Hauteville ; il n'est point parlé des autres. Leur bravoure alla si loin que non-seulement ils furent comtes, ducs, rois et souverains de tout ce pays que nous avons

---

[1] Lisez 1033, qui fut la onzième année de l'épiscopat de Robert, si, comme Toustain de Billy l'a dit plus haut, il permuta avec Herbert en 1022.

nommé, et transmirent leur souveraineté à leur postérité; mais il est vrai de dire que ni la fable ni l'histoire n'a rien de plus noble ni de plus grand que le récit de leurs victoires et de leurs conquêtes. Voici le témoignage qu'en porte Thomas Fazelus[1], parlant de ces seigneurs de Hauteville et de leurs compagnons, dont la plupart étaient du Cotentin : « Erant namque in
« his fratribus, totoque eorum comitatu, ea ferme majestas, corporis proceritas, virium ac sapientiæ magni-
« tudo, ut qui eos ignorabat, non ex uno parente, sed
« ex toto terrarum orbe selectos, nec ad militan-
« dum, sed et ad regnandum genitos judicaret. Gens
« audax, bellicosa, et in rebus gerendis sagax, et qua
« suo tempore nulla alia in Europa vel militia fuit
« felicior. Nullus equidem unquam fuit hostis, quem
« ferociter bello non appetierint, aut lacessiti magna
« cum laude non repulerint. Neque aliqua fuit regio
« armis ab eis impetita, qua non celeri victoriæ cursu
« sint politi. Gens demum non solum fortitudine,
« verum et pietate quoque insignis. Nam cum hi tum
« septem Italiæ regiones, tum Siciliam in regna con-
« traxerint, Christianæ fidei columna, Christianorum
« tutores acerrimi fuerunt, fundatores templorum cœ-
« nobiorumque illustrium, quæ ad memoriam usque
« nostram mira visuntur. »

L'occasion se présentera encore de parler de ces très-illustres seigneurs, l'honneur du Cotentin et de ce

---

[1] Thomas Fazelli dans son ouvrage intitulé : *De rebus Siculis Decades duæ*; Palerme, 1556-1560, in-fol. (*Rerum Sicularum scriptores*, Francfort, 1579, in-fol., p. 385).

siècle ; nous remarquerons cependant que les écrivains de ce temps-là qualifient notre évêque de très-noble. C'est ce que nous trouvons dans l'histoire des miracles de saint Vulfran, abbé de Saint-Wandrille, laquelle marque les prélats qui assistèrent à la dédicace de l'église de ce monastère royal : « Dedicationi ecclesiæ « Fontanellensis cum Roberto Rothomagensi interfue- « rint Herbertus, doctissimus Lexoviensis præsul, et « Robertus, nobilissimus antistes Constantiensis [1]. »

---

[1] *Acta Sanctorum ordinis S. Benedicti*, Sæculum III, pars prima, p. 372. Toustain de Billy a légèrement modifié le texte.

CHAPITRE IV

DE GEOFFROI DE MONTBRAI

C'est le premier prélat dont nous connaissions la famille et le nom. Cette famille de Montbrai était très-noble et ancienne dans ce diocèse. Orderic dit de lui en un lieu qu'il était « de nobili Normannorum progenie « ortus[1] », et en un autre, « nobilitate cluebat[2] ». Et nos mémoires l'assurent « nobilium baronum prosapia « ortus[3] ».

Montbrai, dont il portait le surnom et dont ses pères étaient seigneurs, est une grande paroisse chef d'un doyenné qui en porte le nom dans l'archidiaconé du Val-de-Vire, en laquelle il y a deux églises et un gros bourg qu'on dit avoir été fermé de murailles, au sud-est de Coutances et à cinq lieues de cette ville.

Les seigneurs de Montbrai passèrent en Angleterre avec Guillaume le Conquérant et y possédèrent de grands biens. Orderic dit que Robert de Montbrai, neveu de notre évêque, y fut seigneur de deux cent quatre-vingts

---

[1] Édit. Le Prevost et Delisle, II, 223.
[2] Ibid., III, 106.
[3] Gallia Christ., XI, 218 instrum.

paroisses : « Hic nimirum CCLXXX villas in Anglia pos-
« sidebat, quas Guillelmus, rex magnus, Goisfredo,
« Constantiniensi episcopo, dederat [1] » ; et si nous en
croyons Camden, ce fameux auteur anglais, le fils de ce
Robert, nommé Roger de Montbrai, possédait du temps
de Henri Ier six vingts fiefs nobles en Normandie et cent
onze en Angleterre, outre qu'il était comte de Northumberland [2].

Le nom et les biens de cette famille passèrent en
celle d'Aubigni par le mariage qui se fit, par l'autorité
de ce même roi, de la fille de Roger, son unique héritière, avec Noël d'Aubigni, à condition que le premier
fils qui en sortirait porterait le nom de Montbrai. Il
porta en effet le nom et le surnom de son aïeul mater-
nel, et c'est de lui, dit Camden, que sont descendus les
comtes de Nottingham et les ducs de Norfolk : « Jussit
« etiam ut Rogerus ejus filius Mowbraii nomen assu-
« meret, a quo Mowbraii illi Nottinghamiæ comites
« et Norfolciæ duces sunt procreati [3]. »

Le même Camden en la page 427, d'un lieu nommé
le Balshall en le comté de Warwich, dit que c'était
autrefois une célèbre commanderie fondée par Roger
de Montbrai et donnée par lui aux templiers auxquels
il fit tant de bien, qu'il fut résolu dans une assemblée
générale qu'il aurait le pouvoir de pardonner aux

---

[1] Édit. Le Prevost et Delisle, III, 406.

[2] *Britannia sive florentissimorum regnorum Angliæ, Scotiæ, Hiberniæ, insularum adjacentium ex intima antiquitate chorographica descriptio*: Londres, 1607; p. 588. — Les citations de Toustain de Billy sont souvent fort inexates; celle-ci en est la preuve.

[3] *Ibid.*

frères les fautes qu'ils auraient commises contre les statuts du même ordre : « Cujus tanta fuit in eum
« ordinem munificentia, ut communi concilio decreve-
« rint, quod ipse cuicumque fratrum, si quid in ordinis
« instituta peccasset, et coram ipso crimen agnosceret,
« remitteret et condonaret. » Et les chevaliers de Saint-Jean de Jérusalem à qui furent donnés en Angleterre les biens des templiers, car alors on aurait cru commettre un grand crime d'employer à des usages profanes des biens consacrés à Dieu, accordèrent pour marque de reconnaissance à Jean de Montbrai de Axeholme, successeur de ce Roger, que lui et ses successeurs auraient toujours dans toutes leurs assemblées le premier rang et le premier degré d'honneur après le roi : « Militesque ordinis S. Joannis Hierosolymitani,
« quibus Templariorum possessiones in Anglia fuerunt
« assignatæ (Deo enim sacrata profanare majores nostri
« tunc temporis piaculum existimarunt) concesserunt
« gratitudinis ergo Joanni Mowbray de Axeholme suc-
« cessori illius Rogeri, ut ipse et successores sui in
« singulis ipsorum conventibus honore a Regibus
« secundo semper exciperentur. » L'Angleterre était pleine d'une infinité de monuments de la grandeur et de la piété de cette famille ; l'hérésie les a détruits.

A l'égard de Geoffroi, notre évêque, les mémoires du chapitre le considèrent et parlent de lui comme du principe de leur bonheur, et l'appellent le restaurateur de l'église de Coutances. Après donc avoir, par une préface de sept ou huit lignes, dit que le Seigneur Dieu de miséricorde toujours rempli d'une bonté infinie, de patience, de compassion, avait eu enfin pitié de l'état misérable de la cité et pauvre église de Coutances, et le temps de faire miséricorde et de tirer le pauvre de la poussière et de la bassesse pour l'élever sur le trône de la gloire et le faire asseoir avec les princes, étant venu, il en donna plusieurs marques sensibles et remplit pour ce sujet le cœur de Geoffroi de l'esprit de charité et des vertus d'un vrai pasteur. « Anno », ajoutent-ils, « Dominicæ incarnationis MXLVIII.... IV idus aprilis, in-« dictione II (il y a de l'erreur : le 10 avril était encore « indiction première), venerandus Gaufridus post Ro-« bertum Constantiensis episcopus Rotomagi consecra-« tur, nobilium baronum prosapia ortus, statura pro-« cerus, vultu decorus, etc.[1] »

Son mérite néanmoins ne fut pas tout à fait la cause de son élévation. La simonie était pour lors fort en usage : ceux qui avaient le droit de donner un successeur à Robert et un évêque à Coutances, le vendirent à Robert de Montbrai, frère de Geoffroi, qui ne fit aucune difficulté d'acheter leurs suffrages à beaux deniers comptants. C'est de cette manière que fut élu Geoffroi ; mais il n'en savait rien. Cette manière irrégulière lui déplut, quand il en eut connaissance; il fit même des efforts pour s'enfuir, crainte d'être ordonné malgré lui sur une pareille élection; mais il n'en fut pas le maître. Il fut arrêté, et ses parents, dont le crédit et l'autorité étaient excessifs, l'obligèrent de souffrir l'ordination.

C'est ce que nous apprenons des actes du concile de

---

[1] *Gallia Christ.*, XI, 218 *instrum.*

Reims, tenu dix-sept mois après cette ordination par le pape Léon IX ; car ce souverain pontife ayant sommé sous peine d'excommunication tous les prélats présents de déclarer s'ils étaient parvenus à l'épiscopat par voie de simonie active ou passive, « ut si quis eorum
« ad sacros ordines per simoniacam hæresim pervenis-
« set, vel præmio quemlibet ad eamdem dignitatem pro-
« movisset, publica confessione patefaceret [1] », chacun obéit, et le rang de notre évêque étant venu, il fit la déclaration telle que nous venons de la rapporter, laquelle bien examinée par le souverain juge, il fut décidé que le procédé de son frère ne le rendait point simoniaque. Voici les termes : « Post hæc surgens Constantiensis epis-
« copus, confessus est se ignorante a quodam fratre suo
« emptum sibi episcopium fuisse : quod eum rescisset,
« ne contra fas ordinationem illam susciperet, voluisse
« aufugere, sed ab eodem violenter captum, episcopali
« contra voluntatem suam esse dignitate donatum.
« Quod sacramento comprobare jussus, nec renuens, sic
« judicatus est simoniacæ hæresis non incurrisse faci-
« nus [2]. » A quoi l'on me permettra d'ajouter ce que dit Orderic Vital en son V⁰ livre, parlant de ce pape et de ce concile de Reims : « Tunc ibidem generale
« concilium tenuit, et inter reliqua ecclesiæ commoda
« quæ instituit, presbyteris arma ferre et conjuges ha-
« bere prohibuit. Exinde consuetudo lethalis paulatim
« exinanire cœpit [3]. »

[1] *Acta concil.*, VI, p. 1, 1002.
[2] *Ibid.*, 1006.
[3] Édit. Le Prevost et Delisle, II, 398. « Nous n'avons trouvé », dit en note

Geoffroi, de retour, s'affectionna particulièrement à parachever son église. Sa naissance et le rang qu'il tenait parmi les grands de la province l'engageaient d'être souvent auprès du duc dont il était un des premiers conseillers, mais toujours sans rien diminuer du zèle qu'il avait pour l'édification de la maison de Dieu : « Quanquam sæpissime curialibus negotiis regiisque « obsecundationibus irretitus, tamen ad ædificationem « et incrementum ecclesiæ suæ omni nisu et voluntate « promptione erat [1]. »

Ce fut pour ce sujet, continue le même registre, qu'il entreprit le voyage d'Italie. Ses parents, les seigneurs de Hauteville, et ses autres nobles diocésains y régnaient après avoir chassé les Sarrazins et les Grecs de la Pouille, Calabre, Naples et Sicile ; on ne parlait dans le monde que de leurs grandes actions et générosité ; il ne douta point qu'ils ne se fissent une gloire particulière de contribuer au pieux dessein de leur évêque et à l'honneur de leur patrie. Il entreprit le voyage et en rapporta tant de richesses, que c'est véritablement aux soins de Geoffroi et aux bienfaits de ces généreux princes que l'église de Coutances est redevable de ce qu'elle est : « Qui ut eamdem ecclesiam celebrem « gloriosamque restitueret, in Apuliam et Calabriam « adire Robertum cognomine Guischardum parochia- « num suum, aliosque barones consanguineos suos, et

---

M. Le Prevost, « dans les canons du concile de Reims, aucun canon relatif « au mariage des prêtres, mais seulement celui-ci : *Ne quis clericorum* « *arma militaria gestaret aut mundanæ militiæ deserviret.* »

[1] *Gallia Christ.*, XI, 219, *instrum.*

« alumnos, et notos peregre profectus, multum in
« auro, et argento, et gemmis, et palliis variisque
« divitiarum donariis acquisivit, tresque asportavit
« phialas plenas puro opobalsamo, aliaque pretiosissima
« quibus postea præfatam ecclesiam intus et extus locu-
« pletavit, majoremque crucifixum largis sumptibus et
« tempore longo construxit[1]. »

On voit encore maintenant en leur entier sept statues couronnées de Tancrède de Hauteville et des princes ses fils, Guillaume, Drogon, Onfroi, Robert, surnommé le Guichard, Herman et Roger, lesquelles Geoffroi, notre évêque, fit faire et poser sur sept piliers ou corniches de l'église, au dehors, du côté du septentrion, pour être un monument éternel de leur gloire, de leurs bienfaits et de sa reconnaissance.

Nous ne pouvons savoir combien de temps il fut en Italie. Quelques-uns ont dit qu'il assista au concile de Rome tenu en 1053 contre Bérenger; mais comme nous ne trouvons point son nom dans le catalogue de ceux qui y souscrivirent, nous n'oserions l'assurer. Il n'en est pas de même de l'année 1054, en laquelle il était en son diocèse et souscrivit à la charte par laquelle Néel de Saint-Sauveur donna à l'abbaye du Mont-Saint-Michel la terre et le patronage de Sainte-Colombe et se retira en ce monastère[2]. Nous y trouvons tous les prélats de Normandie signés en ce rang : Maurille, archevêque de Rouen; Geoffroi, évêque de Coutances; Eudes, évêque

---

[1] *Gallia Christ.*, XI, 219, *instrum.*

[2] Cette charte n'est pas de Néel, mais est seulement souscrite par lui. Il porta le titre de vicomte du Cotentin jusqu'à sa mort, arrivée au mois

de Bayeux, et Hugues d'Avranches; en quoi il y a de l'erreur soit aux dates ou aux noms : Maurille ne fut archevêque qu'en 1055, après la déposition du Mauger, Hugues était évêque de Lisieux et non d'Avranches, dont Maingise était le prélat [1].

Ce Mauger dont nous avons parlé et parlerons parce qu'il mourut en ce diocèse, était oncle paternel du duc Guillaume. Il était parvenu à l'épiscopat par des voies criminelles, il y vivait de même malgré les belles ordonnances du synode que nous avons de lui. Les historiens qui parlent de lui en font une peinture très-désavantageuse : « Quam pietas plurimorum ornando « ditavit, ille spoliando attenuavit ecclesiam : non spon- « sus ejus vel pater dicendus, sed gravissimus dominus « vel rapacissimus prædo [2] », dit Guillaume de Poitiers. Orderic ajoute : « Voluptatibus carnis mundanisque « curis indecenter inhæsit [3] ». La chronique de Saint-Etienne-de-Caen dit, sur l'an 1055 [4], de lui : « Qui « culpâ exigente depositus est. » Guillaume de Jumièges en parle un peu moins fort; il dit que mal à propos et plutôt par folie que par raison, il se démit de son archevêché entre les mains du duc, sur les plaintes que l'on faisait de lui au pape Léon qui lui

---

d'août 1092, ce qui ne permet guère de croire qu'il se soit fait moine en 1054. (Voir page 24 et preuve 24 de l'*Histoire du château et des sires de Saint-Sauveur-le-Vicomte*, par Léopold DELISLE.)

[1] Maingise était mort vers 1027 et avait été remplacé par Hugues Ier, qui occupa le siège épiscopal jusqu'en 1056. C'est Toustain de Billy qui se trompe.

[2] *Historiæ Normannorum scriptores*, 194.
[3] Édit. LE PRÉVOST et DELISLE, II, 367.
[4] Lisez 1037 (*Historiæ Norman. scriptores*, 1017).

avait déjà refusé le pallium [1]. Il avait envoyé un légat pour, avec les prélats de la province, en connaître et juger : il mourut; cependant l'assemblée ne cessa pas d'être tenue à Lisieux. Mauger y fut cité, accusé, convaincu, déposé et envoyé en exil dans une de nos îles où l'on dit qu'il mourut d'une manière fort tragique et que son corps fut inhumé dans l'église de Cherbourg, où néanmoins il n'y en reste aucun vestige, ni mémoire.

Nous apprenons de Laurent Boucher [2], cité par le P. Pommeraye dans son recueil des conciles de Rouen, que cette même année 1055 et la première de l'épiscopat de Maurille, il s'y en tint un auquel notre évêque Geoffroi assista. Voici les paroles de l'un et de l'autre de ces auteurs : « Concilium Rotomagense ce-
« lebratum Guillelmo Normanorum Duce, qui postea
« Angliæ Rex electus est, presente Maurilio Archiepis-
« copo Rotomagensi cum comprovincialibus Bajocensi,
« Abrincensi, Lexoviensi, Ebroïcensi, Sagiensi, Cons-
« tantiensi. De castitate et ceteris Patrum institutis
« servandis Pastorum incuriâ neglectis, anno Domini
« 1055. Henrico I. Francorum rege [3]. »

On travaillait cependant incessamment à parachever notre église cathédrale, et enfin l'an suivant, 1056, elle se trouva en sa perfection et en état d'être consa-

---

[1] Guillaume de Jumiéges dit simplement : « Eo tempore Malgerius Archi-
« præsul Rotomagensis desipere cœpit, et insipientiâ ductus Archipræsulatum
« Duci reddidit. Dux autem Malgerium in insula, quæ dicitur Ghernervia
« (Jersey), retrusit, et Synodi decreto Metropolitanam sedem Maurilio Fis-
« cannensi Monacho multis virtutibus excellenti tradidit. » (Ibid., 281.)

[2] *Laurentius Bochellus in sua ad decreta Ecclesiæ Gallinæ Nomenclatura* (D. Pommeraye, p. 71).

[3] *Ibid.*; — D. Bessin, p. 47.

crée. Elle le fut le 8 décembre, sous le nom et la protection de la sainte Vierge. Le duc et toute sa cour assista à cette grande solennité, et par une charte dressée exprès renouvela et confirma toutes les anciennes possessions de cette église, et confirma encore toutes les donations et acquisitions faites par l'évêque, et lui-même en fit de très-considérables. Nous n'avons plus cette charte, nous avons seulement la relation qui en fut faite en abrégé par Philippe le Long, en 1319. Nous la rapporterons en son lieu, quoiqu'elle contienne peu de choses curieuses et ne soit que de ce qui appartient à cette église. En voici quelques termes en preuve du temps de cette dédicace : « Præterea ipso
« die dedicationis, quæ acta est sexto idus decembris,
« dedit prædictus dux medietatem piscationis aquæ
« suæ, quam antea tenebat in dominio, predictæ ec-
« clesiæ, anno 1056 ab incarnatione Domini. »

Au reste, je ne dois pas oublier que c'est une tradition constante parmi nous que cet excellent édifice, où, au jugement des plus experts, toutes les proportions, les règles, la délicatesse de l'architecture sont parfaitement observées, est l'ouvrage d'un saint architecte nommé Jouvin, dont la mémoire est en vénération en tout ce diocèse, quoiqu'on le confonde très-mal avec le célèbre abbé du monastère de Poitou nommé autrefois Exionense et à présent Saint-Jouvin.

Geoffroi n'en demeura pas là. Après avoir accompli ses vœux et ceux de tous ses diocésains, achevé son église, l'avoir ornée et enrichie de toutes choses nécessaires pour la décence du culte divin, il entreprit de se loger lui et les autres évêques ses successeurs. Nos mémoires disent que tout le palais épiscopal consistait en un misérable appentis[1] contre un mur où à peine une personne aurait pu loger sans incommodité. Il en fit bâtir un magnifique. L'injure du temps l'a consommé; mais le peu qui en reste témoigne encore quelles en étaient la grandeur et la force. Il avait peu de terrain pour cela : il en acheta. Il fit quantité d'autres acquisitions par le récit desquelles on voit le zèle qu'il avait pour son église. Voici le dénombrement de quelques-unes.

Il acheta de Guillaume la moitié de la ville et des faubourgs de Coutances, du péage et des autres tributs, les tenants et les moulins de la paroisse de Grimouville, le tout, par le prix de 309 livres[2], franc et quitte de toutes choses. Il retira du comté de Mortain la terre du parc, il le fit fermer d'un double fossé et de murailles, y fit semer du gland, planter des chênes et des hêtres, en fit une forêt qu'il peupla de cerfs, et fit faire les deux étangs qui sont au dessous avec les moulins. Il acheta ce que nous appelons la baronnie de la Motte dans la paroisse de Saint-Ebremond-de-Bon-Fossé[3], fit faire le bois, le fit fermer de murailles, dont à peine reste-t-il quelques vestiges, et le peupla aussi de cerfs, sangliers, chevaux, bœufs et vaches. Il amortit la rente que devait la terre de Blainville, il acquit d'un de ses frères, nommé Mauger, le moulin Jo-

---

[1] *Gallia Christ.*, XI, 219, *instrum.*

[2] Le *Gallia* dit 300 livres (*Ibid.*).

[3] *Aliud quoque remus quod est in parochia S. Ebremundi industria summa censuque proprio redemit.* (*Ibid.*)

livet qui est en cette paroisse[1]. Il augmenta tellement par son industrie le revenu de la ville de Saint-Lo que le péage, lequel, avant lui, n'était que de 15 livres, monta à 220 livres, et la perrée de la rivière de Vire. Il fit, un peu au dessous, bâtir un pont de pierre sur les ruines de celui qu'on avait abattu comme pour boucher le passage aux Normands. Il acquit de sa sœur et de ses frères Fresney-le-Puceux[2], dans le diocèse de Bayeux, pour être désormais du domaine de son église. Il acheta la terre nommée Crapolt et retira de la domination des moines, je ne sais qui ils étaient, l'église et le patronage de Saint-Gilles. Il acheta le patronage de Théville[3], Cherbourg, Equeurdreville et Barfleur[4]. Il acquit, tant pour récompense de services que de ses propres deniers, tout ce que l'église de Coutances a possédé depuis dans les îles de Jersey, Guernesey, Serk et Aurigny, de même à Lingreville une serre nommée Loisellerie, avec les dîmes de toutes les forêts du Cotentin qui appartenaient aux ducs de Normandie, ainsi que celles de la pêche et de la chasse, et enfin bâtit à Valognes ce qu'on appelle le Manoir-l'Évêque, dont il acheta le fond.

Ce même registre fait ensuite le détail des ornements qu'il donna à l'église, calices, croix, châsses,

---

[1] *Item Blainvillam de vadimonio acquietavit, molendinum quoque ejus quod est apud Hometellum a Maugero fratre suo in dominio ecclesiæ comparavit. (Ibid.)*

[2] *In pago Bajocensi terram qui dicitur Uncei..... comparavit. (Ibid.)*

[3] *Ecclesiam..... Torlevillæ..... acquisivit. (Ibid.)* On voit que les deux versions diffèrent.

[4] *Ibid.*, 231.

lampes, chandeliers, encensoirs, fioles, ampoules, le tout d'or ou argent, des chasubles, tuniques, étoles, voiles, chapes, d'un ouvrage excellent, des fauteuils de soie et de laine, des rideaux, des tapis, de plus des livres qui sont nécessaires, des processionnels, des homéliaires, des missels, dont il y en avait deux écrits en lettres d'or. Mais, poursuit-il, ce qu'on doit plus considérer, il se choisit un clergé de gens de bien et de réputation qui pussent vaquer à faire le service divin avec édification; il se servit de l'autorité du pape pour faire revenir à Coutances les sept chanoines qu'un de ses prédécesseurs avait fait aller à Rouen; il en créa deux autres, le chantre et le sous-chantre; il institua en outre les cousteurs[1] ou gardes de son église, des prébendiers, des orfévres, un maréchal, des charpentiers, et enfin un maître-maçon pour avoir un soin continuel de l'entretien de son église.

Ce fut à ces exercices de piété et de magnificence que Geoffroi passa les premières années de son épiscopat; aussi eut-il bientôt la satisfaction de voir ses bons exemples suivis en plusieurs lieux de son diocèse. Néel, vicomte de Saint-Sauveur, si fameux chez les anciens écrivains de Normandie, dès les premières années du pontificat de Geoffroi[2], excité, dit-il lui-même, par le Saint-Esprit, « divino afflatus spiritu », bâtit un monastère sur ses terres « in ecclesiam Sancti « Salvatoris monastice religionis ritus ponere, et con-

---

[1] *Costurarius*, cousteurs, coustre, *custos ecclesiæ*, sacristain.
[2] L'abbaye de Saint-Sauveur fut fondée en 1080, et Geoffroi était évêque de Coutances depuis 1048.

« ventum sub abbate[1] ». Il choisit pour le peupler des moines de Jumièges. Benigne, religieux de ce monastère, fut le premier abbé de Saint-Sauveur, et ce seigneur, que nos annales appellent « præses Constantini[2] », eut tant d'empressement de posséder ces religieux, que ne pouvant attendre le temps auquel le couvent et l'église fussent achevés, il les retira dans son château, et ils y faisaient le service divin dans sa chapelle, selon que le portent les mémoires de cette abbaye, à raison de quoi, disent-ils, cette chapelle était appelée la petite abbaye[3].

De même, environ l'an de Jésus-Christ 1064, Richard Turstin, surnommé Haldup, Anna, son épouse, leur fils Eudes, surnommé au Chapel, « cognomento « cum capello », imitant le zèle de ce seigneur, fondèrent, par le conseil de Geoffroi, leur évêque, le monastère de Lessay dans la paroisse de Sainte-Opportune : « In honore summæ et individuæ Trinitatis et « sanctæ Mariæ Virginis, ecclesiam fieri constituerunt « Gaufridi consilio Constantiensis episcopi, Willel- « mique Normannorum principis permissione, in Cons- « tantinensi pago, in villa quæ dicitur sanctæ Opor- « tunæ, in qua regulariter Deo servirent monachi, quæ « alteri non subjiceretur abbatia[4]. » Roger, moine du Bec, en fut béni le premier abbé, et l'on peut voir par

---

[1] Cartul. de S. Sauveur, nos 15 et 463. *Gallia Christiana*, XI, 231 *instrum.* — DELISLE, *Histoire de Saint-Sauveur-le-Vicomte*, preuv., 42.

[2] Guillaume de Poitiers, apud *Historiæ Norm. scriptores*, 179.

[3] *Neustria pia*, 541.

[4] Original aux archives de la Manche. — *Neustria pia*, 617. — *Gallia Christiana*, XI, 224, *instrum.*

la charte de Henri V[1], roi d'Angleterre et usurpateur de Normandie, expédiée en faveur de cette abbaye, de combien de richesses elle avait été comblée par la piété et la libéralité des seigneurs du Cotentin. Ces chartes sont imprimées dans le *Neustria pia* du P. Du Monstier, et ainsi je ne les rapporterai point.

Il se tint cependant deux assemblées générales ou conciles provinciaux auxquels notre évêque assista, l'une à Caen et l'autre à Rouen. La première de ces assemblées fut l'an 1061 par ordre du duc Guillaume, lequel, ayant donné la paix à son peuple, cherchait les moyens de la rendre perdurable en remédiant à plusieurs désordres de l'Église et de l'État qui s'étaient glissés pendant sa minorité et le bruit des armes. On sait ce qui y fut ordonné; j'en rapporterai seulement deux points. On y institua de rigoureuses peines contre les violateurs de la Trêve-de-Dieu. Pour entendre ceci, on remarquera que pendant les désordres de la France et depuis, par la faiblesse du gouvernement, il s'était glissé parmi les seigneurs une malheureuse coutume par laquelle chacun d'eux prétendait avoir droit de se faire justice à soi-même par le fer, les armes et le feu. La puissance des rois et des princes se trouvant trop petite pour arrêter le cours de ces violences, l'Église y avait interposé son autorité; mais comme on ne pouvait pas abolir tout d'un coup ces violences, on tâchait d'y remédier par rapport aux personnes et au temps. Les églises, les monastères, les clercs, les religieux,

---

[1] *Neustria pia*, 618. — C'est la confirmation de la charte de Henri II, donnée dans le *Gallia*, XI, 234, *instrum.*

marchands, laboureurs, femmes et enfants avaient été par les conciles mis à couvert des guerres, sous peine d'excommunication, et l'on avait défendu sous les mêmes peines de faire aucune guerre depuis le mercredi au soir jusqu'au lundi matin, ni pendant l'Avent, le Carême, les Rogations, les fêtes et dimanches, ni les jours de jeûne; c'est ce qu'on appelait la Trêve-de-Dieu, l'observance de laquelle fut étroitement commandée en cette assemblée [1].

L'autre point à observer est une ordonnance qui ne fut faite que pour éviter aux désordres, meurtres et larcins qui se commettaient souvent durant la nuit. Tous les soirs, à certaine heure marquée, en chaque paroisse, ou sonnerait la cloche pour avertir un chacun de se retirer chez soi et fermer sa porte, avec ordre aux magistrats de procéder criminellement contre ceux qui seraient trouvés divaguer après ce signal. Ce prince, pour monument éternel de cette assemblée, y fit bâtir une église à laquelle, pour en éterniser aussi les motifs, il donna le nom de Sainte-Paix ; et nos calvinistes, le siècle passé, pour éterniser à leur tour l'aversion qu'ils ont pour la piété et la paix, la détruisirent.

L'autre assemblée de prélats se tint à Rouen, l'an 1063, pour la solennité de la dédicace de l'église métropolitaine, rebâtie par l'archevêque Maurille. Il y avait appelé ses suffragants; il les assembla en concile où furent faits plusieurs statuts pour la réformation des mœurs et contre les erreurs de Bérenger, auxquels souscrivirent

---

[1] D. Bessin, 48; D. Pommeraye, 71.

Eudes, évêque de Bayeux; Jean, évêque d'Avranches; Hugues de Lisieux, Guillaume d'Évreux, Ives de Séez, et Geoffroi de Coutances[1].

Au commencement de l'an 1066, le duc convoqua l'assemblée générale de ses états[2], à laquelle non-seulement notre évêque assista, mais aussi à la suite de laquelle il eut trop de part pour n'en pas parler ici plus au long.

Ethelred, roi d'Angleterre, duquel nous avons déjà parlé, traita les Danois qui étaient dans son royaume d'une manière si cruelle, qu'on a horreur d'y penser. Suen, leur roi, pour les venger, descendit en ce royaume, chassa le roi et sa famille, s'empara de la couronne, régna quelque temps, mourut et eut pour successeur Canut, son fils, qui donna son pesant d'or à ceux de Londres pour épouser Emma, veuve d'Ethelred et mère d'Alfred et d'Édouard, lesquels s'étaient retirés à la cour de Normandie. Le règne des Danois fut court en Angleterre et fâcheux à cette nation, ce qui lui fit faire une loi après la mort de Canut II, fils de Canut Ier et d'Emma, de n'obéir jamais aux Danois. Ils rappelèrent les fils d'Ethelred. L'aîné régna peu, Édouard vingt-trois ans et mourut sans enfants. Il choisit pour successeur Guillaume, notre duc, son parent; il le fit agréer à ses états, et tous jurèrent de n'en reconnaître point d'autre après sa mort; mais comme les Anglais ne sont pas jaloux de leur serment de fidélité, après la mort d'Édouard ils couronnèrent Harold, un de leurs sei-

---

[1] D. Bessin, 49; D. Pommeraye, 73.
[2] D. Bessin, 49.

gneurs, quoiqu'il eût été un des premiers à jurer fidélité à Guillaume. Ce que ce prince ayant appris, il leva une armée de 40,000 hommes, ou, comme dit Camden, de 50,000, passa en Angleterre, combattit Harold, le tua lui et son frère et plus de 67,000 de ses ennemis, et s'assura par cette victoire la couronne d'Angleterre et les biens de ses habitants aux Normands.

Cette grande victoire, que nos écrivains appellent la journée de Senlac[1], fut gagnée le 14 octobre de la même année 1066, et j'en fais une mention particulière parce que notre évêque Geoffroi y était et n'y contribua pas peu : « Gaufredus quoque », dit Orderic, « Constantiniensis episcopus, de nobili Normannorum progenie ortus, qui certamini Senlacio fautor acer et consolator interfuit[2]. » Et ailleurs il dit qu'Eudes, évêque de Bayeux, et Geoffroi de Coutances, avec grand nombre de clercs et de moines, accompagnèrent Guillaume et ses Normands à la conquête d'Angleterre, furent à ce combat, et que leur fonction était d'obliger Dieu par leurs prières de donner la victoire à ceux de leur parti et à les servir par leurs conseils : « Quorum officium erat pugnare precibus et consiliis[3]. »

Guillaume de Poitiers dit que notre évêque dit la messe avant le combat, que le duc Guillaume y communia de sa main, qu'il pendit en son cou quelques parties des reliques sur lesquelles Harold lui avait juré fidélité, et que notre évêque ensuite, accompagné du clergé et des

---

[1] Hastings.
[2] Ed. Le Prevost et Delisle, II, 223.
[3] *Ibid.*, 146.

religieux, se retira sur une montagne voisine pour y prier : « Id collegium precibus pugnare disponitur [1]. »

Le jour de Noël suivant, Guillaume fut couronné roi d'Angleterre dans l'église de Westminster par Eldred, archevêque d'York, au défaut de Stigand, archevêque de Cantorbéry, qui était interdit. Geoffroi, notre évêque, l'assista en cette auguste cérémonie, et lorsque cet archevêque eut prêché les Anglais en leur langue et demandé, selon la coutume, s'ils ne voulaient pas reconnaître Guillaume pour leur roi et lui obéir en cette qualité, l'évêque de Coutances fit la même chose à l'égard des Normands, et tous ensemble d'une voix commune répondirent que rien ne pouvait leur être plus agréable : « Anglorum voluntati quam facillimè « Normanni consonuerunt : sermocinato ad eos ac sen- « tentiam percunctato Constantini Præsule [2]. »

Guillaume donna à ses capitaines et à ses soldats qui l'avaient si généreusement servi la plupart des biens de ceux qui avaient péri à la journée de Senlac, à chacun selon son rang et mérite. Il créa Eudes évêque de Bayeux, son frère utérin, son lieutenant général par toute l'Angleterre; fit notre évêque colonel général de toute sa cavalerie, « magister equitum », lui donna le gouvernement de Winchester, de Londres et de Salisbury, l'enrichit, comme nous l'avons déjà dit, de 280 paroisses ou fiefs [3], et fit Roger de Montbrai, son neveu, comte de Northumberland.

---

[1] *Historiæ Normann. scriptores*, 201.
[2] *Ibid.*, 206.
[3] Orderic Vital, éd. Le Prevost et Delisle, II, 223.

Peu de temps après, ce prince repassa en Normandie. Notre évêque l'accompagna et fut avec lui à la dédicace de l'église de Jumièges qu'il fit faire, dit Thomas Walsingham, par les évêques Maurille de Rouen, Jean d'Avranches, Geoffroi de Coutances, Hugues de Lisieux, et Baudouin d'Évreux : « Rex autem ipse devotis- « simo animo, hiis nuptiis studuit interesse [1]. » Après quoi, ayant visité son diocèse et donné ordre à ce qu'il crut devoir faire, il retourna à son gouvernement et emploi militaire. Je parle ainsi, parce qu'en effet c'était son occupation ordinaire que la guerre pendant qu'il fut en ce royaume, emploi nullement extraordinaire en ce temps-là, où nous voyons qu'on ne loue guère moins un évêque pour sa bravoure et ses autres vertus guerrières, que pour sa piété et le bon soin de son troupeau.

Orderic Vital, après nous avoir parlé de ce qu'il fit à Senlac, dit qu'il fut à divers combats : « In aliis « conflictibus, qui postmodum advenas et indigenas « utrimque contriverant, magister militum fuit [2]. » En voici une fâcheuse occasion. En 1069, les Danois descendirent en ce royaume et publièrent y être venus pour secourir les Anglais naturels contre la domination normande. Les provinces de Dorset et de Sommerset furent les premières à prendre les armes et tout d'un coup allèrent devant Montagute [3], ce qu'apprenant notre évêque Geoffroi, il se mit aussitôt à la tête des garnisons

---

[1] *Anglica, Normannica, Hibernica, Cambrica, a veteribus scripta...*, p. 436.

[2] Édit. Le Prevost et Delisle, II, 223.

[3] Comté de Sommerset.

de gens de guerre de ce gouvernement, alla attaquer les ennemis, les défit, fit couper les bras et les jambes à ceux qui tombèrent en ses mains et ôta aux autres l'envie de se rebeller : « Eo tempore », dit-il, « Saxones « occidentales de Dorseta et Summerseta cum suis con- « finibus Montem-Acutum assilierunt, sed devino nutu « impediti sunt. Nam Guentani, Lundonii, Salesberii, « Gaufredo Constantiensi præsule ductore, supervene- « runt, quosdam peremerunt, partim captos mutilave- « runt, reliquos fugaverunt[1]. »

La guerre était son emploi; il s'y donnait presque entièrement. C'est ce qui a fait dire à Orderic qu'il y était plus propre qu'à l'église et qu'il savait mieux conduire des soldats au combat que régler des clercs au chœur : « Prefatus enim prœsul », dit-il, parlant de Geoffroi, « nobilitate cluebat, magisque peritia militari « quam clericali vigebat, ideoque loricatos milites ad « bellandum, quam revestitos clericos ad psallendum « magis erudire noverat. Conflictibus ergo contra Dacos « et Anglos sæpe interfuit, et ingentes subactis hostibus « possessiones obtinuit, quas moriens Rodberto, nepoti « suo, comiti Nordanhimbrorum dimisit[2]. »

Nous en parlerons encore, mais en suivant l'ordre du temps. Nous trouvons que cependant il assista à quatre conciles qui furent tenus dans l'étendue de son gouvernement : le premier à Winchester, l'an 1070, pour la déposition de Stigand, archevêque de Cantorbéry, son ordination et sa vie n'ayant pas été trouvées fort régu-

---

[1] Ordéric Vital, éd. Le Prevost et Delisle, II, 193.
[2] *Ibid.* III, 406.

lières, à la place duquel le fameux Lanfranc, abbé de Caen, fut ordonné ; le deuxième à Londres[1], pour la translation dans les villes voisines des siéges épiscopaux des villages où ils se trouvaient établis ; le troisième à Windsor, l'an 1072, touchant la primatie qui fut adjugée à l'église de Cantorbéry, où dans les souscriptions nous trouvons : « Ego Gosfridus Cons-« tantiensis episcopus, et unus de primatibus Anglo-« rum, consensi[2] » ; le dernier enfin, tenu à Londres, par ce primat Lanfranc, en 1075, pour la réformation des mœurs, dans la préface de l'histoire duquel nous lisons ces mots : « Præsidente Lanfranco sanctæ Dorobernensis « ecclesiæ archipræsule, totiusque Britanniæ insulæ pri-« mate, confidentibus secum... Goisfrido Constantiensi, « qui, cum transmarinus esset episcopus, in Anglia « multas possessiones habens, cum ceteris in concilio « residebat. » Il est nommé le quatrième et souscrit le cinquième[3].

Ce Lanfranc, au reste, était l'oracle de l'église anglicane, consulté de toutes parts sur les difficultés qui se présentaient, et ses réponses étaient des décisions qu'on suivait. Nous connaissons par la XXIIIᵉ des épîtres de ce prélat, que notre évêque consulté sur certaines religieuses, plusieurs desquelles prétendaient n'être pas obligées à observer les vœux ou règlements de leurs couvents, il lui répondit : que celles qui avaient fait profession ou qui sans cela avaient été pré-

---

[1] La même année.
[2] *Acta concil.*, VI, p. 1, 1174.
[3] *Ibid.*, 1555.

sentées à l'autel, on devait les contraindre à l'observance de la règle; qu'il était à propos de laisser celles qui n'étaient pas en ce cas en l'état qu'elles étaient, jusqu'à ce qu'on eût fait une plus ample et entière information, et qu'enfin celles qui s'étaient retirées dans les couvents, non à dessein de se faire religieuses, mais par la seule crainte des Français, il fallait leur donner la liberté de se retirer, après néanmoins avoir vérifié leurs allégations par le rapport des religieuses sans reproche. Voici l'épître :

« Lanfrancus archiepiscopus, venerabili episcopo
« Goisfrido salutem et servitium.

« De sanctimonialibus, de quibus dulcissima mihi
« paternitas vestra ad me litteras misit, hoc vobis res-
« pondeo. Sanctimoniales, quæ de servanda regula
« professionem fecerunt; vel quæ, quamvis adhuc
« professæ non sunt, ad altare tamen oblatæ fuerunt :
« secundum mores et vitas earum, ad servandam re-
« gulam moneantur, increpentur, constringantur. Quæ
« vero nec professæ, nec oblatæ sunt, ad præsens di-
« mittantur sic, donec volontates earum de servando
« ordine subtilius exquirantur. Quæ vero non amore
« religionis, sed timore Francigenarum, sicut vos dici-
« tis, ad monasterium confugerunt : si hoc firmo me-
« liorum sanctimonialium testimonio probare possunt,
« libera eis recedendi concedatur potestas. Et hoc est
« concilium regis, et nostrum. Omnipotens Deus vitam
« vestram in beneplacito suo conservet[1]. »

[1] *Acta concil.*, VI, p. I, 1184.

J'estime que cette épître fut écrite vers l'an 1073, auquel an il se présenta d'autres occupations pour notre évêque. Le roi étant passé en Normandie, Raoul de Guader[1], comte de Suffolk et de Norfolk, et Roger de Bretteville[2], comte de Hereford, fameux Normands, se mirent à la tête des mécontents dont le nombre était grand, causèrent une révolte presque générale en Angleterre, se moquant des ajournements à eux faits par Guillaume de Varenne et Richard de Bienfaite, grands justiciers du royaume. Il fallut en venir à la force. Wulstan, évêque de Vigorne[3], Gautier de Laci et quelques autres firent tête au comte de Hereford et l'empêchèrent de se joindre à Guader, qui l'attendait à Cambridge où cependant Eudes, évêque de Bayeux, et Geoffroi de Coutances à la tête de leurs troupes, l'assiégèrent et, secondés par Varenne et Laci, le pressèrent si fort qu'il fut obligé d'abandonner secrètement la place et de dérober sa tête à la justice, se retirant en Danemark.

L'an 1077, Geoffroi repassa en Normandie et assista, avec Lanfranc de Cantorbéry, à la dédicace de l'église abbatiale de Saint-Etienne de Caen[4]. Le roi Guillaume, qui en était le fondateur, était présent; il offrit sur l'autel l'acte des donations qu'il faisait à ce monastère. La charte s'en conserve encore, au bas de laquelle on voit la souscription de notre évêque avec celle des

[1] Ou de Gaël.
[2] Lisez de Breteuil, *de Britolio*.
[3] Saint Wulstan, évêque de Worcester, *Vigorniensis*.
[4] D. POMMERAYE, p. 110 et 111; *Neustria pia*, p. 626.

autres. Il y souscrivit non-seulement comme témoin, mais aussi comme donateur, ainsi qu'il paraît que l'article dix-huit de la charte sur laquelle Henri II, roi d'Angleterre, confirma tous les bienfaits à cette abbaye. En voici les termes : « Confirmo etiam donationes et « libertates, quas fecerunt S. Stephano, Willelmus, « Gaufridus et Hugo, Rhotomagenses archiepiscopi : et « Gaufridus, Constantiensis [1] Episcopus. »

De cette époque jusqu'à la mort du Conquérant, nous ne trouvons rien de notre évêque; mais avant d'en parler, on ne trouvera pas mauvais que pour faire connaître le génie et la piété de ce grand prince à qui notre église doit presque ce qu'elle est, aussi bien que notre évêque ses grandeurs, je rapporte ici quelque chose de son testament et de l'estime que le pape Grégoire VII faisait de lui. Ce testament est rapporté par Orderic; en voici quelques points : « Je n'ai jamais », dit-il, « violé le respect que je dois à l'Église notre « mère; au contraire, je l'ai toujours honorée de tout « mon cœur et de tout mon pouvoir. Je n'ai jamais « vendu aucune dignité ecclésiastique. J'ai toujours « haï la simonie et employé tous mes soins pour la « bannir de mes États. Dans le choix que j'ai fait des « personnes pour les élever aux charges ou dignités « de l'Église, j'ai toujours recherché l'intégrité de la « vie, la probité des mœurs, la pureté de la doctrine « et des sentiments, et, autant qu'il m'a été possible, « j'ai choisi les plus dignes de tous. » Il en donne

---

[1] *Neustria pia*, p. 632.

quelques exemples, et puis ajoute : « Mes pères ont
« fondé en Normandie neuf abbayes de religieux et
« une de religieuses; je les ai, moyennant la grâce de
« Dieu, tellement augmentées de choses qui pouvaient
« leur être nécessaires, qu'elles sont maintenant riches
« et magnifiques. Depuis que j'ai été duc, j'en ai
« bâti dix-sept d'hommes¹ et six de religieuses, où
« tous les jours on célèbre le service divin et on dis-
« tribue de grosses aumônes pour l'amour de Dieu. Ce
« sont là les châteaux et les forteresses dont la Nor-
« mandie est munie; c'est là où ces hommes appren-
« nent à combattre contre les démons et les vices de
« la chair, et ces monastères, ou je les ai fait bâtir et
« fondés moi-même par la grâce de Dieu, ou bien j'ai
« apporté et aidé de tout mon pouvoir à les bâtir et
« fonder. De même tout ce que les grands de ma cour
« ont voulu donner à Dieu et à ses saints pour le salut
« de leurs âmes, en terres ou en rentes, en Normandie
« ou en Angleterre, j'y ai consenti volontiers, et de
« mon autorité royale j'ai gratuitement et avec joie
« confirmé les chartes de ces donations contre les
« jaloux et ceux qui voudraient y attenter. Ç'ont été
« là mes plus grandes passions depuis ma jeunesse et
« ce sont celles que je recommande particulièrement à
« mes héritiers². »

A l'égard du pape Grégoire VII, je désire seulement qu'on remarque trois endroits de ses épîtres où il
parle de lui. Le premier est tiré de la XIXᵉ du livre V,

---

¹ Dans le diocèse de Coutances, Saint-Sauveur-le-Vicomte et Lessay.
² Duchesne, p. 658; Le Prevost et Delisle, III, 240, 241 et 242.

écrite à ce prince au sujet de la maladie de Jean, archevêque de Rouen. Vous êtes, lui dit-il, celui de tous les rois pour lequel nous avons plus d'affection, tant à cause de l'honnêteté de vos mœurs en quoi vous excellez, que de la grandeur de votre prudence : « Inter reges, tum more honestatis qua nites, tum libe-« rali prudentia qua muniris, te speciali dilectione « amplectimur [1]. » La seconde épître est tirée du livre VI, écrite à Lanfranc, archevêque de Cantorbéry, sur ce qu'il ne l'était point allé voir depuis son élévation au pontificat. La cause de cette négligence, lui dit-il, a peut-être été la crainte que vous aviez du roi, de ce roi, dis-je, lequel entre tous ceux de cette dignité, nous avons toujours le plus affectionné : « Adventum « tuum vel metus regis, ejus scilicet quem inter ceteros « illius dignitatis specialius semper dilixemus, vel « maxime tua culpa nobis negavit [2]. » Enfin la XXIIIe épître du livre VII tout entière est un témoignage évident de l'estime qu'il en faisait ; il y est appelé la perle des princes : « Cooperante Deo, gemma principum esse « meruisti. » Il dit qu'il n'y a point de meilleur exemple à lui proposer que lui-même : « Exemplum tibi teipsum « propone [3]. »

Guillaume mourut le neuvième septembre de l'an 1087. Les circonstances de sa mort sont trop publiques, ainsi que sa sépulture, pour être répétées ici ; nous remarquerons seulement avec tous nos écrivains que

---

[1] *Acta concil.*, VI, p. 1, 1389.
[2] *Ibid.*, 1417.
[3] *Ibid.*, 1445.

Geoffroi, notre évêque, assista à cette cérémonie; et que cette mort fit bientôt revenir ce prélat en son diocèse. Guillaume laissa trois fils, Robert, Guillaume et Henri : il laissa dans son testament la Normandie et le Maine à l'aîné, l'Angleterre au second, de l'argent et une pension sur ses frères au cadet, en lui prédisant qu'il serait un jour maître de tout. Cette disposition causa du trouble entre les frères. Robert, que son père avait traité dans son testament de brouillon indiscret, « insipiens nebulo [1] », s'imagina qu'étant l'aîné, le royaume lui appartenait aussi bien que le duché; guerre s'ensuivit. Geoffroi, notre évêque, s'y trouva embrouillé, et la paix s'étant faite ensuite, il fut traité de rebelle par le roi contre qui il avait pris les armes en faveur du duc, chassé d'Angleterre et renvoyé en son diocèse où, reprenant ses premières traces, il a mérité le surnom de bon et de béat que la postérité lui a donné, jusque-là même qu'il n'y a pas longtemps qu'un jacobin, nommé le P. de Lorge, dédia des thèses de philosophie à sa mémoire.

Nos mémoires, cités par M. Morel et par MM. de Sainte-Marthe, disent qu'il mourut le 14 février 1093, et qu'il tint le siége pendant quarante-cinq ans et soixante-six jours [2]. Ces époques ne cadrent pas; pour les accommoder, quelques-uns ont dit qu'on devait

---

[1] Édit. Le Prevost et Delisle, III, 242.

[2] Morel ne parle que de quarante-cinq ans (*Relation veritable des ceremonies observees par les habitans de la Ville de Constances à l'Entree solennelle de Monseigneur l'Illustrissime et Reverendissime Evesque dudit lieu, prenant possession de son Evesché, le Dimanche 15. jour de Septembre, année presente* 1647..., *par Monsieur de Morel, conseiller*, p. 51).

compter le 10 avril 1048 pour le jour de son élection ou ordination, et le 1ᵉʳ décembre suivant pour celui de sa prise de possession, et qu'en ajoutant à ce dernier quarante-cinq ans soixante-six jours, on voit justement le 4 février 1094 au lieu de 1093 ; d'autres ont pensé qu'il fallait dire qu'il avait siégé quarante-cinq ans moins soixante-six jours, lesquels soixante-six jours se trouvent entre le 4 février et le 10 avril aux années bissextiles ; d'autres enfin ont cru que l'erreur était seulement aux dates et au mois de février, que la vraie époque de cette mort était le quinzième jour de juin 1093, qui est le soixante-sixième jour après les quarante-cinq ans accomplis.

On remarque qu'il fut assisté dans sa maladie par les évêques Eudes de Bayeux, Michel d'Avranches et Guillaume de Durham, et par les abbés Gilbert de Caen, Roger de Lessay et un autre Roger de Montebourg, et que, se sentant près de la mort, il se fit porter au milieu du chœur de son église, sous la lanterne qu'il avait fait couvrir de plomb, où, tout baigné de larmes, il ne cessa jusqu'au dernier moment de sa vie de demander grâce et miséricorde à Dieu, et qu'enfin il fut inhumé sous le lavatoire de l'église, ainsi qu'il l'avait souhaité par humilité. On fait mémoire de lui tous les ans en son église, le 12 juillet ; elle est marquée dans l'obituaire de la cathédrale en ces termes : « Commemoratio Gauffridi episcopi com-
« munis. »

Le Cotentin était alors en un état assez tranquille. Le duc Robert l'avait rendu au jeune Henri, son frère, voulant avoir de l'argent pour lever une armée contre Guillaume, roi d'Angleterre. Nos pères étaient heureux sous un si bon seigneur, qui ne s'occupait qu'à bien faire; c'est ainsi que parle Orderic : « Constantiensem « itaque provinciam bene gubernavit, suamque juven- « tutem laudabiliter exercuit [1]. » Mais ses deux frères aînés, qui s'étaient réconciliés, jaloux des louanges que tout le monde lui donnait, et particulièrement Guillaume, chagrin de ce qu'il avait fourni à Robert de l'argent pour lui faire la guerre, s'unirent contre lui pour le chasser de ses États. Henri fit ce qu'il put pour se défendre et fit faire de nouveaux travaux à Cherbourg, Coutances, Gavray, Avranches, places de défense de cette basse province; mais trahi par Hugues d'Avranches, comte de Chester, général de ses troupes, qui craignait de perdre les États qu'il avait en Angleterre, il fut obligé de se retirer au Mont-Saint-Michel. Il y fut assiégé par ses frères; le manque d'eau l'obligea de rendre la place à composition. Il se retira en France et erra assez pauvrement d'un côté et d'autre pendant deux ans, « pour lui apprendre », dit Orderic, « à avoir « un jour compassion de ceux de ses sujets qui tombe- « raient dans la misère [2] ».

Le triomphe de Robert ne fut pas long; il avait profité seul de cette guerre. Les habitants de Domfront, ennuyés des courses continuelles du comte de Bellême, à quoi Robert ne remédiait pas, envoyèrent à cet exilé un gentilhomme, nommé Achard, le prier de retour-

---

[1] Edition Le Prevost et Delisle, III, 267.
[2] *Ibid.*, 379.

ner et lui offrir leur ville et leur pouvoir [1]. Il revint, fut bien reçu à Domfront, tout le pays lui obéit, et suivant ainsi sa fortune, il rentra en Cotentin où il fut bien reçu, particulièrement par Richard de Reviers et Roger de Magneville, et aussi par le retour du comte de Chester, qui suivait les mouvements de Guillaume, son roi, lequel aidait en secret à Henri.

[1] Édition LE PREVOST et DELISLE, III, 384.

CHAPITRE V

DE RAOUL

Nous ne savons rien de la famille de ce prélat. Il est seulement remarqué dans un ancien manuscrit dont je suis saisi, qui contient quelques notes sur nos évêques, qu'il était le premier archidiacre de Coutances et celui par lequel se traitaient plus particulièrement les matières ecclésiastiques pendant l'éloignement de Geoffroi ; qu'il fut élevé à l'épiscopat par une élection canonique, sacré à Rouen, le 3 avril 1093, époque qu'un très-savant homme ayant lue sur mon cahier, a remarqué qu'il devait y avoir 1094 au lieu de 1093 ; que le 3 avril 1093 était le samedi des Rameaux, autrement que s'il était vrai que Raoul eût été ordonné le 3 avril 1093, il faudrait mettre la mort de son prédécesseur en 1093 et ne lui donner que quarante-quatre ans d'épiscopat ; mais le tout s'accommode, comme nous avons dit ci-dessus, en disant que Geoffroi a été évêque soixante-six jours moins de quarante-cinq ans.

Le premier lieu où nous le trouvons, c'est au concile de Rouen, en 1096, convoqué par Guillaume, métropolitain de la province, au sujet de la réception

et de la publication du concile de Clermont, auquel trois évêques de Normandie, savoir Eudes de Bayeux, Gilbert d'Évreux, et Serlon de Séez, avaient assisté pour eux et les autres évêques leurs confrères. On y fit en outre quelques règlements qui furent rédigés en forme de canon par Gilbert, évêque d'Évreux, et par Fulbert, archidiacre de Rouen, lesquels sont marqués avoir été approuvés par les autres prélats, Guillaume de Rouen, Eudes de Bayeux, Gilbert de Lisieux, Serlon de Séez, Turgis d'Avranches, et Raoul de Coutances : « Et Guillelmus archipiscopus, aliique Præsules
« autoritate sua corroboraverunt; Odo quippe Bajo-
« censis, et Gislebertus Lexoviensis, Turgisus Abrin-
« catensis, et Serlo Sagiensis, atque Radulphus Cons-
« tantiensis, præfatam Synodum sanxerunt [1]. »

De ces statuts je souhaite qu'on remarque une partie du sixième, par lequel il est défendu aux hommes, de quelque qualité qu'ils soient, de porter les cheveux longs, sous peine d'excommunication [2]. On eut cette défense si à cœur, qu'Orderic, parlant en l'an 1105 du retour de Henri, roi d'Angleterre, en Normandie, dit qu'ayant mis pied à terre à Barfleur, il vint solenniser la fête de Pâques à Carentan, auquel lieu le même Serlon, évêque de Séez, le vint saluer et lui fit une longue harangue sur les misères du temps, dont le Cotentin en particulier et toute la province étaient accablés par

---

[1] D. Pommeraye, p. 115; D. Bessin, p. 79.

[2] « Ut nullus homo comam nutriat, sed sit tonsus sicut decet Christia-
« num : alioquin à liminibus sanctæ matris Ecclesiæ sequestrabitur, nec
« sacerdos aliquis divinum ei officium faciet, vel ejus sepulturæ intererit. »

l'iniquité des grands et la faiblesse du gouvernement, à la fin de laquelle il fit à ce prince et à ses courtisans une telle remontrance sur ce qu'ils portaient des cheveux longs, à la manière des femmes, contre le précepte de saint Paul, que ce prince en étant ému consentit sur-le-champ que cet évêque prît des ciseaux et lui coupât les cheveux à lui et à ceux de sa suite, ce que souffrirent les autres à son exemple [1].

Le concile de Clermont, publié et reçu en Normandie, fit que le duc Robert et quantité de ses sujets à sa suite se croisèrent. Il engagea son duché de Normandie à Guillaume, roi d'Angleterre, son frère, pour cinq ans par 6,666 livres d'argent [2], ne pouvant autrement faire les frais du voyage. On sait sa bravoure au siége de Jérusalem, dont Godefroi de Bouillon ne fut sacré roi qu'à son refus; ce fut l'an 1099. L'an suivant, 1100, le 2 août, Guillaume le Roux, roi d'Angleterre, fut tué à la chasse par l'imprudence de Gautier Tirel, lequel, pensant tirer un cerf, frappa le roi de manière qu'il mourut sur-le-champ. Son jeune frère Henri, comte de Cotentin, était à la suite du roi; mais il eut plus de soin de recueillir sa succession que de donner ordre à ses funérailles. Il se saisit d'abord de ses trésors, nonobstant l'opposition de Guillaume de Bretteville [3] qui en avait les clefs et qui voulait en conserver du moins une partie au duc Robert, et promet-

---

[1] Édition Le Prevost et Delisle, IV, 204, 205 et suivantes.
[2] *Ibid.*, III, 476.
[3] Guillaume de Breteuil, fils de Guillaume-Fitz-Osberne. (*Ibid.*, IV, 86, 87, 88.)

tant aux Anglais de rétablir leurs anciennes lois et aux Normands de les maintenir en tous leurs honneurs, possessions et revenus, tant deçà que delà la mer, et surtout promettant la chasse à la noblesse, il fut proclamé et sacré roi, du consentement de l'un et de l'autre, à l'exclusion de Robert. C'est la première époque de la soumission de nos pères à un roi anglais et étranger, car quoique Henri fût fils de Guillaume le Conquérant et de son épouse Mathilde, étant né en Angleterre, il était véritablement étranger à cette province qui ne lui appartenait enfin que par une rébellion et usurpation injuste, à la réserve du canton qu'il avait acheté, comme nous avons dit.

Cependant les dames et seigneurs de ce diocèse, animés à la piété par celle de leur bon évêque, s'occupaient à la fondation de quelques églises, chapelles ou monastères. Nous avons dit comment le fameux Néel, vicomte du Cotentin, avait fondé et rempli de religieux l'abbaye de Saint-Sauveur, et s'était retiré au Mont-Saint-Michel[1]. Il ne laissa qu'une fille[2], nommée Léticie, mariée à Jourdain Taisson. Elle imita le zèle de son

---

[1] Voir ce que j'ai dit à ce sujet, p. 23, note 1.

[2] Léticie, qui survécut à son mari, mort en 1180, ne pouvait être la fille du fondateur de l'abbaye de Saint-Sauveur, Néel II le vicomte, mort en 1092 dans un âge fort avancé. Elle se qualifie dans une charte « neptis Rogerii « vicecomitis ». Or, Roger le vicomte avait un frère, Néel III le vicomte, qui est cité dans une pancarte du commencement du XIIe siècle, où les deux frères sont désignés comme les neveux ou les petits-fils de Néel II. Si Léticie était la fille d'un Néel le vicomte, c'était évidemment de ce Néel III. DE LA ROQUE (*Histoire de la Maison d'Harcourt*, I, 320) s'est trompé sur ce point comme le *Neustria pia* (p. 541) et notre auteur. (Voir l'*Histoire de Saint-Sauveur-le-Vicomte*, par Léopold DELISLE, p. 27 et 34, et preuves 45, 54, 55, 56 et 57.)

père et fonda environ ce temps deux prieurés en l'honneur de la sainte Vierge, l'un nommé la Couperie, en la paroisse de la Colombe, ancien héritage de son mari, où nous voyons encore les restes de son château, nommé la Roche-Taisson ¹, et l'autre appelé Celsoef, « Collis Elicia », en celle de Saint-Sauveur ² ; comme fit aussi Adam de Bris ou de Bruis [de] celui de Saint-Pierre-de-la-Luthumière ³, nommé autrement de Saint-Juin ou de Saint-Jouvin, et Roger de Turqueville de celui de Sainte-Croix-de-Virandeville ⁴.

En parlant de la dédicace de l'abbaye de Montebourg, faite sous l'épiscopat de Richard de Bohon, nous ferons mention de sa fondation et de son établissement, commencé en 1090 et continué les années suivantes jusqu'au temps que nous désignerons. Cependant nous remarquerons le retour du duc Robert de la terre sainte. Il fut reçu assez paisiblement dans son duché, et s'il avait eu autant de conduite que de cœur, lui et

¹ La Colombe (canton de Percy, Manche), et le château de la Roche, devenu le château de la Roche-Taisson, n'étaient pas l'héritage de Jourdain Taisson, mais de sa femme, héritière des Néel. En 1188, Raoul Taisson, fils de Jourdain, donna à Saint-Sauveur l'hermitage de la Colombe, à la condition que l'abbaye y mettrait au moins deux religieux. C'est là l'origine du prieuré de la Colombe. (*Histoire de Saint-Sauveur*, p. 59, et *Gallia Christiana*, XI, 252 *instrum*.)

² On voit dans le Cartulaire de Saint-Sauveur que des revenus de la forêt de Salsoif (comm. de Saint-Sauveur), *Sallesoef, Sellasoef, Sellesoef, Selessuef*, furent donnés par Néel II le vicomte à l'abbaye de Saint-Sauveur, en 1080 et 1090 ; que Néel III et Roger le vicomte, au commencement du XIIe siècle, lui donnèrent l'église, et Jourdain Taisson et Léticie, en 1165, *totam terram Nigelli presbyteri de Sella suavi* ; mais cette fondation d'un prieuré, attribuée à Léticie, ne s'y trouve pas plus que le mot *Collis Elicia*. (*Histoire de Saint-Sauveur*, preuves 38, 45, 48 et 50.)

³ Cartulaire de Saint-Sauveur, n°ˢ 3 et 158.

⁴ *Ibid.*, n°ˢ 171 et 172.

la province auraient été assez en repos. Son inconduite et le conseil d'une infinité de brouillons qui le gouvernaient l'engagèrent en deux guerres contre son frère : par la première, il gagna l'hommage d'Angleterre, il avait trois mille marcs d'argent de pension [1] ; par la seconde, il perdit son duché et sa liberté, ayant été pris par son frère, à la journée de Tinchebrai, et renfermé pour le reste de ses jours dans une fâcheuse prison, suivant la prédiction de son père : « Truci plec-« tendus infortunio [2]. »

Ce que nous touchons ici en passant est publié. Je ne peux néanmoins m'empêcher de rapporter quelque chose de ce que Orderic Vital, qui vivait alors, rapporte de l'état de cette province, de notre église et de ce prince. Il dit que la Normandie était dans une situation pitoyable, que la barbarie y régnait souverainement, autant de tyrans et de voleurs que de grands seigneurs, que le plus fort était le maître, que ce n'était partout que vols, viols, meurtres et incendies, et qu'enfin ce qu'il y avait de gens de bien furent contraints d'avoir recours à Henri et de l'appeler pour y apporter quelque remède. Il vint, il descendit à Barfleur, et Serlon, évêque de Séez, le haranguant à Carentan où il l'était venu

---

[1] Les deux frères firent la paix aux conditions suivantes : « In primis Rod-« bertus dux calumniam, quam in regno Angliæ ingesserat, fratri dimisit, « ipsumque de homagio, quod sibi jamdudum fecerat, pro regali dignitate « absolvit. Henricus autem rex tria millia librarum sterlensium sese duci « redditurum per singulos annos spopondit, totumque Constantinum pagum « et quicquid in Neustria possidebat, præter Danfrontem, reliquit. » Ainsi Robert ne *gagna* pas *l'hommage d'Angleterre,* mais il le céda pour une rente de 3,000 livres sterling. (Orderic Vital, éd. LE PREVOST et DELISLE, IV, 114.)

[2] *Ibid.*, III, 242.

trouver de la part du clergé : « Votre frère », lui dit-il,
« a dissipé toutes les richesses de ce grand duché en des
« bagatelles et choses de néant. Il est réduit mainte-
« nant à une si grande pauvreté, que le plus souvent
« il est jusqu'au soir sans manger, faute de pain. Com-
« munément il est contraint de demeurer au lit, parce
« qu'il n'a ni bas, ni culotte, ni pourpoint [1]. » Et Serlon
parlait dans l'église de Carentan qui participait aux
malheurs communs de la province et était un témoignage assez sensible de l'état du Cotentin ; c'est ce qui
lui fit ajouter [2] : « Vous le voyez, sire, il paraît assez
« de l'état pitoyable de cette église, à quelle misère le
« Cotentin est réduit. »

Ce fut en l'an 1106 que cette guerre se termina après
la journée de Tinchebrai, dont, dit Orderic Vital, le
bruit s'étant répandu, les gens de bien en eurent de
la joie, et les scélérats, au contraire, en furent dans
l'affliction : « Auditis rumoribus de victoria regis, reli-
« giosi quique lætati sunt. Exleges autem et maligni-
« tatis amatores contristati luxerunt [3]. » Ensuite de
quoi, vers le milieu du mois d'octobre, Henri assembla
les états de la province à Lisieux, y régla sagement
toutes choses à l'avantage de l'église et au repos du
peuple : « Et utillimum Ecclesiæ Dei concilium te-
« nuit [4]. » Deux ans après, l'an 1108, l'archevêque de

---

[1] Orderic Vital, éd. Le Prevost et Delisle, IV, 206.

[2] Dans le discours de Serlon, ces paroles ne sont pas *ajoutées* à celles que vient de citer notre auteur, mais les précèdent. Il y a là un peu de fantaisie. (*Ibid.*, 205.)

[3] *Ibid.*, 232.

[4] *Ibid.*, 233.

Rouen assembla en concile les prélats de la province à Rouen, afin de régler avec eux ce qu'on trouverait de plus à propos pour la correction des mœurs et le maintien de la discipline ecclésiastique : « De necessariis « Ecclesiæ rebus cum suffraganeis suis per aliquot « dies tractavit [1]. »

Ce fut en revenant de ce concile que Raoul, notre évêque, alla voir celui de Séez, l'entretenir et le consulter sur divers événements merveilleux arrivés en son diocèse, sur lesquels il voulait savoir son sentiment, comme étant, dit Orderic, le plus savant; aussi, ajoute le même auteur, en reçut-il toute la satisfaction qu'il en pouvait espérer. Après quoi, Raoul raconta à Serlon qu'il y avait dans la ville de Coutances une très-ancienne église, bâtie en l'honneur de saint Pierre, en laquelle il s'était fait autrefois et se faisait encore de grands miracles; que plusieurs malades y avaient recouvré la santé; qu'on y avait vu plusieurs fois des chandelles allumées descendre d'elles-mêmes de la voûte; qu'une personne religieuse, qui passait dans l'estime de tout le monde pour une personne de grande vertu et qui allait tous les jours en cette église pour faire ses dévotions, rapportait avoir vu souvent ces sortes de cierges ou chandelles allumées; que pour preuve de son dire, il arriva qu'étant un jour seule en prière devant une chapelle et voyant ainsi descendre de la voûte de l'église un de ces cierges de lui-même et sans aucun secours humain, elle s'approcha avec le plus de révérence qu'elle put de l'autel,

---

[1] Orderic Vital, éd. Le Prevost et Delisle, III, 391.

prit le cierge, l'éteignit, l'enveloppa dans un mouchoir blanc, l'emporta et l'enferma dans un coffre, et par après l'occasion s'étant présentée de raconter ce qu'elle avait vu, elle fut ouvrir son coffre, déploya le mouchoir pour faire voir ce qu'elle y avait serré, mais elle n'y trouva que la mèche, toute la cire ayant été consommée sans que le mouchoir ni aucune autre chose eussent la moindre marque de brûlure, ni même aucune tache telle qu'elle pût être ; que depuis encore, à la fête Saint-Pierre, le clergé étant au chœur pour chanter vêpres, tout le monde avait vu avec étonnement trois cierges allumés descendre d'eux-mêmes du haut de la voûte sur l'autel, lesquels étaient demeurés en cet état pendant la nuit jusqu'à la fin des matines du jour suivant, et furent tout à fait consumés au point du jour. Ces cierges étaient de rang sur l'autel sans aucunement toucher à la nappe, mais ils étaient suspendus en l'air. Celui du milieu était carré et plus grand, les deux autres ronds et plus petits.

Le bruit de cette merveille s'étant bientôt répandu par la ville, presque tout le monde, clers et laïques, fut les voir après vêpres, sans néanmoins qu'aucun osât les toucher; mais chacun pouvait lire sans peine certains mots écrits sur chaque carré du cierge du milieu. Il y avait écrit sur la première carre : « Manda, « Petre, iram de cœlo », commande, Pierre, à la colère, de descendre du ciel ; à la seconde : « Populum tari- « sum peccato », sur le peuple tari par le péché; sur la troisième, en latin plus mauvais que le précédent : « Misererem ei », j'en aurais pitié ; et enfin sur la dernière : « Lacrymas », des larmes. Les lettres étaient bien formées, et la difficulté ne consistait qu'à en trouver le sens et expliquer ce qu'elles voulaient signifier ; néanmoins, après y avoir supposé ce qu'on avait cru y devoir être, on avait estimé que par ces paroles Dieu semblait dire à saint Pierre, qui est le portier du royaume céleste : Faites, Pierre, venir la colère du ciel, afin qu'elle se répande sur ce peuple tari, c'est-à-dire desséché par le péché. Je ferais miséricorde, s'il m'offrait en satisfaction des larmes d'une vraie pénitence : « Manda, Petre, iram de cœlo, ut effundatur super « populum tarisum, sive totum aridum peccato. Mise- « rerer ei, si lacrymas dignæ pœnitentiæ mihi offerret. » Au reste, à l'égard de ces termes barbares « tarisum » et « misererem », c'était témérité ou manque de respect d'y trouver à redire, attendu que ce serait vouloir obliger le ciel à s'assujettir aux règles de la grammaire, et à parler comme les hommes voudraient.

Enfin Raoul ajouta que lui et tout le Cotentin, son diocèse, avaient été épouvantés de ces prodiges, et que quoiqu'ils fussent accablés par la peste et la guerre, qui les opprimaient de tous côtés, ils prévoyaient qu'ils étaient menacés de plus grandes calamités et sur le point d'y être exposés.

Orderic de qui nous tenons cette histoire, comme nous avons dit, ajoute à la fin que ceux qui l'entendirent en furent épouvantés ; que la Normandie, peu de temps après, fut ruinée par la guerre et la famine ; que ce bon évêque Raoul mourut presque aussitôt, et que sa mort fut suivie d'une peste effroyable qui désola

tout son diocèse : « Idem præsul non multo post de-
« functus est, et lethifera clades per totam diœcesim
« ejus debacchata est [1]. »

Enfin nous remarquerons que durant son épiscopat, sans en savoir l'année [2], Richard de Reviers dont nous parlerons bientôt, se sentant, comme il le dit lui-même, accablé du poids de ses péchés, et désirant en être soulagé et en obtenir rémission, fonda par le conseil de Henri, roi d'Angleterre, Raoul, évêque de Coutances, et de ses barons, en son château de Néhou, une église en l'honneur de la bienheureuse Vierge Marie, en laquelle aussi, de l'avis des susdits, il mit des chanoines pour prier Dieu, qu'il dota des églises de Sainte-Colombe, à Golleville, de Saint-Laurent-de-Rauville, de la moitié de Saint-Georges-de-Néhou et de Saint-Georges-de-Colomby, de Saint-Martin-de-Golleville, leurs dépendances, etc. [3].

[1] Orderic Vital, éd. Le Prevost et Delisle, III, 391, 392 et 393.
[2] Vers 1100.
[3] Cartulaire de Montebourg, n° 143.

CHAPITRE VI

DE ROGER

Roger fut élu successeur de Raoul en 1110, et tint le siége épiscopal environ treize ans. Il avait été marié, et nous trouvons qu'il avait un fils nommé Guillaume, lequel fut un des quatre premiers aumôniers de Henri, roi d'Angleterre, ainsi que nous le verrons bientôt, ce qui nous donne à connaître qu'il était déjà âgé lorsqu'il fut élevé à cette dignité.

Nous ne connaissons aucune particularité de sa vie pendant les sept premières années de son épiscopat. La première époque où il est fait mention de lui, c'est au concile provincial tenu à Rouen le 7 octobre 1118, auquel lieu, dit Orderic, le roi Henri ayant convoqué Raoul, archevêque de Cantorbéry, et les autres barons d'Angleterre, il traita avec eux des affaires de son royaume, et particulièrement des moyens d'y entretenir la paix. Geoffroi, à son exemple, avait convoqué ses suffragants pour aussi aviser avec eux des choses qui concernaient l'état ecclésiastique, quatre desquels s'y trouvèrent seulement, savoir Richard de Bayeux, Jean de Lisieux, Turgis d'Avranches, et Roger de

Coutances, avec les abbés et les autres députés de la province. Conrad, légat du pape Gélase, y fut entendu. Il expliqua bien au long l'état pitoyable de Rome, de l'Italie et du Pape, et conclut sa harangue en demandant à l'église de Normandie le secours de ses prières, mais encore plus celui de sa bourse : « Subsidium petiit « orationum, magisque pecuniarum [1]. »

Je ne sais pas quel fut le succès de sa demande; mais il est certain que la Normandie était alors dans une situation malheureuse. Il y avait guerre déclarée entre les rois de France et d'Angleterre; ce n'était partout que perfidie et brigandage; si l'on excepte le Cotentin, presque toute la province, accoutumée au gouvernement mou de Robert, ne pouvait souffrir celui de Henri; elle le regardait comme usurpateur, et voulait avoir tout au moins pour duc le prince Guillaume, fils du malheureux Robert, prisonnier; ainsi elle favorisait autant qu'elle pouvait le parti du roi de France, qui semblait ne faire la guerre que pour l'intérêt de ce malheureux prince. Aussi y avait-il peu de seigneurs en Normandie qui ne désirassent voir succomber Henri, afin qu'il rendît le duché à son frère ou à son neveu. Ç'avait été pour changer le cœur de ses ennemis couverts, ou tout au moins pour les découvrir, qu'il avait assemblé à Rouen les États. Il réussit, et malgré tous les efforts au contraire, il demeura le maître; mais nos historiens marquent que ce fut aux dépens du menu peuple, dont une grande partie mourut de faim,

---

[1] Orderic Vital, éd. Le Prevost et Delisle, IV, 329 et 330.

et conséquemment fut hors d'état de satisfaire aux intentions du légat.

Gélase eut pour successeur Calixte, pape fameux pour avoir enfin terminé à son avantage la dispute des investitures. Ce pape étant en France, en 1119, il tint un concile à Reims. Orderic, qui y était présent, selon toutes les apparences, rapporte bien au long ce qui s'y passa; nous en coterons ce qui nous regarde. L'archevêque de Rouen et ses suffragants avec ceux d'Angleterre, étant allés prendre congé du roi d'Angleterre, notre duc, avant de partir : Allez, leur dit-il, saluez de ma part Notre Saint-Père le Pape, ne formez aucunes plaintes les uns contre les autres, écoutez avec humilité et affection les enseignements qui vous seront faits, et surtout n'apportez aucune nouveauté dans mes états : « Ite, dominum Papam de parte mea « salutate, et apostolica tantum præcepta humiliter au-« dite; sed superfluas adinventiones regno meo inferre « nolite [1]. »

Louis le Gros, roi de France, fut à ce concile; il entra en l'assemblée des Pères, accompagné de grand nombre de princes et de seigneurs, et comme il était bien fait et bien disant, on l'écouta avec plaisir. Il fit au Pape et au concile une longue harangue et de grandes plaintes contre le roi d'Angleterre, notre duc : « Il s'est, dit-il, emparé par force de la Normandie, laquelle est de mon royaume ; il a, contre toute sorte de droit et d'équité, traité d'une manière abominable

---

[1] Orderic Vital, éd. Le Prevost et Delisle, IV, 373.

Robert, duc de cette province, son frère, son seigneur et mon vassal ; il l'a pris et le tient encore enfermé dans une rigoureuse prison ; il a déshérité entièrement et chassé de ses propres états le prince Guillaume, fils du duc Robert, que vous voyez avec moi et qui vous demande justice. Je lui ai fait demander par des évêques, par des seigneurs, et par plusieurs autres personnes considérables, qu'il eût à me rendre le duc Robert, mon vassal, mais toujours sans en recevoir aucune satisfaction, jusque-là même qu'il a retenu prisonnier Robert de Bellême, mon ambassadeur [1]. » Il ajouta diverses autres plaintes pareilles, lesquelles furent toutes confirmées par les seigneurs français qui étaient à sa suite. Aussitôt Geoffroi, archevêque de Rouen, les autres évêques et les abbés de cette province, s'élevèrent pour défendre Henri, leur seigneur, et répondre aux plaintes et aux accusations qu'on faisait contre lui ; mais les Français, qui ne voulaient pas entendre la justification, et qui voulaient absolument qu'il eût tort, excitèrent un si grand tumulte, qu'il fut impossible à nos prélats de se faire entendre [2]. Le Pape prit la parole, et promit de faire ses efforts pour moyenner une bonne paix entre les deux monarques.

Il vint pour ce sujet à Gisors, le concile fini. Le roi Henri, notre duc, le fut trouver et lui rendit raison de sa conduite, de manière qu'il en fut satisfait. Le roi de France y vint aussi peu de jours après, et le Pape fit tant par ses soins, que la paix fut conclue.

[1] Orderic Vital, éd. Le Prevost et Delisle, IV, 376.
[2] *Ibid.*, 378.

Elle fut malheureuse. On n'y eut aucun égard, ni pour le duc Robert, ni pour Guillaume, son fils, et la suite en fut très-funeste au roi d'Angleterre, à tous ses états, et à notre évêque en particulier. Voici comment :

Henri passait rarement la mer sans venir au Cotentin. Il l'aimait, comme étant son plus légitime héritage. Son port ordinaire, soit pour embarquer ou débarquer, était Barfleur. La paix étant donc arrêtée et les ordres nécessaires pour le bon gouvernement de la province donnés, il y vint accompagné d'une très-grande quantité de monde, particulièrement de noblesse. Comme il était sur le point de s'embarquer, un maître de vaisseau, nommé Thomas, se présenta à lui, lui offrit un marc d'argent, et lui représenta qu'Etienne Airard, son père, avait l'honneur d'être le passager ordinaire du feu duc et roi Guillaume le Conquérant, qu'il avait reçu et passé en son bord la première fois qu'il fut à la conquête d'Angleterre contre Harold, et que depuis ce monarque s'en était toujours servi, requérant Henri très-instamment qu'il voulût bien lui continuer le même avantage et se servir de lui et de son bord, nommé *la Blanche-Nef,* qu'il lui faisait voir en très-bon équipage. Le roi eut agréable l'offre de Thomas ; mais comme il s'était déjà choisi un vaisseau, il ne voulut point le changer ; il lui donna, au lieu de lui, ses deux fils qu'il aimait tendrement, Guillaume, légitime, et Richard, bâtard, comme deux autres soi-même, et les lui recommanda particulièrement avec quinze ou seize jeunes princes et princesses et plus de trois cents seigneurs anglais et normands, qui se fai-

-saient honneur de les accompagner et passer en leur bord. C'étaient toutes personnes enjouées et folâtres, qui ne songeaient à rien moins qu'au malheur qui les attendait et se moquaient des bénédictions que leur donnaient les bons ecclésiastiques qui étaient présents, et très-particulièrement notre évêque Roger, qui y prenait d'autant plus d'intérêt que son fils, son frère et ses deux neveux étaient de ce nombre.

Thomas et ses matelots, au nombre de cinquante, demandèrent du vin au prince. Il leur en fit délivrer trois muids : ce fut sa perte. Ils en burent tant, qu'ils y noyèrent leur raison. A peine furent-ils en mer, que perdant la tramontane ils allèrent donner du flanc contre un rocher nommé Chaterase[1]. Le vaisseau s'ouvrit, et tous généralement périrent, à la réserve du fils d'un boucher de Rouen, nommé Bérou, qui en apporta la triste nouvelle, quoiqu'on en eût déjà soupçonné par le cri effroyable qu'avaient fait ces malheureux à l'ouverture du bateau, qui avait été entendu de ceux qui étaient encore sur le rivage. Cette affliction fut d'autant plus générale, qu'il y avait peu de gens distingués en Normandie ou en Angleterre qui n'y eussent quelques parents ou amis.

Notre évêque, entre autres, eut tous les sujets du

---

[1] « Les historiens, dit à ce sujet M. Le Prevost (Orderic Vital, IV, 413),
« ont conservé le nom du rocher sur lequel se perdit le navire : *Super sco-*
« *pulos qui dicuntur* Chaterase. Nous pensons avec notre savant ami, M. Léo-
« pold Delisle, que ces rochers doivent être ceux qui constituent le Raz de
« Gatteville, au nord de Barfleur. On disait encore au xiiie siècle : *Ecclesiæ*
« *de Barefleu et Cattevilla; Omfredus de Catevilla.* Chaterase peut donc
« très-bien s'interpréter par le Raz de Catteville, aujourd'hui Gatteville. »

monde de s'en affliger; sa famille entière y périt. Voici la manière dont parle Orderic : « Rogerius, Constan-
« ciensis episcopus, Guillelmum, filium suum, quem
« rex unum ex quatuor principalibus capellanis jam
« suis effecerat, fratrem quoque suum, et tres egregios
« nepotes ad damnatam judicio Dei navem conduxe-
« rat, ipsosque et consortes eorum, licet floccipende-
« rent, pontificali more benedixerat. Ipse, aliique
« multi qui adhuc simul in littore stabant, et rex, socii-
« que ejus, qui jam in freto elongati fuerant, terribilem
« vociferationem periclitantium audierunt; sed causam
« usque in crastinum ignorantes, mirati sunt, et inde
« mutuo indagantes tractaverunt[1]. »

On fit une élégie latine sur cet accident. Aucun de nos historiens ne l'a oubliée ; ce serait une redite de la copier et insérer ici ; mais on verra à la fin de cette partie[2] sa traduction en vers français qu'un de mes amis a faite et m'a donnée.

Cette infortune, qui arriva le 24 novembre 1119[3], fut très-sensible au roi ; mais le deuil n'en fut pas éternel. L'espérance de ravoir des enfants le fit convoler à un second mariage : il épousa Alix, fille du comte de Louvain[4]. Il ne fit même pas difficulté de revoir le lieu où ce grand malheur était arrivé, ainsi qu'il nous paraît par une charte de l'abbaye de Cerisy,

---

[1] Orderic Vital, IV, 415.

[2] Les vers annoncés *à la fin de cette partie* ne s'y trouvent point.

[3] Elle arriva en réalité le 25 novembre 1120. *Voir* note de M. Le Prevost. *Ibid.*, 409.

[4] *Adelidem, filiam Godefredi Lovenensium ducis, desponsavit.* (*Ibid.*, 422.) Ce mariage eut lieu en 1121.

datée du 30 novembre 1120 [1], au même lieu de Barfleur, par laquelle il confirma à ce monastère les dons qui lui avaient été faits par ses frères et les autres seigneurs de ses états, mais spécialement ceux du duc et roi son père.

Je fais mention de cette charte, parce que notre évêque Roger y est souscrit avec Geoffroi, archevêque de Rouen, Richard de Bayeux, Jean de Lisieux et Turgis d'Avranches, et parce que la plus grande partie de ces dons est de ce diocèse et a été faite par Guillaume le Conquérant, savoir : la dîme de tous les deniers royaux qui se levaient sur les moulins du Cotentin, Coutances et Gavray, ainsi que les forêts de Montebourg, de Bruis [2], de Rabet [3], de Cherbourg, du Val-de-Saire [4], de la Luthumière [5], des parcs et autres droits des forêts ; à Valognes, la dîme des terres cultivées qui appartenaient au roi avec une maison exempte de tout tribut ; de même à Quettehou ; l'église de Rauville avec une terre de franc-alleu ; la troisième partie de Sotteville et un manoir semblable à celui de Rauville ; deux églises en l'île de Jersey, savoir Sainte-Marie-du-Moutier-Brûlé et Saint-Martin-le-Vieux, avec leurs appartenances, et la troisième partie de l'avoine;

[1] Cette charte n'est pas du 30 novembre 1120, mais du 21, étant datée du xi des calendes de décembre, et le naufrage de la *Blanche-Nef* est du 25.

[2] Brix.

[3] Le bois du Rabé, entre Quettehou, Morsalines et Videcosville. (*Voir* Cassini.)

[4] Le *Neustria pia*, que suit notre auteur, porte « Vallis Seræ », le Val-de-Saire; le Répertoire des Chartes de M. de Gerville, «Vallis Seiæ », le Valdecie.

[5] Entre Sottevast et Rauville-la-Bigot. Toutes ces paroisses se trouvent dans l'arrondissement de Valognes.

de plus, une terre ou manoir nommé la Huillebardière;
le ténement de Guillot Barbet ; un franc-alleu dans
Emondeville[1], le tout exempt de tout tribut, faisance et
devoir, « ab omni consuetudine liberum. Dedi etiam
« ecclesiam Radulfivillæ, et unum alodianem. De Sote-
« villa, tertiam partem ecclesiæ, et unum alodialem.
« Et in insula Gersenensi, duas ecclesias liberas, scili-
« cet, ecclesiam S. Mariæ-Arsi-Monasterii et S. Martini-
« Veteris, cum terris suis ; et tertiam partem decimæ
« de avena. Item, dedi domum..... de la Huillebar-
« dière[2]; terram quam Willotus Barbatus tenebat in
« alodio, liberam et absolutam ab omnibus consuetudi-
« nibus mihi pertinentibus. Dedi quoque unum alo-
« dialem in Amundavilla, quietum ab omni consuetu-
« dine,.... cum sylvis, cum molendinis, cum aquis,
« cum pratis..... Hanc cartulam ego Willelmus, Nor-
« mannorum dux, mea auctoritate confirmo, et ab
« omnibus consuetudinibus liberam et absolutam esse
« concedo. Quicumque vero ex his omnibus violare
« [præsumpserit], anathema sit. Actum est hoc anno
« Dominicæ Incarnationis 1042, calend. 12 maii,
« regnante Henrico, rege Francorum. Signum Wil-
« lelmi comitis. Signum Mathildis comitissæ. [Signum
« Rogerii de Montgommeri. Signum Willelmi filii
« Ozbern. Signum Alveredi Gigantis[3].] »

Reste à observer au sujet de notre évêque Roger,

---

[1] Arr. de Valognes.

[2] Le Répertoire de M. de Gerville porte : « Item dedi quartam partem
« totius Witchoule, scilicet terram quam Willotus Barbatus, etc. »

[3] *Neustria pia*, p. 432; Répertoire de M. de Gerville, I, 26.

que presque tous ceux qui ont parlé de nos prélats, comme Claude Robert, MM. de Sainte-Marthe et autres qui ont fait des remarques sur les épîtres de saint Bernard, ont observé que la 195°, écrite « epis- « copo Constantiensi » contre le fameux Arnaud de Brescia, était adressée à Roger, notre évêque, ce qui ne peut pas être, Arnaud et ses erreurs n'ayant été connus qu'environ le concile de Latran, l'an 1139, près de vingt ans après la mort de Roger. La même difficulté de chronologie nous doit faire penser que ce n'est pas non plus à Richard, son successeur, mais sans doute à l'évêque de Constance, en Allemagne, où cet hérésiarque s'était retiré, après avoir été découvert par l'évêque de Brescia, et banni de France et d'Italie, aux environs ou peut-être même dans le diocèse de Constance, dont Hermann d'Arbona, ami particulier de saint Bernard, était évêque, lequel pouvait être surpris par ses artifices [1].

La mémoire de Roger est restée en vénération en son église. Tous les ans, au mois d'octobre, on y fait commémoration de lui. Suivant l'obituaire, ce fut ce mois qu'il mourut, l'an 1123.

---

[1] C'est ce que dit MABILLON dans son édition de saint Bernard, t. I, p. 187 : « An de Constantiensi Galliæ, vulgo Coutance, an vero de Constantiensi ad « Rhenum intelligenda sit hæc epistola, incertum. Ad posteriorem potius « inclinat animus, quod Arnaldus *à regno Francorum exturbatus* apud « hunc, cui directa est epistola, delitescere referatur. Huic sedi tum præerat « Hermannus de Arbona, qui Bernardum Francofurti adiit, ex lib. VI de « miraculis Bernardi, cap. 1, ipsumque Bernardum Constantiam adduxit. « Eidem Gaufridus dicat miracula ejusdem sancti, à lib. VI, cap. x. »

CHAPITRE VII

DE RICHARD DE BRIX

La famille de Brix a été une des plus illustres de l'Europe. Elle portait le nom de cette grande paroisse qui est entre Valognes et Cherbourg, laquelle, dans la charte de Cerisy que nous venons de rapporter, est nommée Bruis, et que nous appelons maintenant Brix. Cette famille était alliée des Taisson, Painel et Percy, et sortie d'une même tige. Elle passa en Angleterre avec Guillaume le Conquérant et eut pour son partage quatre-vingt-quatorze seigneuries dans le pays d'York. Une branche de cette famille devint seigneur d'Annandale, dans le royaume d'Ecosse, et un d'eux ayant pris alliance dans la maison royale, cette maison se trouvant éteinte par la mort d'Alexandre III, Robert de Brix disputa longtemps la couronne contre Jean de Bailleul, de la maison d'Harcourt, et enfin l'emporta en 1286. Il laissa deux enfants : David, second du nom, qui régna après lui, et Marie de Brix qui fut mariée à Gautier Stuard. Ce David étant mort sans enfants, Robert Stuard, fils de ce Gautier et de Marie de Brix, fut de par sa mère roi d'Ecosse. Les descendants de père en fils ont toujours régné depuis et règnent encore, non-seulement sur cette partie, mais par toute l'Angleterre et l'Irlande.

Au reste, cette famille de Brix, que l'on nomme de Bruce, subsiste encore en Angleterre et en Ecosse et porte d'or, au sautoir de gueules, au chef de même. Les comtes de Salisbury, en Angleterre, sont descendus d'Edouard de Brix de Kinloss, en Ecosse, lequel descendait des Brix d'Annandale, et j'apprends de M. le marquis de Refuge qu'il y a encore en Ecosse des gentilshommes du nom et des armes de Brix, spécialement dans les bailliages de Strathern, de Fife et Stirling, qui descendent tous de nos de Brix, passés du Cotentin en Angleterre et habitués au pays d'York, comme nous venons de dire.

Nous avons peu de choses à remarquer de la vie de ce prélat. La première qui se présente est la donation qui fut faite à l'abbaye du mont Saint-Michel de l'église de Carteret en 1125, en présence et du consentement de notre évêque, au rapport de Cenalis, qui dit que ce fut à l'abbé Richard de Méré qu'elle fut donnée[1].

Trois ans après, c'est-à-dire en 1128, il fut appelé à Rouen avec les autres prélats de la province, non pour délibérer avec eux des affaires ecclésiastiques, mais pour y recevoir avec humilité les ordres du souverain pontife qui leur furent apportés et expliqués dans le chapitre archiépiscopal par Mathieu, qui de moine de Cluny avait été créé cardinal-évêque d'Albe, et

---

[1] *Neustria pia*, p. 387.

était légat en France et en Angleterre : « In Roto-
« magensi capitulo scita præsente rege audierunt, quæ
« per legatum Honorii Papæ sic propalata sunt », dit
Orderic [1]. Ces constitutions apostoliques, que ce
même auteur rapporte assez au long, ne sont pas
de mon sujet. Je dirai seulement que le légat donna
l'absolution à nos évêques du manquement qu'ils
avaient jusqu'alors apporté à l'observation de ces
règles, mais particulièrement à l'archevêque Geoffroi,
qui, ayant toujours été malade depuis la venue du
légat, mourut enfin pendant cette assemblée à laquelle
étaient, outre notre Richard, Richard de Bayeux,
Turgis d'Avranches, Jean de Lisieux et Jean de Séez,
qui tous assistèrent à l'inhumation de leur métropolitain.

Mais ce qui rend cet épiscopat plus vénérable, c'est
l'invention des reliques de saint Gaud, duquel nous
avons parlé en la vie de saint Léontien, le troisième
de nos évêques. Le temps et les changements arrivés
en cette province depuis la mort de ce saint homme
en avaient presque aboli la mémoire, lorsqu'il plut à
Dieu de la renouveler d'une manière assez extraordinaire. Parmi les ruines de l'église et du monastère de
Sciscy, le clocher s'était conservé seul jusqu'alors,
étant resté comme pour servir de phare et de fanal à
ceux qui naviguaient sur cette mer. Il était néanmoins,
du temps dont nous parlons, plus en état d'accabler par
sa ruine prochaine l'église, qui avait été rebâtie depuis

---

[1] Édit. Le Prevost et Delisle, IV, 495.

la conversion des Normands, que de pouvoir servir ; c'est ce qui obligea le curé de cette paroisse, nommé Gautier, de proposer aux paroissiens la nécessité qu'il y avait de rebâtir un clocher. Nulle des difficultés ordinaires en ces délibérations populaires ne fut oubliée en celle-ci, et apparemment la conclusion en serait demeurée sans effet si le ciel n'avait parlé. Il plut donc à Dieu de révéler au curé et à quelqu'un des principaux paroissiens, qu'ils ne se décourageassent point, qu'ils fissent creuser les fondements et qu'ils y trouveraient un trésor. Ce trésor fut un tombeau de carreau blanc dont la couverture ayant été percée, il en sortit une odeur qui parfuma toute l'église. On l'ouvrit, on y trouva ces saintes reliques avec cette inscription : « Ici repose le corps de saint Gaud évêque, hic « requiescit beatus Gaudus episcopus », ce qui fit souvenir les plus anciens de ce qu'ils avaient appris de leurs pères de ce saint prélat. Il s'y fit quantité de miracles et tant d'offrandes qu'elles furent plus que suffisantes pour bâtir un nouveau clocher. L'histoire de ce que nous disons ici est contenue bien au long dans un ancien livre en parchemin qui est conservé dans les archives de cette église ; en voici le commencement :

« Tempore illo quo rex Henricus regnum Angliæ et
« ducatum Normanniæ strenue regebat, qui fuit filius
« Guillelmi cui longæ ensis cognomen erat, qui pri-
« mus de genere Normannorum in Anglia regnavit,
« Richardo de Bruis in pontificali cathedra Constan-
« tiarum sedente, abbatia sancti Michaelis de monte

« in periculo maris propter decessum Richardi de
« Mereio sine abbate existente, fuit quidam sacerdos
« satis religiosus, nomine Galterius, in Constantino
« pago, in villa quæ dicitur Sanctus Paternus de
« supra mare. Hic dum sæpius parochianos suos
« admoneret, ut turrim vel clocarium facerent ubi
« campanas ecclesiæ penderent, quia trabes veteris
« clocarii præ nimia vetustate putrefactæ cadebant,
« quadam dominica... »

Le surplus est très-ennuyeux et ne contient que ce que nous venons de dire. C'est à proprement parler un importun verbiage, divisé en neuf parties pour être les neuf leçons de l'office qui se faisait autrefois en cette église en l'honneur de cette heureuse découverte. Il ne contient rien du tout qui mérite qu'on l'insère ici. J'ajouterai seulement les paroles par lesquelles il paraît que les assistants, à l'ouverture du sépulcre, ne pouvant lire les paroles gravées sur la pierre, il s'en trouva un plus habile que les autres, nommé Robert d'Avranches, qui les lut et fit souvenir le peuple de l'ancien état de leur église : « Illis inter semetipsos
« quid litteræ significarent hæsitantibus, quidam ma-
« gister, nomine Robertus de Abrincis, adfuit, qui
« quod in lapide sculptum erat enodavit, scilicet : hic
« requiescit beatus Gaudus. Quod ut assistentes... intel-
« lexerunt veterum dicta parentum, esse inibi, super
« humilem collem, in fine cœmeterii, monasterium sub
« ejusdem sancti nomine, asserentium. Ibi, sicut a suis
« antecessoribus acceperant, vitam eremeticam duxisse,
« postquam spontaneus pontificalem Ebroicarum cathe-

« dram reliquit[1]... » Ceci arriva, selon M. Le Prevost, l'an de J. C. 1130. Ce fut aussi environ ce temps que notre évêque mourut. Nous en ignorons l'an et le jour, mais ce que nous connaissons de son successeur nous donne lieu de croire plus probable ce que nous en disons. Auparavant que de parler de ce successeur, nous devons remarquer qu'on lui attribue plusieurs choses qui regardent ses successeurs et non lui. Nous les expliquerons en leur lieu.

[1] Comme beaucoup des citations de Toustain de Billy, celle-ci est fort inexacte. Voir la traduction du texte, tronqué par notre auteur, dans la *Vie de S. Gaud*, par Rouaud, curé de Saint-Pair.

CHAPITRE VIII

DE ALGARE

Ce prélat est un des plus illustres en piété que nous trouvons dans le catalogue de nos évêques. MM. de Sainte-Marthe l'appellent du nom de très-religieux, « religionis nomine ævo suo clarissimus ». L'ancien chartrier de l'abbaye de Sainte-Barbe en Auge fait son éloge en deux mots, l'appelant homme de bien et craignant Dieu, « vir bonus et timens Deum ». En effet, quoiqu'il ait été seulement dix-neuf ou vingt ans évêque de Coutances, il reste une infinité de monuments de son zèle et de sa piété.

Le premier de ses soins fut de fournir à son église d'excellents ministres qui, par leurs exemples et par leurs paroles, coopérassent avec lui à la louange de Dieu et au salut des âmes.

L'ordre des chanoines réguliers était alors en grande estime par toute la Normandie à cause de sa grande piété; cette raison fit qu'Algare eut pour lui une considération toute particulière et résolut de s'en servir. Il avait en son diocèse deux églises collégiales desservies par des chanoines séculiers, mais dont la vie était si effectivement séculière, qu'elle était plutôt un sujet de scandale que d'édification : c'était l'église de la ville de Saint-Lo et celle de la paroisse de Saint-Lo de Rouen. Il ne voulut néanmoins rien entreprendre sur ce sujet sans avoir consulté l'oracle par lequel le Saint-Esprit a coutume d'expliquer sa volonté aux fidèles, je veux dire le pape. C'était Innocent II. J'ai vu le rescrit de ce grand pape; il est conservé en l'original à l'abbaye de Saint-Lo. En voici la copie :

« Innocent évêque, serviteur des serviteurs de Dieu,
« à notre vénérable frère Algare, évêque de Cou-
« tances, et à ses successeurs canoniquement élus.

« L'église de Dieu est alors bien réglée, quand son
« gouvernement est commis à des personnes de sagesse
« et de piété. C'est ce qui fait, très-cher frère Algare,
« que nous avons beaucoup de joie de ce qu'il a plu
« à la divine Providence vous appeler à l'adminis-
« tration de l'église de Coutances. A ce sujet pour-
« voyant à l'avenir pour vous et pour votre église,
« [nous] confirmons par la vertu du présent à vous et
« à vos successeurs les biens, possessions, immunités
« ou libertés que l'église de Coutances a possédés
« légitimement et paisiblement jusqu'à ce jour, et en
« outre nous vous accordons que, du consentement des
« princes, vous réduisiez à l'ordre de chanoines
« réguliers l'église de Saint-Lo qui est dans la ville de
« Rouen, et celle aussi de Saint-Lo qui est dans les
« limites de l'évêché de Coutances, avec toutes leurs
« appartenances, droits et franchises, — car nous
« avons appris que les chanoines séculiers qui y sont

« vivent sans aucune régularité, — de sorte néanmoins
« que mort seulement arrivant de séculiers, leurs
« prébendes et leurs aumônes appartiennent aux
« réguliers, et que celui qui est le prélat ou le pre-
« mier parmi eux venant à décéder, on ne puisse par
« quelque force ou autorité en mettre un autre à sa
« place que celui qui aura été, d'un commun consen-
« tement, élu par les réguliers conformément à la loi
« de Dieu et aux décrets du Saint-Siége apostolique.
« Si quelqu'un donc, ayant connaissance de notre
« présent décret, ose témérairement y contrevenir,
« après une première, seconde et troisième monition,
« s'il ne s'amende par une satisfaction convenable,
« qu'il soit dépouillé de toute sorte de puissance,
« honneur et dignité, et privé de la participation du
« très-sacré corps de Notre-Seigneur; mais, au con-
« traire, que ceux qui l'observeront fidèlement obtien-
« nent la grâce de Dieu tout-puissant et la vie éternelle
« en récompense, par les mérites des bienheureux
« apôtres Pierre et Paul. Donné à Vienne, le deuxième
« de mars [1]. »

Nous estimons que l'année est 1132, la troisième
du pontificat d'Innocent II, parce que nous ne trouvons
pas qu'il ait été à Vienne en autre temps que celui-ci,
auquel nous trouvons qu'au même jour et lieu il
écrivit au vénérable Pierre, abbé de Cluny; et nous
apprenons de là que dès lors Algare était évêque de
Coutances.

[1] « Datum Viennæ sexto nonas Martii, anno Domini 1132.» (*Gallia christiana*, XI, 238, *instrum.*)

Ce dessein pour l'établissement des chanoines réguliers ne fut pas sitôt accompli. Il y avait des mesures à prendre, et cependant il se trouva d'autres occupations pour notre évêque. L'élection d'Innocent au souverain pontificat n'avait pas été sans trouble. La justice l'y avait élevé, l'ambition et la violence l'en avaient chassé pour mettre en sa place Pierre de Léon, qui avait pris le nom d'Anaclet. Innocent s'était retiré en France, refuge ordinaire des princes persécutés. On y avait en plusieurs lieux examiné la justice de son élection, tant en sa présence qu'en son absence ; elle avait toujours été jugée légitime, et celle d'Anaclet fausse et tyrannique. Il s'en retournait, lorsqu'il accorda à notre évêque Algare ce bref dont nous parlons, pour assister au concile général qu'il avait indiqué à Pise, afin de terminer ce malheureux schisme. Quoiqu'il y ait bien de l'apparence que notre évêque accompagna le pape, du moins à Vienne et à Aix-la-Chapelle, où il passa la fête de Pâques, je n'oserais néanmoins l'assurer parce que je n'en ai pas de preuves. Mais je sais qu'il assista au concile de Pise, où avec les évêques d'Allemagne, de France, d'Angleterre et d'Espagne, il prononça anathème contre Anaclet et ses défenseurs.

Je n'ignore pas non plus que le retour de ce concile lui fut assez fâcheux à lui et à quelques évêques de France. Une troupe de scélérats et de bandits, sous prétexte de secourir Conrad contre l'empereur Lothaire second, que les Milanais refusaient de reconnaître, commettait mille brigandages par toute la

Lombardie. Les évêques retournant du concile de Pise furent assez malheureux de tomber entre les mains de ces impies, lesquels, sans avoir aucun égard à leurs dignités, les traitèrent avec tout le mépris et la cruauté possible. Les uns furent battus, les autres blessés, tous pillés et quelques-uns pris et renfermés dans de rudes prisons, ainsi que nous l'apprenons du vénérable Pierre, abbé de Cluny, qui en écrivit au même pape cette épître qui est la xvii° du livre II du recueil qu'on a fait de ses épîtres : « Aderant », lui dit-il, « in comitatu perpetuæ dignitatis episcopi Rhe-
« mensis, Rhotomagensis, Trecensis, Constantiensis et
« Sagiensis. Hi supradicti concilii occasione itineri
« nostro indissolubiles socii adhæserant et ab eadem
« synodo mecum pariter redibant [1]. »

Il était de retour en son diocèse l'an suivant 1135, ainsi qu'il paraît d'une charte du Mont-Saint-Michel par laquelle, cette même année, il confirma à Bernard [2], quatorzième abbé de ce lieu, et à ses religieux, la donation qui leur avait été faite sous son prédécesseur, ainsi que nous l'avons dit, de l'église de Carteret; et, s'attachant plus particulièrement à son

---

[1] L'édition des Épîtres de Pierre le Vénérable que j'ai sous les yeux, et qui est celle de Migne, dit ceci : « Aderat in comitatu nostro non ignobilis,
« neque ultima pars Ecclesiæ Dei, archiepiscoporum, episcoporum, abbatum
« legio..... inter quos dominus Remensis..... Bituricensis..... Petrago-
« ricensis..... et Senonensis..... Postulo, inquam, quia postulandum mihi
« est, ne sanctos socios, qui itineri nostro quadam charitatis confidentia
« adhæserant, contempsisse videas. » (MIGNE, *Patrologie*, t. CLXXXIX, c. CVIII, CIX et CXI.)
Nulle mention des évêques de Rouen, de Coutances et de Séez. Cependant le texte donné par Toustain de Billy semble fabriqué avec celui-ci.

[2] *Neustria pia*, p. 387.

premier dessein, il s'adressa à Guillaume d'Evreux, prieur de Sainte-Barbe, pour lui aider. Ce monastère, qui est dans le diocèse de Lisieux, à une lieue de Saint-Pierre-sur-Dives, dans le pays du monde le plus beau et le plus fertile, était dans une très-grande réputation de régularité et de sainteté, sous la conduite de ce premier et bon prieur. C'est ce qui engagea Algare de s'adresser à lui, et l'un et l'autre jugèrent à propos de commencer par l'église de la ville de Saint-Lo.

Nous avons expliqué assez au long le nom de Briovère que portait autrefois cette ville, et les raisons de son changement de nom. Nos histoires portent que la situation avantageuse du lieu obligea Charlemagne de la fortifier contre les incursions des barbares, qui, s'emparant de temps en temps du Cotentin, voulaient pousser leurs brigandages plus avant dans le royaume. Il n'y avait alors qu'une église hors du château, dédiée à Dieu sous le nom de saint Etienne. Ce grand prince, environ l'an de J. C. 805, la rebâtit, l'augmenta, y établit des chanoines, leur donna des revenus suffisants pour subsister, et la rendant collégiale, il la fit dédier à sainte Croix. La longueur du temps, les changements arrivés et les diverses guerres avaient altéré la discipline de ces chanoines; Algare jugea donc que l'espérance d'un amendement serait vaine, et qu'il ferait mieux de les ôter et d'en mettre de réguliers en leur place. Il les fit venir de Sainte-Barbe, donna à leur premier supérieur, nommé Thierri, le nom d'abbé, et le titre d'abbaye à ce monastère qu'il dédia à la mémoire de son prédécesseur saint Lo, ne voulant pas qu'il portât un autre nom que celui de sa ville.

Cette abbaye est redevable à Algare et à ses successeurs de tous les biens, revenus, honneurs et prérogatives dont elle a joui et jouit encore, quoique l'injure des temps l'ait privée de plusieurs ; et si quelques autres particuliers y ont fait du bien, on peut dire que ç'a été à leur exemple et par leurs soins. L'époque de cet établissement est marquée dans un très-ancien registre en parchemin, conservé en cette abbaye, en ces termes : « Anno Incarnationis Domi-
« nicæ MCXXX°IX°, indictione secundâ, Dominicâ mediâ
« quadragesimæ, id est IIII° nonas aprilis. »

Il y a néanmoins des termes dans la charte d'Algare qui semblent témoigner que cet établissement ne se fit qu'après la mort du pape Innocent, laquelle arriva au mois de septembre l'an 1143 ; voici ces termes : « Piæ recordationis Pape Inocentii authori-
« tate, et Hugonis, Rhotomagensis archipiscopi, suf-
« fraganeorumque etiam consilio, et Cleri Constan-
« tiensis assensu, in Ecclesia S. Laudi, in qua Clerici
« minùs religiosè vivebant, Canonicos, secundum
« Regulam B. Augustini : Deo servituros constitui[1]. »
Mais j'estime que ces termes « d'heureuse mémoire » témoignent seulement que cette charte a été expédiée quelques années après la venue des chanoines réguliers à Saint-Lo. Nous donnerons cette charte entière si

---

[1] *Neustria pia*, p. 837.

nous pouvons ; mais en attendant, il est bon de remarquer la prudence de cet évêque, qui ne fit rien en cela sans l'autorité du saint-siége, le conseil de ses confrères et le consentement de son clergé.

L'an suivant, qui fut à notre compte 1140, par les soins du même Algare, des chanoines réguliers du même couvent de Sainte-Barbe furent aussi établis en l'église de Saint-Lo de Rouen. « Algare, évêque de « Coutances », porte le manuscrit de Sainte-Barbe, « homme de grande piété et craignant Dieu, résolut « d'établir des chanoines réguliers en l'église de « Saint-Lo du Cotentin. Il les y conduisit sous la « direction du prieur Guillaume, coadjuteur et coopé- « rateur à toutes bonnes œuvres. Il fit cette église « conventuelle, comme devant être la mère de plu- « sieurs enfants adoptifs de Dieu, et les nourrir du lait « de la sainte doctrine. Pareillement un an après, ce « dimanche auquel l'office commence par ces termes : « *Lœtare Hierusalem et conventum facite,* le même « prieur Guillaume établit un couvent de ses frères en « l'église de Saint-Lo de Rouen, en la présence de « Hugues, archevêque de cette ville, et Algare, évêque « de Coutances, lequel était porté par le prieur Guil- « laume à ces bonnes œuvres, parce que l'une et « l'autre de ces églises étaient sous sa dépendance « et de sa juridiction[1]. »

Algare avait sagement consulté son archevêque sur cette réformation de l'église de Saint-Lo de Rouen,

---

[1] *Neustria pia,* p. 719. — Farin, *Histoire de la ville de Rouen,* édit. de 1731, vi⁰ part., p. 5.

car cette église étant dans la ville et territoire de ce prélat et n'ayant été donnée aux évêques de Coutances que du consentement des archevêques de Rouen, la civilité demandait de lui qu'il eût cette déférence pour celle-ci encore plus que pour celle de la ville de Saint-Lo, et l'archevêque renouvelait et ratifiait par l'acte de cet agrément la donation qu'en avait faite Francon, son prédécesseur, à Théodoric et à tous ses successeurs. Voici cet acte, traduit en français ; on pourra le voir en sa langue originale à la fin de cette partie, quoique Farin l'ait donné traduit [1] :

« Hugues, par la grâce de Dieu archevêque de
« Rouen, à notre très-cher et vénérable frère Algare,
« évêque de Coutances, à ses successeurs, à tous les
« enfants de l'Eglise, notre sainte mère, qui sont en
« Normandie, salut, grâce et bénédiction. Ce qui nous
« est demandé par les fidèles à l'honneur de Dieu, à
« l'augmentation de la piété, nous ne le devons point
« refuser ; à plus forte raison devons-nous accorder
« avec joie ce qui nous est requis par les seuls mou-
« vements de la piété, de la justice, par des prélats
« de l'église catholique. C'est pourquoi, très-cher fils
« en Notre-Seigneur, Algare évêque, nous consentons
« avec plaisir aux justes demandes que vous nous
« avez faites touchant l'église de Saint-Lo de Rouen,
« et nous vous donnons tout pouvoir de faire ce que
« vous avez médité pour l'augmentation de sa piété et

---

[1] *Ibid.*, p. 3. — L'ouvrage imprimé de Toustain de Billy devait contenir un grand nombre de pièces justificatives, qu'il annonce dans son manuscrit mais ne donne pas.

« de son honneur. Nous vous confirmons cette église
« avec toutes ses dépendances, appartenances et re-
« venus, pour l'usage des chanoines réguliers que
« vous avez dessein d'y établir, à condition néanmoins
« que les chanoines qui y sont prébendés, savoir,
« Geoffroi, qui est archidiacre, Nicolas, qui est le tré-
« sorier, et un autre, nommé Girard, auront, comme
« vous leur avez accordé, pendant leur vie, la jouis-
« sance libre et paisible de toutes leurs prébendes,
« honneurs, prérogatives, cens et revenus, comme ils
« ont eu jusqu'à présent, sans être sujets à aucun
« autre évêque qu'à celui dans le diocèse duquel ils
« feront leur résidence, lesquels dits trois chanoines,
« pour l'honneur de la religion, ont cédé tous les
« droits qu'ils avaient sur la maison et le fonds qui
« sont proche ladite église, le tout fait en notre
« chapitre, en présence de notre église à laquelle
« appartenait autrefois ladite église de Saint-Lo de
« Rouen, et qui en a fait don, il y a longtemps, à celle
« de Coutances. Fait en notre chapitre, en présence de
« plusieurs de nos archidiacres et chanoines, lesquels
« ont volontairement consenti à ce que dessus. » Et
au dessous est posé le sceau dudit archevêque et écrit
autour : « Don fait au seigneur Algare, évêque de
« Coutances, de la maison de Saint-Lo de Rouen. »

C'est ainsi que les chanoines réguliers de Sainte-Barbe furent établis à Saint-Lo de Rouen par les soins de l'évêque Algare et sous la dépendance de nos évêques, en témoignage de laquelle on ne sera pas fâché de voir ici les anciennes redevances de ces religieux à

ños prélats, tirées de leurs registres où elles sont contenues en ces termes : « Voici ce que le prieur et le
« couvent de Saint-Lo de Rouen doivent au seigneur
« évêque de Coutances aussitôt qu'il aura été ordonné
« dans l'église de Rouen. Ils lui doivent des bottes.
« Item, ils doivent le recevoir honorablement, en
« chapes de soie, après qu'il aura été sacré, ou dans
« ladite église de Rouen, ou en cour romaine, ou
« au-delà de la mer, lorsqu'il viendra audit prieuré.
« Item, lesdits religieux doivent fournir à lui et à ses
« serviteurs des nappes, des serviettes et du sel sur les
« tables, des verres de bois, des pots de terre et des
« plats de bois, dans leur maison seulement. Item, du
« fourrage et de la paille pour ses chevaux et mulets,
« seulement dans notre maison et non ailleurs. Item,
« nous devons pour ceux de ses gens que la mer aura
« rendus malades fournir tous les lits de la maison,
« excepté les lits du dortoir. Item, chaque évêque de
« Coutances a droit de visiter l'église dudit prieuré en
« ses habits pontificaux. Item, il appartient audit
« évêque d'examiner l'élection de chacun des chanoi-
« nes, confirmer ou infirmer la personne élue, selon
« comme il le juge à propos. Item, le couvent de Saint-
« Lo ne peut et ne doit élire aucun pour être prieur
« sans en avoir obtenu la permission de l'évêque, ou
« du chapitre de Coutances si le siége est vacant,
« laquelle permission n'a jamais été refusée. Item, le
« prieur de ce lieu doit rendre son obéissance cano-
« nique et faire profession de foi dans l'église de
« Coutances, devant l'autel, entre les mains de l'évê-

« que qui sera pour lors. » L'occasion se présentera encore plusieurs fois de parler de ce prieuré, des chartes et des titres qui le concernent. Nous devons, autant qu'il nous est possible, suivre l'ordre des temps et commencer par un troisième établissement de chanoines réguliers en ce diocèse, qui est l'abbaye de Cherbourg, laquelle reconnaît aussi notre Algare pour son père et fondateur, et l'impératrice Mathilde pour sa fondatrice.

Pour l'intelligence de quoi on remarquera que notre duc Henri, roi d'Angleterre, mourant l'an 1135, laissa pour unique héritière de ses états Mathilde, veuve de Henri, empereur d'Allemagne, duquel n'ayant point eu d'enfants, elle épousa en secondes noces Geoffroi, surnommé Plantagenet, comte d'Anjou, dont elle eut un fils unique, nommé Henri. Cette princesse néanmoins ne recueillit pas la succession de son père; ce fut Etienne, comte de Boulogne, neveu de Henri, qui, étant en Angleterre lors du décès de son oncle, s'en fit couronner roi et fit recevoir aux Normands son fils Eustache pour leur duc. Ce fut le sujet d'une cruelle guerre, en laquelle notre évêque Algare se trouva embrouillé, soutenant pendant quelque temps le parti de la maison de Boulogne contre celle d'Anjou. L'histoire nous apprend qu'il s'était enfermé pour ce sujet en sa ville de Saint-Lo, qu'il avait fait fortifier et garnir de toutes choses; mais ensuite ayant reconnu le droit de cette princesse, il la reçut à Saint-Lo, à Coutances et partout où il avait quelque autorité, de sorte qu'elle fut en peu de temps reconnue souveraine du

Cotentin et reçue de toute la noblesse du pays, à la réserve de deux seigneurs dont nous parlerons bientôt. La mort du comte Eustache finit cette guerre. Comme Etienne n'avait point d'autre enfant et était fort âgé, il reconnut pour héritiers de ses états Mathilde et son fils, et eux consentirent qu'il en jouît sa vie durante.

Cependant il arriva que Mathilde, revenant un jour d'Angleterre, se trouva dans un très-grand danger par une furieuse tempête qui pensa submerger le bateau. Elle eut recours à Dieu et fit vœu que, si elle évitait ce péril, elle bâtirait un monastère au lieu où elle aborderait. Elle aborda un peu au-dessous de Cherbourg; elle y fit bâtir l'abbaye dont nous parlons, en l'honneur de la sainte Vierge, à qui l'on donna le nom de la cause qui l'avait produite, et Algare, notre évêque, par les conseils duquel elle se gouverna en tout ceci, toujours de plus en plus affectionné aux disciples et à la règle de saint Augustin, voulut qu'elle fût peuplée de chanoines réguliers, qu'il fit venir de l'abbaye de Saint-Victor de Paris.

Il y avait alors un monastère de chanoines réguliers en ce diocèse, en l'île de Jersey, bâti en l'honneur du martyr saint Hélier et fondé par un seigneur normand, nommé Guillaume Hamon, dont il est fait mention dans le nécrologe de Cherbourg, en ces termes : « 2° Calen-
« das decembris, Guillelmus Hamonis qui fundavit
« abbatiam sancti Helerii in Gerseio. » Ce monastère était peuplé de personnes distinguées. L'impératrice Mathilde et Algare en firent venir l'abbé, nommé Ro-

bert, qui eut le soin de la direction du bâtiment et fut le premier abbé. Le même nécrologe fait mémoire de lui en ces termes : « 6° Calendas februarii, Robertus, « abbas S. Helerii, qui dictum locum a fundamentis « ædificare cœpit[1]. »

Comptant ce Robert pour premier abbé de Cherbourg, il faudra dire que Jonas fut le second. Je le cite, parce que j'ai vu une peinture assez naïve qu'il fit en peu de mots de cette abbaye. Ervisius, abbé de Saint-Victor de Paris, l'avait envoyé à Cherbourg pour en être abbé ; il lui en écrivit, et voici comment il débute : « Ervisio patri suo spirituali Dei gratia beati Victoris « Parisiensis abbati, frater Jonas suus qualiscumque « canonicus miser, exul et peregrinus, quam non « habet ipse, salutem. » Après lui avoir rapporté ce qu'il y a de passages communs en faveur de l'amour naturel que chacun a pour sa patrie, il témoigne seulement souhaiter être à Paris, pour n'être pas à Cherbourg. « Nec mirum », ajoute-t-il, « perfidus hic populus « et regis amor metuendus [2].

> « Hic terræ steriles, et vinea nulla superstes,
> « Silva caret foliis, desunt sua pascua pratis,
> « Est mare confine, sed mortis mille ruinæ.
> « Dulcius hic mihi est, quam mala posse pati....
> « Anxia cura domus, rerum possessio parva,
> « Quam quærunt multi, non dare crimen erit. »

Enfin il conclut : « Ut hæc ego patiar, quod crimen « admisi ! si nullum mitius exilium [3].... »

---
[1] *Neustria pia*, p. 814.
[2] Allusion à la mort de Thomas Becket.
[3] *Gallia christ.*, XI, 941.

Nous rapporterons diverses chartes, desquelles nous apprendrons que l'abbaye de Cherbourg a ressenti quelques incommodités dans ses commencements. Elles n'ont pas duré, et elle a été enrichie tant par les bienfaits de Mathilde et d'Algare que de plusieurs autres à leur exemple. Aussi l'auteur de la vie manuscrite de ce Guillaume, prieur de Sainte-Barbe, dont nous avons parlé, le loue particulièrement de la liaison qu'il avait avec notre évêque. L'auteur du *Neustria pia*, parlant de l'abbaye du Val, qui est dans le diocèse de Bayeux, sur la rivière d'Orne, à quatre lieues au-dessus de Caen, près Thury, estime que ce fut Algare qui fut auteur de l'établissement des chanoines réguliers en ce lieu-là, s'appliquant très-particulièrement à l'agrandissement de leur ordre : « Arbitror itaque
« istud cœnobium sumpsisse exordium circa ann. 1155
« et institutum Canonicorum Regularium professum
« esse in congregatione eorum, quos ab Algaro, Cons-
« tantiensi Præsule, viro notæ probitatis, nuper colle-
« gerat, et optimis legibus imbuerat [1] », donnant presque à entendre que ç'avait été cet évêque qui avait été l'auteur de la réforme des chanoines.

Il avait, en effet, une estime singulière pour la règle de saint Augustin, mais sans acception de personnes, et nous donnerons bientôt des exemples qui feront voir que partout où il trouvait de la régularité et de la piété, il s'y employait tout entier. Nous l'allons voir ; mais auparavant il faut remarquer le soin qu'il eut de

[1] P. 841.

l'honneur de la religion et de la conservation des biens et prérogatives de son église. Il s'adressa pour ce sujet au pape Eugène III, et voici, traduite en français, la bulle qu'il en obtint, laquelle on verra en sa langue naturelle ci-après[1] :

« Eugène évêque, serviteur des serviteurs de Dieu,
« à nos chers fils les chanoines de l'église de Cou-
« tances, tant présents qu'à venir, dont l'élection sera
« canonique. Les règles de l'équité et de la justice
« exigent de nous que nous conservions aux églises
« les biens et les autres choses qui leur appartiennent,
« et que nous leur donnions une assurance pour la
« perpétuité de ces biens, qui leur soit comme une
« forteresse inébranlable pour la conservation contre
« tous ceux qui voudraient y attenter, étant absolu-
« ment contre les ordres de la justice, que des per-
« sonnes choisies pour être attachées au service du
« Seigneur soient molestées par la perversité des mé-
« chants, ni fatiguées par les vexations téméraires de
« qui que ce soit. C'est pourquoi, chers fils en Notre-
« Seigneur, suivant comme il nous en a été requis par
« notre cher frère, le vénérable Algare, évêque de
« Coutances, nous consentons volontiers à ce que vous
« demandez de nous, et nous prenons sous la protec-
« tion de saint Pierre et la nôtre votre église susdite
« de la bienheureuse Vierge Marie, dans laquelle vous
« êtes voués au service de Dieu, lui accordant et fai-
« sant dresser à cet effet par écrit l'acte de concession

---

[1] Voir note de la page 183.

« de ce présent privilége. Nous ordonnons que toutes
« les possessions et autres sortes de biens, de quelque
« nature qu'ils soient, dont vous êtes légitimement et
« justement détenteurs maintenant, ou, dans l'avenir,
« par l'aide et la grâce de Dieu, vous serez acquéreurs
« ou possesseurs par la concession des pontifes, la
« libéralité des rois ou la largesse des princes, les dons
« des fidèles, et par autres voies quelconques justes et
« raisonnables, demeurent stables, permanents, en-
« tiers et sans pouvoir être aliénés par vous et vos
« successeurs, desquels biens, possessions et revenus
« nous avons jugé à propos d'exprimer ici les noms,
« savoir : l'église de Saint-Pierre, qui est dans la ville
« de Coutances, avec les offrandes et les dîmes de
« toute ladite ville; les autres dîmes dépendantes de
« cette église; l'église de Saint-Lo, sur la rivière de
« Vire, avec toutes les dépendances et appartenances ;
« les droits que vous avez sur les dîmes de Muneville;
« les églises d'Urville et d'Heugueville, avec leurs dé-
« pendances; les trois prébendes que vous avez à
« Trelly; les terres, les moulins et les autres cens,
« revenus et dépendances que vous avez en ce même
« lieu; la prébende de Blainville, avec une acre de
« terre; la chapelle de Gueudeville[1], avec les dîmes
« qui appartiennent à cette prébende; en la paroisse
« de la Mancellière, trois prébendes avec les terres, le
« patronage, l'église et les dîmes qui lui appartien-
« nent; la prébende de Saint-Samson, l'église, les

---

[1] Le cartulaire de Coutances porte *Goudevilla*, sans doute Coudeville, arr. de Coutances.

« terres, le moulin et ce qui en dépend, laquelle a été
« fondée par Néel de Muneville, avec les dîmes des
« moulins de Saint-Sauveur et ses autres apparte-
« nances; en la paroisse nommée Quibou[1], trois
« prébendes, les églises, terres et moulins qui lui
« appartiennent et qui sont pour l'usage de votre
« communauté; en Angleterre, la paroisse nommée
« Viceburn[2], l'église et les dîmes; la troisième partie
« des dîmes qui sont offertes sur le grand autel de
« l'église de Coutances, tant aux fêtes de la Pentecôte
« qu'au reste de l'année, ensemble les autres oblations
« dont vous avez joui légitimement jusqu'à présent;
« le droit que vous avez sur l'autel Saint-Michel de la
« même église et sur la terre d'Agon, tant en dîmes
« qu'autrement; la chapelle du comté de Mortain; la
« dîme des moulins de Sey, de la pêcherie de votre
« évêque et de son comté sur la rivière[3]; de toute la
« dîme des saumons; la terre que Raoul Hébert vous
« a donnée en la paroisse de Saint-Floscel et les mai-
« sons des bourgeois que vous avez à Marcilly et à la
« rue Fougier. Item, la maison de Robert Cornet,
« comme aussi les terres que vous possédez à Brique-

---

[1] Quibou, Saint-Samson, arr. de Saint-Lô; les autres paroisses, arr. de Coutances.

[2] *In Anglia villam quæ dicitur Wiceburna.* (Cartul. de Coutances, fol. 204, v°. — Répertoire de M. de Gerville, V, 2137.)

[3] Il y a dans le cartulaire de Coutances : *In piscaria episcopi vestri et comitis in Sena fluvio, totam decimam salmonum.* La Sienne, *Sena*, prend sa source dans la forêt de Saint-Sever et se jette dans la mer entre Agon et Regnéville. — Le moulin de Sey, sur la Sienne, à Quettreville, arr. de Coutances.— Agon, Briqueville, Blainville, arr. de Coutances; Saint-Floscel, arr. de Valognes; Marcilly, arr. d'Avranches.

« ville et à Blainville, franches et quittes, comme elles
« ont été jusqu'à présent. Et lors de la mort de votre
« évêque ou de quelqu'un de ses successeurs, nous
« défendons qu'aucun ne s'ingère de lui succéder par
« surprise, finesse ou violence ; mais nous ordonnons
« qu'il y soit pourvu par une élection canonique, faite
« du commun consentement de tous les chanoines ou
« de la plus saine partie d'entre eux, suivant les décrets
« du Saint-Siége apostolique. Qu'il ne soit donc licite
« à quelque personne que ce soit de contrevenir en
« quelque manière que ce soit à l'effet des présentes,
« enlever aucuns des biens de cette église, retenir ce
« qui lui a été donné, en diminuer ou y apporter
« aucuns troubles, ni faire aucunes vexations, mais
« que tout ce qui a été donné pour ses besoins et
« avantages demeure en son entier pour elle et son
« usage, sauf l'autorité du Saint-Siége et les droits des
« évêques diocésains. Si donc à l'avenir quelque per-
« sonne ecclésiastique ou séculière, ayant connaissance
« de cette ordonnance, est assez téméraire pour y
« contrevenir; si, après une troisième monition, elle
« ne vient pas à une condigne correction, qu'elle soit
« privée de tout honneur et dignité, qu'elle sache
« qu'elle s'oppose et s'expose au jugement de Dieu,
« qu'elle soit privée de la participation du très-sacré
« corps et sang de Notre-Seigneur Jésus-Christ, notre
« rédempteur, et qu'au dernier jugement elle soit sou-
« mise à la vengeance divine. Au contraire, que la
« paix de Notre-Seigneur rédempteur soit avec tous
« ceux qui conserveront ces droits, qu'ils goûtent dans

« ce monde le fruit de leurs bonnes actions, et reçoi-
« vent en l'autre du juste Juge des récompenses éter-
« nelles. Amen. Amen. Moi Eugène, évêque de l'Église
« catholique, j'ai souscrit. Moi Conrad, évêque des
« Sabins ; moi Gerbert [1], prêtre-cardinal ; moi Eudes,
« cardinal de Saint-Georges-au-Voile-d'or ; moi
« Albert [2], évêque d'Ostie ; moi Gui, diacre des
« SS. Côme et Damien; moi Imare, évêque de Tus-
« culum ; moi Michel [3], prêtre-cardinal du titre de Saint-
« Marc ; moi Grégoire, cardinal-diacre de Saint-Ange ;
« moi Bernard, prêtre-cardinal du titre de Saint-Clément,
« je souscris. Fait par les mains de Robert, prêtre-
« cardinal et chancelier de la sainte Église romaine,
« le vingt-cinquième jour de février, indiction 8°, l'an
« de Notre-Seigneur 1145 et le troisième du pontificat
« du seigneur Eugène III. » Il y a quelque erreur en la
date, l'an troisième du pontificat d'Eugène n'ayant
commencé qu'au mois de mars 1148, auquel temps
courait l'indiction 9°, la 8°, comme on le sait, ayant
commencé en septembre 1145 et fini l'an suivant 1146
au même mois, et ce jour marqué en cette bulle, 25 février 1145, indiction 8°, est justement celui du décès
du pape Lucius, prédécesseur d'Eugène [4].

[1] Aucun des actes d'Eugène III ne porte la souscription d'un Gerbert, prêtre-cardinal.

[2] Lisez Alberic, *Albericus*. On trouve cependant une fois, mais une seule, *Ostiensis Albertus*.

[3] En 1145, le prêtre-cardinal du titre de S. Marc était Gilbert, *Gilibertus* (Philippus Jaffé, *Regesta pontif. Rom.*, p. 615).

[4] J'ai indiqué quelques-uns des points sur lesquels la traduction de notre auteur diffère du texte donné par le cartulaire de Coutances, mais il y en a beaucoup d'autres. Toustain n'a point parlé de Soule, *villa quæ vocatur*

Cette même année 1145 doit encore être remarquée par la fondation du monastère de Hambie. Ce Hambie est un gros bourg, éloigné de quatre lieues de Coutances, à l'est-sud-est de cette ville. Il y a un château ancien, qui paraît avoir été autrefois très-fort et bien situé; on estime que c'était la ville principale et la demeure de ces peuples qui, dans les *Commentaires* de César, sont appelés *Ambibares*, d'où est venu le terme d'Ambie ou de Hambie. Ce lieu, qui est une célèbre et riche baronnie, appartenait, au siècle dont nous parlons, aux seigneurs du nom de Painel, famille très-illustre autrefois en ce diocèse; qui finit en Jeanne Painel, fille de Nicolas, seigneur de Hambie, la Haye[1], Chantelou, Gacé et autres grandes terres et seigneuries qu'elle apporta à Louis d'Estouteville, premier du nom, auquel elle fut mariée en 1417, et qu'Adrienne d'Estouteville, fille et unique héritière de Jean troisième, porta à François de Bourbon, comte de Saint-Paul, fils puîné de François de Bourbon, comte de Vendôme, l'épousant en 1534, et qu'enfin Marie de Bourbon, sa fille, porta à Léonor d'Orléans-Longueville, qu'elle épousa en 1563.

Le seigneur qui nous a donné lieu de dire ceci avait nom Guillaume Painel, lequel en l'une ou l'autre des années que nous venons de remarquer, 1145 ou 1146, ou plutôt en toutes les deux, par les bons

---

Sola cum ecclesia, qui se trouve dans le cartulaire ; il y a un *Robertus Comes*, mais point de *Robert Cormet* ; la *rue Fougier* y devient *Frigidus vicus*, etc. Évidemment le texte est préférable à la traduction.

[1] La Haye-Painel, arr. d'Avranches; Chantelou, arr. de Coutances; Gacé, arr. d'Argentan (Orne).

soins d'Algare, son évêque, du consentement de ses quatre fils, Hugues, Fouque, Thomas et Jean, fonda l'abbaye de Hambie, la dota et la peupla de religieux de l'ordre de saint Benoît. L'auteur du *Neustria pia* en a fait imprimer la charte en latin[1]; je ne la donnerai qu'en français. La voici :

« Sachent tous, présents et à venir, que moi Guil-
« laume Painel, de l'avis et du consentement de mes
« enfants, Hugues, Fouque, Thomas et Jean, j'ai
« fondé une abbaye, sur mon propre héritage, à
« Hambie, pour le salut de mon âme et celles de mes
« père et mère et ancêtres, pour la construction de
« laquelle et l'entretien des frères qui servent Dieu en
« ce lieu, je leur ai donné à perpétuité l'église de
« Hambie avec tout ce qui en dépend; le labourage de
« deux charrues de terre en cette même paroisse; la
« dîme de tous les revenus des terres que je possède
« dans l'évêché de Coutances; la moitié de la laine
« des moutons et trois livres de cire à prendre
« sur le Mont-Saint-Michel; tout mon sel de Verdun,
« le passage des pourceaux de ladite abbaye, et
« exemption de toute coutume ordinaire pour ses
« hommes et serviteurs. Outre ce que dessus, le lieu
« où l'abbaye est située avec ses appartenances; le
« moulin qui y est situé avec tous les droits de l'eau
« des deux côtés de l'île qu'elle fait, et encore cette
« partie de la forêt qui a été distinguée par des devises
« qui y ont été posées, et les landes de Milly[2]. Item,

[1] P. 821.
[2] Milly, arr. de Mortain.

« cette maison de retraite, qui m'appartient dans ma
« forêt du Moutier-Hubert[1], avec ce qui en dépend et
« cette partie de la même forêt qu'on a marquée par
« des devises ; le labourage de deux charrues de terre ;
« deux acres de prairies, un jardin et toutes les dîmes
« de mes revenus du château dudit Moutier-Hubert. Le
« terme de ces deux donations est la Saint-Michel. A
« cette charte j'ai fait apposer mon sceau, afin que
« personne n'ose y attenter par quelque voie que ce
« puisse être. Témoins : Algare, évêque de Coutances,
« à l'exhortation duquel j'ai entrepris cet ouvrage ;
« Thierri, abbé de Saint-Lo ; Roger, Gilbert et Philippe,
« archidiacres ; Robert de Hambie, Roger de Lusores,
« Hugues de Neuville, Silvestre et Thomas Painel,
« Jean Painel, Guillaume de Verdun, Jean de Gavray,
« Guillaume de Tresgoz et plusieurs autres[2]. »

Cet acte, dans le grand chartrier de Hambie, est suivi d'un autre par lequel Algare, du consentement de son chapitre aussi bien que de Guillaume Painel et ses enfants, consent à l'établissement et construction de ce monastère, auquel il confirme d'autorité épiscopale ce qui lui avait été donné. Nous ne la rapporterons point ici, parce qu'elle ne contient rien de particulier ni de différent de la précédente, si ce n'est qu'il remarque que sur les mêmes dîmes et les offrandes de ladite paroisse de Hambie, que l'on appelait autrefois l'autelage, *altalagium,* lesquelles étaient destinées

---

[1] Moutiers-Hubert, arrondissement de Bayeux.

[2] *Neustria pia, ibid.* ; *Gallia Christiana*, XI, 241, *instrum.* ; Répertoire de M. de Gerville, I, 156.

pour entretenir le luminaire de cette abbaye, on en laissera suffisamment pour l'entretien honnête du vicaire qui desservira l'église de ladite paroisse. Ce terme *altalagium*, pour le dire en passant, que nous trouvons si fréquemment ès chartes de ces temps-là, qui signifie le droit qu'ont quelques personnes aux communautés sur ce que nous nommons les menues dîmes, tire son étymologie de ces trois droits : le premier est *altare* et *legere*, et l'on entendait que ceux qui avaient ce droit vertissaient à leur profit les offrandes et tout ce qui se présentait sur l'autel, ce qui alors n'était pas d'une petite conséquence; le second, *alta lectio* ou *alta legere,* venait de ce qu'aux mêmes appartenaient les dîmes des vignobles, pommes, poires et autres fruits des arbres; et enfin la troisième étymologie de ce terme *altalagium* est celle-ci : *alterna lectio,* la seconde récolte. La première, on le sait, étant la récolte des froments, seigles, orges, avoines et semblables, la seconde est celle qu'on appelle les fruits de grâce : tels sont les chanvres, vins, blés noirs, agneaux, laines, fruits d'arbres, coupes de bois et semblables, que l'on prétend être postérieurs à la cession qui fut faite des dîmes par Charles Martel à ses soldats, et dont conséquemment les seigneurs ne jouissaient point lorsqu'ils rendaient les dîmes communes aux habitants des monastères qu'ils faisaient bâtir.

Au reste, je ne finirais que par un gros volume si je voulais rapporter ici toutes les chartes où cet évêque est intervenu et a souscrit, ou comme donateur, ou comme confirmant et consentant à des dona-

tions qui avaient été faites, ou comme terminant quelques différends d'importance, ou enfin comme témoin. J'en citerai ici quelques-unes dans une charte de 1157, par laquelle Henri II, roi d'Angleterre, confirma à l'abbaye de Saint-Sauveur-le-Vicomte les donations qui lui avaient été faites jusqu'alors. Nous y lisons ces termes : « Concedo etiam et confirmo
« donationes quas eidem abbatiæ misericorditer Alga-
« rus episcopus fecit, in ecclesiis, terris et quibus-
« cumque decimis, et elemosinis eisdem ecclesiis
« pertinentibus. » Il est marqué à la marge de cette charte que les donations furent faites l'an 1147, auquel an nous trouvons qu'il fit encore un grand bien à ces religieux de Saint-Sauveur, terminant un gros différend qu'ils avaient avec ceux de Montebourg, touchant le patronage, les dîmes et autres prétentions qu'ils avaient sur la paroisse de Saint-Pierre-de-Fontenay sur le Vay[1], super Vada. Il engagea Guillaume le Boutellier de donner celle du Ham[2] au monastère de Saint-Pierre-en-Vallée-lez-Chartres, comme il paraît dans la charte de donation dont voici les termes : « Ego Willelmus Buticularius, notum esse
« volo omnibus christianis, quia ego concedo Petro
« sancto et omnibus Carnotensis cœnobii monachis
« ecclesiam de villa quæ vocatur Ham et omnem
« redditum, scilicet, terram et omnia quæ ipsis perti-
« nent ecclesiis, pro salute animæ meæ et omnium
« antecessorum meorum. Ad hoc concedendum fuit

[1] Arr. de Bayeux (Calvados).
[2] Le Ham, arr. de Valognes (Manche).

« Algarus, Constantiensis episcopus, in cœnobio Sancti
« Salvatoris. Testes fuerunt : Ollivarius frater, Willel-
« mus et Radulphus de Haya, Enguerrannus d'Essey,
« Willelmus Pinel et Robertus de Riveria. » Cette
charte est sans date. Il termina certain différend qui
était entre Hugues, archevêque de Rouen, et les moines
de Saint-Ouen de cette ville, touchant certaines possessions dont jouissait depuis longtemps un nommé
Nicolas Godard, que ces religieux et « Fraternus », leur
abbé, soutenaient leur appartenir, et que l'archevêque
avait retirées de ses mains et soutenait être à lui.
Notre prélat engagea l'archevêque à les relâcher en
faveur de l'infirmerie de ladite abbaye, et nous le
voyons souscrit à la charte qui en fut expédiée en 1141.
Il est aussi souscrit comme témoin à la charte de fondation et fut présent à la dédicace de l'église et du
monastère de Saint-André en Gouffern[1], à une lieue de
Falaise, dans le diocèse de Séez, en 1143, laquelle fut
offerte sur l'autel par le fondateur Guillaume Talvas,
comte de Séez, Bellême, le Perche et Ponthieu, et
nous apprenons du cartulaire du Val-Richer qu'au
commencement de la fondation de cette abbaye, saint
Bernard y envoya son frère Nitard. Algare voulut
aussi contribuer à l'établissement de ce monastère, qui
est de l'ordre de Cîteaux, et lui donna Sainte-Croix-du-Vast[2]. Voici les termes : « Algarus, Dei gratia
« Constantiensis episcopus, concessit in elemosinam
« locum Sanctæ crucis de Vedasto, cum omnibus rebus

---

[1] *Neustria pia*, p. 737.
[2] Arr. de Cherbourg.

« et ædificiis, tempore Nitardi, fratris sancti Bernardi
« abbatis. » Il est encore souscrit à deux chartes de
l'abbaye de Saint-Wandrille, toutes deux datées du
1er août 1142, par l'une desquelles Hugues, archevêque de Rouen, confirme à ce monastère tous les
honneurs et priviléges qui lui avaient été accordés
par ses prédécesseurs, princes, prélats, seigneurs de
la province ; et par l'autre le même archevêque
confirme toutes les possessions, droits, patronages et
autres appartenances, du nombre desquelles étaient
en ce diocèse les paroisses de Saint-Marcouf tout
entières, avec ce qu'y possédait Hugues Passote, celles
de Saint-Germain et de Saint-Martin-de-Varreville,
Sainte-Honorine-d'Audouville et Sainte-Marie-de-
Poupeville, ce que nous appelons à présent du Mont[1],
avec les clercs, leurs terres et un ténement nommé
Ros. Enfin, si nous en croyons MM. de Sainte-Marthe,
il fut appelé comme un des plus illustres évêques du
royaume à la grande cérémonie que fit faire Louis VII,
roi de France, à la translation des reliques de saint
Denis.

Ces actes de piété et de religion étaient l'occupation de cet évêque ; aussi était-il tellement distingué
que la chronique de Normandie a remarqué sa mort
comme d'une personne des plus illustres de ce temps-
là. Après avoir parlé de la mort de Suger, fameux
abbé de Saint-Denis : « Decessit », ajoute-t-elle,
« Algarius Episcopus Constantiensis, vir admodum

---

[1] Toutes ces paroisses sont de l'arrondissement de Valognes (Manche).

« religiosus, qui Canonicos Regulares posuit in Ecclesia
« sancti Laudi de Constantino, et in Ecclesia sancti
« Laudi Rhotomagensis, et in Ecclesia Cæsarisburgi » ;
et nommant en même temps son successeur : « Cui »,
poursuit-elle, « successit Richardus decanus Baio-
« censis[1]. » Et le savant Arnoul, évêque de Lisieux,
voulut bien honorer sa mémoire de cette épitaphe,
laquelle, pour être publique, ne doit pas moins être mise
ici :

> « Præsulis Algari cineri natura sepulto
> « Non potuit meritum consepelire viri.
> « Nam terram titulis, cœlum virtutibus implens,
> « Dum nobis moritur, ut sibi vivat, obit.
> « Ipsum igitur, quia terra vivum cœlique loquuntur,
> « Consignasse brevi sufficit elogio.
> « Hunc et Martinum meritorum conscia terris
> « Abstulit, et cœlo reddidit, una dies[2]. »

Il mourut à Rouen en son palais épiscopal de
Saint-Lo de cette ville, assisté de ses chanoines réguliers, l'an de Notre-Seigneur 1150[3], le 11 novembre,
jour dédié à saint Martin, ainsi qu'il est marqué en ces
vers, et fut inhumé en l'église de ce lieu.

Sa mémoire est demeurée en vénération en tous les
lieux de son diocèse et en beaucoup d'autres, ainsi
qu'il paraît par les obituaires. « 4° idus novembris »,
porte celui de Cherbourg, « obiit Algarus quadrage-
« simus quartus episcopus, cujus hortatu Victorianum

---

[1] *Historiæ Normann. scriptores*, p. 984.

[2] *Gallia Christiana*, XI, 875.

[3] Algare fit une donation à l'abbaye de Savigny en 1151 (*Cartulaire de Savigny*, n° 155). Ce n'est donc que le 11 novembre 1151 qu'il est mort. (Léopold DELISLE, *Chronique de Robert de Torigny*, I, 257, note 4.)

« institutum in hac ecclesia inceptum est, qui etiam
« fuit canonici ordinis in sua diœcesi promotor. Hoc
« ipsa sedente et agente, canonici regulares introducti
« sunt in ecclesia sancti Laudi Constantiensis. » Celui
de cette église de Saint-Lo porte : « 16° calendas
« aprilis, commemoratio piæ memoriæ Algari, Cons-
« tantiensis episcopi, fundatoris istius ecclesiæ, in cras-
« tino *lætare Jerusalem.* » Et au jour de sa mort : « Pridie
« idus novembris, obiit dominus Algarus piæ memoriæ,
« Constantiensis episcopus, fundator hujus ecclesiæ. »
Les religieux mêmes de Blanchelande et ceux de l'Hôtel-
Dieu de Coutances font une honorable mémoire de lui,
quoiqu'ils n'aient été établis que longtemps après sa
mort, tant son nom est demeuré en vénération.

Traduction de l'épitaphe d'Algare :

« La nécessité de mourir
« Enferme en ce tombeau le corps du grand Algare ;
« Mais la mort ni le temps ne pourront abolir
  « Le souvenir
« De ce prélat d'un mérite si rare.
« Sa grande piété, son immense vertu,
  « Son zèle, sa science,
« Sa double charité, sa divine éloquence
« Ont charmé l'univers pendant qu'il a vécu :
« Aujourd'hui le ciel le couronne
  « Et lui donne
« Une heureuse immortalité.
« A quoi chercher d'autres louanges ?
« Il était pur comme les anges :
  « Il en a la félicité.
« Il avait imité saint Martin en sa vie :
  « Il a le même sort ;
« Sa belle âme est au ciel ravie
« Le jour que saint Martin est mort. »

CHAPITRE IX

DE RICHARD DE BOHON

Deux paroisses et un prieuré du nom de Bohon, à une petite lieue de Carentan, rendront éternel le nom de Richard second, notre évêque. Les seigneurs de cette famille ont possédé de grands biens en Angleterre, où ils passèrent avec le conquérant; leur nom y est demeuré longtemps avec éclat. Je croirais même qu'elle y subsiste encore, si ce n'est que dans le catalogue des gentilshommes de ce royaume qui vivaient en 1673, imprimé par Blome[1] à la fin de sa description d'Angleterre, je n'en trouve aucune de ce nom.

J'apprends de M. le marquis de Refuge et du Baronnage d'Angleterre que Onfroi de Bohon, qui passa en ce royaume, eut pour petit-fils Onfroi de Bohon, deuxième du nom, qui fut grand sénéchal d'Angleterre sous le roi Henri premier. Il épousa Marguerite, fille aînée de Milo, comte de Herefort, connétable d'Angleterre, ce qui fit que ses descendants possédèrent héréditairement cette belle dignité de connétable d'Angleterre.

Cette branche aînée, qui portait d'azur à la bande

---

[1] *Britannia, sive Angliæ, Scotiæ, Hiberniæ... descriptio.* Londini, 1673.

d'argent, affaissée de deux cottices de même accotées de six lions d'or, finit et passa en la famille royale par le mariage de Léonor de Bohon avec Thomas, comte de Vadstoche, sixième fils d'Édouard troisième, et Marie Bohon, épouse de Henri de Lancastre, comte de Derby, qui devint Henri quatrième, roi d'Angleterre. Il est vrai qu'il y en avait encore une autre branche dans les seigneurs de Midherse, dans le comté de Sussex ; mais je la crois aussi finie, car quoique dans le promptuaire armorial on y trouve encore le même nom et les mêmes armes, le catalogue de Blome ayant été rendu public depuis, je n'estime pas qu'il les eût oubliés.

Richard notre évêque, un des plus nobles rejetons de cette illustre famille, était, comme nous l'avons dit, grand doyen, qui est la première dignité de l'église de Bayeux, lorsqu'il fut élu pour succéder à Algare. Il fut sacré au commencement de l'an 1151, mourut en 1178, et tint conséquemment le siége épiscopal vingt-sept ans, pendant lequel temps nous le trouvons incessamment occupé aux choses de son ministère, comme il paraît par une très-grande quantité de monuments qui nous en restent, en l'arrangement desquels consiste presque toute la difficulté de son histoire.

Je la commencerai par la dédicace de l'église de Montebourg, qui fut faite par l'archevêque de Rouen, assisté de Rotrou, évêque d'Évreux, et Richard II, évêque de Coutances, l'an 1152, sans en savoir ni le jour ni le mois. Cette célèbre abbaye de laquelle nous

avons réservé de parler jusqu'à présent, qui est de l'ordre de saint Benoît, à une lieue en deçà de Valognes, fut commencée sous l'épiscopat de Geoffroi de Montbrai, en 1090. Richard et Baudouin de Rivers, dont la postérité est encore si distinguée en Angleterre, que la qualité de comte est héréditaire uniquement à leur maison et porte d'or au lion d'azur, et que l'on estime en Normandie être celle de Rivière, sont reconnus pour en être les fondateurs. Le dessein en fut premièrement conçu par Richard, leur père, et comme lui et ses enfants étaient fort riches en Normandie et en Angleterre et, entre autres choses, étaient seigneurs de ce que nous appelons maintenant la baronnie de la Rivière d'où ils tiraient leur nom (de *Radvariis* chez Orderic et Guillaume de Jumiéges), Néhou, Varenguebec[1], Montebourg et l'île de Wight, ils résolurent de consacrer une partie de leur bien et proposèrent au prince Guillaume le Roux, roi d'Angleterre, qui, approuvant leur dessein, fit lui-même des grands présents à cette abbaye, affranchit le lieu où elle est bâtie de toutes choses : « Do etiam », dit-il dans la charte qui en fut dressée et que je ne rapporterai pas entière parce qu'elle est imprimée dans le *Neustria pia*[2], « et concedo, et principali auctoritate mea con-
« firmo, Abbatiæ sanctæ Mariæ Montis-burgi, et mona-
« chis, in ea de cætero Deo servientibus ; locum, in
« quo sita est Abbatia, et villam Montis-burgi, cum
« mercato, et nundinis, et molendinis, et omnibus

[1] Varenguebec, arr. de Coutances.
[2] Page 673.

« pertinentiis. Volo etiam, et districtè præcipio, ne
« justitiæ meæ manum mittant pro justitia facienda in
« villa Montis-burgi, diebus mercati, sive nundina-
« rum : sed planariam habeant justitiam Abbas, et
« monachi, de omnibus quæ in villa Montis-burgi die-
« bus illis evenerint. » Il y a plusieurs témoins de
cette charte, tous évêques ou abbés d'Angleterre. Il y a
aussi quelques laïques, dont le comte Eustache, Baudouin, fils de Richard de Rivers, Guillaume, son frère,
et Onfroi de Bohon.

Ce Richard de Rivers, le père, mourut l'an 1107 et
fut inhumé en l'église de cette abbaye, quoiqu'elle ne
fût pas encore parfaite, au rapport d'Orderic : « Tunc »,
dit-il, « optimates Angliæ, Richardus de Radvariis et
« Rogerius cognomento Bigotus, mortui sunt et in
« monasteriis monachorum sepulti sunt, quæ in pro-
« priis possessionibus ipsi condiderunt. Rogerius enim
« apud Tetfordum in Anglia, Richardus vero tumula-
« tus est apud Montisburgum in Normannia [1]. » Ses
deux fils, Richard et Baudouin, travaillèrent à l'achever, de sorte qu'ils en sont réputés fondateurs. D'où
vient que Guillaume de Jumiéges, parlant de ce Baudouin, [dit :] « Balduinus etiam de Revers, aliam apud
« Montis-burgum fecit [2] », et Robert Cenalis, parlant de
cette même abbaye, dit que Henri, roi d'Angleterre, la
donna à Richard de Rivers pour en user comme [de] la
sienne : « Hanc Abbatiam dedit Henricus Rex Anglo-
« rum, Richardo de Redvers, ut eam custodiret, et

---

[1] Édit. LE PREVOST et DELISLE, IV, 276.
[2] DUCHESNE, Historiæ Normann. scriptores, 278.

« augmentaret sicut propriam ; quod et idem facere
« curavit[1]. »

Elle se trouva parfaite en même temps que nous avons remarqué. La dédicace en fut fort solennelle par la multitude des princes et seigneurs qui y assistèrent, particulièrement par la présence du prince Henri d'Anjou, déjà duc de Normandie et présomptif héritier de la couronne d'Angleterre, lequel, comme il est marqué dans les mémoires de ce monastère, présenta la charte des donations qu'il faisait et confirmait à cette abbaye, sur deux plats d'or qu'il mit en offrande sur l'autel. Je remarquerai encore au nombre de ses donateurs le fameux Guillaume de Vernon[2], ainsi nommé pour avoir généreusement conservé cette place contre les Français, lequel, considérant combien cette vie est pleine de trouble et de tribulations, et que tout n'est que vanité hors ce qui s'y fait pour Dieu et pour son salut, fit don à Sainte-Marie-de-Montebourg de plusieurs terres seigneuriales et possessions, dont aussi il mit la charte sur l'autel le jour qu'elle fut dédiée,
« eadem die qua venerandus pater noster Hugo, Rho-
« tomagensis archiepiscopus, præfatam ecclesiam con-
« secravit et dedicavit, anno 1152, cum venerabili
« Richardo Constantiensi episcopo, præsente ejusdem
« abbate Walterio cum omnibus abbatibus atque baro-
« nibus totius provinciæ. Et hujus donationis testes
« adfuerunt Hugo, Rhotomagensis archiepiscopus,

---

[1] *Neustria pia*, p. 673.

[2] Ce Guillaume de Vernon était frère de Baudoin de Reviers (Léopold Delisle, *Chronique de Robert de Torigny*, t. 1, notes des p. 272 et 292.)

« Richardus Constantiensis, Rotrodus Ebroicensis, Ri-
« chardus de Haya, Unfridus de Bohun. »

A quoi il est ajouté : « Ego autem Richardus, Dei
« gratia Constantiensis episcopus, præfato operi per
« omnia interfui et ideo præsente episcopali sigillo meo
« feci muniri. » Les noms de ces donations ainsi que
des autres et de leurs donateurs sont compris dans la
charte de la confirmation qu'en fit notre évêque Richard ; nous la rapporterons en son lieu. Nous parlerons cependant de la fondation de l'abbaye de
Blanchelande arrivée deux ans après cette dédicace, à
savoir l'an 1134. Voici son origine, ou, si vous voulez,
la cause qui la fit naître.

Durant la guerre entre les maisons de Boulogne et
d'Anjou, Raoul et Richard de la Haye, deux illustres
ornements du Cotentin, soutinrent jusqu'à l'extrémité
les intérêts des Boulonnais. Raoul fut enfin obligé de
se rendre, et Richard étant forcé au Neubourg, où il
était enfermé, fut contraint de s'embarquer pour s'enfuir en Angleterre. Il tomba entre les mains des
pirates qui le conduisirent en une fâcheuse servitude.
Il eut recours à Dieu, par l'intercession de saint Nicolas : il fut mis en liberté. En ce retour en Cotentin, lui
et Mathilde de Vernon, dame de Varenguebec, son
épouse, voulurent témoigner leur gratitude à leur libérateur par un monument éternel, en bâtissant un monastère où des religieux incessamment lui rendraient
grâce de ses bontés.

Ce lieu qui est à quatre lieues de Carentan, vers le
nord-ouest, est peut-être une des plus grandes soli-

tudes de la province et dans le terroir le plus ingrat. Le temps étant choisi pour commencer cet ouvrage, et une infinité de monde de tous états et conditions s'y étant rendus, on éleva un autel sur lequel Richard, notre évêque, ayant célébré pontificalement la messe, Richard de la Haye et son épouse déposèrent entre ses mains et sur l'autel l'acte solennel de la fondation qu'ils voulaient faire d'un monastère de l'ordre de Prémontré, en l'honneur de Dieu, de la sainte Vierge et de saint Nicolas ; le voici en partie :

« Richard de la Haye et son épouse Mathilde, à tous
« nos hommes et amis de Normandie et d'Angleterre,
« salut et dilection. Savoir faisons à votre dilection et
« à la charité de tous, présents et à venir, que nous
« avons fondé sur notre propre héritage, au lieu qu'on
« appelle Blanchelande, un monastère en l'honneur
« de notre Dieu et Sauveur Jésus-Christ, de sa bien-
« heureuse mère et du très-saint confesseur Nicolas, et
« y avons établi un couvent de chanoines de l'ordre de
« Prémontré pour y servir Dieu, pour la nourriture et
« entretien desquels, du consentement de Guillaume
« de Vernon, Richard, son fils, Raoul de la Haye, notre
« neveu, lesquels avec nous ont offert et mis le présent
« acte de donation sur l'autel dudit monastère, nous,
« pour le salut et rédemption de nos âmes et des
« vôtres, comme aussi pour celles de nos ancêtres,
« avons donné et aumôné à perpétuité, et consacré à
« Dieu par les mains de Richard, évêque de Coutances,
« les biens et revenus ci-après déclarés, selon notre
« petit pouvoir.... En présence dudit Richard, évêque;

« Gautier, abbé de Montebourg ; Raoul, prieur de
« Lessay ; Philippe, archidiacre de Coutances ; En-
« gelger de Bohon, Robert de Saint-Germain, Robert
« de Prétot, Renaud du Mesnil, Richard Avenel,
« Raoul de Cuves et plusieurs autres. L'an depuis l'In-
« carnation de Notre-Seigneur 1154. A Blanchelande. »
Avec sceau [1].

Nous rapporterons ci-après, en sa langue originale, la charte par laquelle notre évêque Richard confirma cette fondation [2] ; mais nous dirons par avance qu'il y a de l'erreur à la date. Elle est datée de ce même 1154, indiction 4°. L'indiction 4° n'est qu'en l'an 1156. Ce n'est pas la seule chose qu'il y ait à corriger à une infinité de chartes de cette sorte ; mais on voudra bien nous permettre de dire en passant qu'une très-grande quantité de chartes de ce siècle, pour ne pas dire toutes, étaient sans dates, que la plupart de celles qu'on y trouve ont été ajoutées après coup par des copistes ignorants, lesquels, les transcrivant dans leurs chartriers ou autrement, sans assez considérer que les temps et les années qu'ils ajoutaient à ces originaux ne pouvaient leur convenir, ont quelquefois rendu suspecte la fidélité de ces originaux en les datant à leur fantaisie et très-mal à propos.

Cette même année 1154, Adrien IV ayant été élu pape, Richard, notre évêque, crut qu'il était de son devoir de lui aller rendre ses respects et ses hommages, et, en sa personne, au seigneur et au prince

---

[1] *Gallia Christ.*, XI, 242, *instrum.*
[2] *Ibid.*, XI, 243, *instrum.*

des apôtres, en la ville de Rome; c'est ce que nous apprenons d'une des épîtres du fameux Arnoul, évêque de Lisieux, écrite à ce souverain pontife, à la fin de laquelle il lui recommande notre prélat, son confrère, en ces termes : « Et j'ajouterai à mes pre-
« mières libertés celle de vous recommander notre
« vénérable cher frère l'évêque de Coutances, quoi-
« qu'il semble lui-même mériter assez de ce que les
« premières années de son épiscopat, il n'a point eu de
« plus forte passion que de chercher l'affection du
« pontife de Rome et de donner à cette église des mar-
« ques de ses respects, lesquels sont d'autant plus
« grands qu'ils sont rendus plus promptement : Iterum
« autem ex veteri procedit audacia, quod venientem
« ad vos venerabilem et dilectum fratrem nostrum
« episcopum Constantinum precibus commendare
« præsumo, quamvis pro eo plurimum facere videatur
« ad gratiam, quod inter initia novi episcopatus nihil
« faciendum potius reputavit quam Romani ponti-
« ficis gratiam quærere, seque totum familiaritati
« Romanæ ecclesiæ eò devotius quo velocius man-
« cipare [1]. »

Ces derniers termes « eò devotius quo velocius » nous sont un témoignage évident qu'il fit le voyage de Rome peu après l'élévation d'Adrien; nous ne saurions néanmoins déterminer en quel temps, ni de quelle durée il fut. Nous savons seulement que ce fut à sa prière que le pape accorda aux chanoines réguliers de

---

[1] Migne, Patrologie, t. CCI, col. 23. — C'est à Eugène III, d'après Migne, que cette lettre aurait été adressée.

Rouen une bulle pour la conservation de leurs biens, états et priviléges, ainsi qu'autrefois le pape Eugène, son prédécesseur, leur en avait accordé pour l'approbation de leur établissement en ce même lieu. Je ne la rapporterai point pour éviter l'ennui ; je souhaite seulement qu'on en remarque les termes, par lesquels ce pontife conservant à ces religieux leurs biens, honneurs, prééminences et prérogatives, il le fait sauf et sans préjudice de l'autorité du Saint-Siége apostolique et de la juridiction et autres droits dus à l'évêque de Coutances, « salva apostolica sedis auctoritate et salva Cons« tantiensis episcopi canonica justitia et reverentia ».

Cette bulle est de l'an 1156, et cette année est remarquable par le terrible phénomène arrivé en ce diocèse, en la paroisse de la Lande-d'Airou [1]. C'était alors un gros bourg qui s'étendait depuis l'église jusqu'au lieu où l'on tient le marché ; à peine en reste-t-il aucun vestige. Le samedi de Pâques, vers le midi, on vit s'élever entre les bois et le bourg un tourbillon de vent qui emportait avec soi tout ce qu'il rencontrait. Lorsqu'il fut fort élevé, il en sortit une espèce de colonne bleue et rouge contre laquelle on voit se lancer des dards et des flèches de tous côtés, sans voir les mains ni les arcs qui les décochaient, et, au-dessus de cette colonne, on remarquait grande quantité d'oiseaux qui volaient et criaient incessamment jusqu'à ce qu'enfin tout périt et disparut.

[1] Ce phénomène arriva, d'après Robert de Torigny, le 6 avril 1157. (*Chronique de Robert de Torigny,* publiée par Léopold DELISLE, I, 304.) — La Lande d'Airou, Manche, arr. d'Avranches.

Ce prodige, qu'aucun de nos historiens n'a oublié après Orderic [1], fut suivi de la mort du seigneur de la Lande-d'Airou et de celle de presque tous ses vassaux, et accompagné d'un autre trois ans après, arrivé à la ville de Saint-Lo. Le 1er janvier 1159, dit la Chronique de Normandie, à l'heure de prime, la terre trembla au château de Saint-Lo en Cotentin [2]. Notre évêque, pour la colère de Dieu, ordonna des prières publiques et ces litanies qui ont été depuis si longtemps en usage en ce diocèse, par lesquelles, à chaque invocation, le peuple se prosternant la face contre terre, le clergé chantait en ces termes : « O vere « Deus trinus et unus, exaudi preces populi hujus », et le peuple répondait par ceux-ci : « Non sumus « digni a te audiri, peccatis nostris immò puniri. »

Cette même année, quoique quelques-uns marquent la suivante, aux fêtes de la Pentecôte, Richard, notre évêque, est marqué par l'auteur du supplément de Sigebert d'avoir assisté à la translation solennelle qui se fit à Mortain des reliques de saint Guillaume, surnommé Firmat, par Hugues, archevêque de Rouen, Rotrou d'Évreux, Herbert d'Avranches et lui. Voici les paroles de cet auteur : « Anno Domini 1157, 20 im-
« perii Ludovici regis Galliæ, in octavis Penthecostes,
« Hugo Rhotomagensis archiepiscopus et Rotrocus
« Ebroicensis et Richardus Constantiensis et Herber-
« tus Abrincatensis episcopi apud Moretonium levave-

---

[1] Orderic, dont l'ouvrage se termine en 1141, n'a pu parler de cela.
[2] *Historiæ Normann. scriptores*, p. 997.

« runt corpus beati Firmati¹. » L'auteur du manuscrit de la bibliothèque du Mont-Saint-Michel, qui contient l'histoire de ce monastère, rapportant ce fait à l'année 1156, ajoute que ces prélats furent aussitôt au Mont-Saint-Michel et y restèrent quatre jours ².

Quoi qu'il en soit, nous avons vu la charte de Montebourg, par laquelle ce même Richard, notre évêque, confirme aux religieux de ce monastère, selon qu'ils l'en avaient supplié, les donations qui lui avaient été faites jusqu'alors, laquelle est datée de l'an 1157, à Coutances, le jour de l'exaltation de la sainte Croix. Il est à propos d'en rapporter quelque chose :

« Richard, par la grâce de Dieu évêque de Coutances,
« à nos fils bien-aimés en Jésus-Christ l'abbé et les
« moines de Sainte-Marie-de-Montebourg, salut éternel
« en Notre-Seigneur. Votre fraternité nous ayant par
« plusieurs et diverses fois supplié de vouloir bien vous
« confirmer la donation des églises que vous tenez de la
« libéralité de nos prédécesseurs, ou qui vous ont été
« légitimement aumônées par des laïques, et les renfer-
« mer et les comprendre toutes dans un même écrit
« scellé de notre sceau, nous estimons ne devoir pas
« vous refuser les fins de votre requête, non-seu-
« lement la raison nous engageant à vous accorder
« tout ce que nous pouvons et nous devons faire pour
« votre avantage, mais aussi nous nous y trouvons

---

¹ *Chronique de Robert de Torigny*, I, 299. — On n'y trouve pas les mots : « Anno Domini 1157, 20 imperii Ludovici regis Galliæ », qui, du reste, manquent d'exactitude. La translation des reliques du bienheureux Firmat se fit le 10 juin 1155.

² *Ibid.*

« obligé par les propres intérêts de notre réputa-
« tion, les règles de notre devoir pastoral et par celles
« de la piété et charité; pour à quoi parvenir, il est
« de notre dessein de marquer ce qui vous appartient
« à chacune de ces églises, tant pour votre subsis-
« tance que pour l'entretien de l'hospitalité à quoi
« vous êtes obligés, afin que la charte que nous
« vous en donnons vous soit une assurance contre
« toutes les réclamations et procès qu'on voudrait
« intenter contre vous, et porte témoignage à la
« vérité. Voici donc les noms des églises qui vous
« appartiennent, desquelles vous recevez ou devez
« recevoir les fruits et que nous vous confirmons... » Il
les rapporte ensuite. La première est la chapelle de
Néhou avec ses appartenances, dont nous avons parlé
sous l'épiscopat de Raoul, laquelle avait été donnée
par Guillaume de Vernon, héritier de Richard de
Rivers, après en avoir ôté les chanoines qui la desser-
vaient et dont ledit de Vernon et son épouse, nommée
Luce, avaient mis les actes entre les mains des prélats,
au jour de la dédicace de cette abbaye, comme devant
iceux moines de Montebourg jouir à l'avenir de tous
les droits et priviléges desdits chanoines, après
néanmoins le décès de chacun d'eux. Les autres
donations sont : l'église de Saint-Cyr, aumônée par le
roi et duc Guillaume, fils du Conquérant; celles de
Saint-Sauveur, Saint-Jean-de-Montron[1], par Guillaume
de Vernon; Sainte-Marie-de-Théville, par Guillaume

---

[1] Saint-Jean-de-Montron à Néhou. — Saint-Cyr, arr. de Valognes; Théville, arr. de Cherbourg.

Estoul ; Saint-Martin-de-Brillevast, par Richard de Mauregard et Geoffroi son fils; Saint-Grégoire-de-Saussemesnil, par Richard de la Haye ; Sainte-Marie-de-Monfarville, par Samson Folliot; les deux gerbes de l'église de Morsalines, selon l'accord de Pierre, abbé de Cluny, par Guillaume comte d'Arondel; Sainte-Colombe-de-Crasville, par Roger des Moutiers et Henri de la Haulle; Sainte-Marie-de-Sortoville, par Pierre de Carnet[1] ; Etaville[2], par Guillaume de Saint-Martin ; Saint-Floscel, par Richard de Vernon et Luce, sa mère ; Ecoqueneauville, par Georges[3], prêtre de Sottevast, et Raoul son seigneur; Turqueville, par Guillaume de Vernon et Luce sa femme; Emondeville, par Hébert de Morville, et Saint-Georges-de-Cats par Etienne de Magneville et Gilbert de Cats. Et poursuivant le même acte, il confirma certaine transaction faite par Algare, son prédécesseur, avec les mêmes religieux de Montebourg, touchant certains droits de juridiction ecclésiastique, dont voici les termes : « Nous accordons
« aussi, confirmons et avons pour agréable certaine
« transaction d'accord, faite après une longue dispute
« entre l'église de Coutances, l'abbé et les moines de
« notre monastère, du temps d'Algare de bonne
« mémoire, notre prédécesseur, et Gautier, abbé, au
« sujet de la juridiction épiscopale et des pleds et
« procédures ordinaires au temps de la Pentecôte.
« Après donc en avoir eu l'avis de l'archidiacre et des

---

[1] Lisez du Quesnai, Petrus de Caisneto.
[2] Le fief d'Etaville à Sainte-Marie-du-Mont.
[3] Lisez Roger.
[4] Arr. de Saint-Lo. Les autres paroisses, arr. de Cherbourg et de Valognes.

« chanoines, ledit Algare accorda audit abbé de Mon-
« tebourg d'avoir droit et pouvoir tenir les pleds
« épiscopaux et les procédures de la Pentecôte sur les
« églises du Cotentin qui dépendent d'eux, et nommé-
« ment sur celle de Montebourg, de sorte néanmoins
« que l'archidiacre du lieu tiendra lesdits pleds con-
« jointement avec ledit abbé ou son vicaire, en étant
« dûment averti et requis par ledit abbé, à la réserve
« néanmoins des cas suivants lesquels sont réservés,
« savoir : la violence faite aux clercs, la pollution des
« églises ou cimetières, et le divorce, dont la connais-
« sance demeurera à l'évêque ou à ceux qu'il aura
« délégués pour ce sujet, dont néanmoins l'amende
« pécuniaire viendra au bénéfice de l'abbé. Et s'il
« arrive que quelqu'un, quel qu'il soit, ait été con-
« vaincu, par sa propre confession ou autrement,
« d'avoir, par un trafic criminel, procuré un bénéfice-
« cure à un prêtre, ce sera de l'évêque seul de qui
« il relèvera pénitence et absolution. Nous avons aussi
« accordé que les fonctions curiales et parochiales,
« qui se sont faites jusqu'à présent dans l'église de
« Notre-Dame du monastère de Montebourg, se fassent
« en celle de Saint-Jacques, dont le curé sera présenté
« à l'évêque par l'abbé ou son vicaire, laquelle église
« de Saint-Jacques sera libre et exempte de toutes
« choses, spécialement du droit de synode et de la
« cerclée, quoique le curé soit en obligation de se
« présenter comme les autres au synode de la Pente-
« côte. Et enfin, à raison de cet accord, l'abbé de
« Montebourg sera en obligation de payer par les

« mains dudit curé à l'église de Coutances dix sous,
« monnaie de Rouen ou d'Anjou, chaque année audit
« terme de la Pentecôte. En foi de quoi et de tout ce
« que dessus, nous avons fait apposer notre sceau
« aux présents et les avons confirmés de toute notre
« autorité, sauf en tous les droits de l'église de Cou-
« tances. Fait et passé l'an 1157, le jour de la fête de
« l'exaltation sainte Croix. Témoins : Auvray, chantre
« de ladite église ; Guillaume, archidiacre ; Pierre et
« Robert, chanoines ; Robert de Montaigu et Philippe,
« archidiacres [1]. »

Ces termes de la charte : « les deux gerbes de Morsalines », sont un témoignage certain qu'elle est posté-
rieure à l'accord dont elle fait mention, quoique le
bref du pape Adrien pour le sujet dont nous allons
parler soit daté du 20 avril, l'an quatrième de son
pontificat qui est celui de J. C. 1158 ; mais on ne doit
guère prendre garde à la date de ces chartes, extraites
des chartriers, comme nous avons dit et dirons souvent.
Voici ce que c'est :

Il y avait autrefois à l'église de Saint-Côme, paroisse
à une lieue de Carentan, sur le grand chemin de
Valognes, un monastère de la dépendance de Cluny
sous la conduite d'un prieur. Les religieux de ce
monastère eurent différend avec ceux de Montebourg,
touchant les droits qu'un chacun d'eux prétendait sur
l'église de Morsalines. On trouve dans un livre imprimé
qui a pour titre : *la Bibliothèque de Cluny*, page 1418,

---

[1] Cartulaire de Montebourg, n° 42.

divers actes sur ce différend, qui, ayant été porté en cour de Rome, le pape, par ce bref dont nous venons de parler, en attribua la connaissance à deux de nos chanoines, l'un nommé Richard L'Évêque et l'autre Philippe, qui déterminèrent que l'abbé et religieux de Montebourg auraient les deux gerbes de Morsalines dont ils payeraient 10 sous par an, monnaie d'Anjou, aux moines de Saint-Côme, lesquels en outre auraient la troisième gerbe, l'autelage, la nomination à la cure. Pierre, abbé de Cluny, confirma ce jugement ou accord, et en écrivit à notre évêque Richard et à l'abbé de Montebourg, qui le ratifièrent. Voici quelques-uns de ces actes : « Adrianus, episcopus, servus servo-
« rum Dei, dilectis filiis nostris, magistro Richardo
« Episcopo et Philippo archidiacono Constantiensi,
« salutem et apostolicam benedictionem. Conqueren-
« tibus dilectis filiis nostris abbate et monachis Mon-
« tisburgi, ad audientiam nostram pervenit, quod
« Willelmus, prior, et monachi sancti Cosmæ Constan-
« tiensis diœcesis, jus suum in ecclesia Morsalinorum
« injuste detinent et reddere contradicunt. Quocirca
« discretioni vestræ per apostolica scripta mandamus,
« quatenus partibus in præsentia vestra constitutis,
« quæ hinc inde proposita fuerint audiatis et causam
« inter ipsos, appellatione remota, fine canonico ter-
« mineatis, facientes quod statueritis per censuram
« ecclesiasticam firmiter observari. Datum Laterani,
« x° kalendas maii, pontificatus nostri anno IIII°.[1] »

---

[1] Cartulaire de Montebourg, n° 97.

Ces juges délégués terminèrent les procès par cette sentence : « Universis Christi fidelibus ad quos præsens
« scriptum pervenerit, magister Richardus Episcopus
« et Philippus, archidiaconus Constantiensis, salutem in
« Domino. Ad universitatis vestræ notitiam volumus per-
« venire, quod causa quæ inter abbatem et monachos
« Montisburgi, ex una parte, et [Willelmum] priorem,
« et monachos sancti Cosmæ, ex altera, versabatur,
« super ecclesia de Morsalinis, nobis a sede apostolica
« commissa fuit in hæc verba... [1] » Ils rapportent le
bref ci-dessus, après quoi ils ajoutent : « Hujus igitur
« auctoritate mandati, partes ad præsentiam nostram
« convocavimus, et auditis hinc inde propositis, dis-
« cordiam quæ inter ipsos pro memorata ecclesia
« Morsalinorum fuerat, in hunc modum ad pacem et
« concordiam reduximus : monachi Montisburgi duas
« partes decimæ frugum de omni terra quam habent
« monachi sancti Cosmæ in parochia Morsalinorum,
« libere et quiete in perpetuum possidebunt, et in
« recognitionem x solidos Andegavensium vel Rhotoma-
« gensium priori et monachis sancti Cosmæ annuatim
« reddent; ecclesia vero ejusdem villæ, et impositio
« clerici, et ea quæ ad altare et cimiterium pertinent,
« cum tertia parte decimæ frugum, priori et monachis
« sancti Cosmæ libere et quiete in perpetuum remane-
« bunt. Facta est autem hæc concordia assensu et
« concessu Petri, abbatis, et fratrum Cluniacensium, et
« a partibus hinc inde in præsentia nostra sacramenti

---

[1] Cartulaire de Montebourg, n° 97.

« interpositione confirmata. Et ne super hoc in poste-
« rum querela denuo suscitetur, et quod canonice
« factum est recidivum patiatur, eamdem concordiam
« præsentis scripti auctoritate et sigillorum nostrorum
« appensione roboravimus. Testibus : Alveredo, can-
« tore; Roberto de Pereio, canonico Constantiense;
« Petro, capellano; Willelmo de Vernone ; Richardo
« de Wallvilla ; Roberto de Sancto Germano, tunc
« vicecomite; Roberto Venatore; Richardo de Sauceio;
« Willelmo de Hau; Radulpho Gahan, et aliis multis [1]. »

Nous avons encore entre les mains deux actes sur le même sujet, tous deux du même Pierre, abbé de Cluny, l'un à l'abbé et religieux de Montebourg qui se commence ainsi : « Venerabili et dilecto nostro domino
« Willelmo, abbati Montisburgi, omnique conventui,
« frater Petrus, humilis Cluniacensis abbas, salutem
« et orationes [2]. » Le surplus ne contient autre chose que le jugement ou accord ci-dessus entre les deux couvents de Montebourg et Saint-Côme, qu'il approuve. On doit seulement remarquer l'erreur du copiste ou libraire qui a mis « Willelmo » au lieu de « Walterio », Guillaume n'ayant été élu abbé de Montebourg qu'en 1205.

L'autre acte estimé épître du même abbé de Cluny à notre prélat Richard, par lequel il le prie de vouloir bien ratifier et maintenir le susdit accord entre les susdits moines ; il commence ainsi : « Venerabli domino
« et carissimo Ricardo, Constantiensi episcopo, frater

---

[1] Cartulaire de Montebourg, n° 97.
[2] Ibid., n° 96.

« Petrus, humilis Cluniacensis abbas, salutem et ora-
« tiones. Concordiam, quæ inter abbatiam et monachos
« Montisburgi, et filios nostros W. priorem et monachos
« sancti Cosmæ, de ecclesia Morsalinorum facta est,
« fraternitatem nostram confirmasse noveritis, vide-
« licet, ut monachi Montisburgi duas partes decimæ
« frugum, etc. Ut autem hæc conventio inter ipsos
« rata et inconcussa maneat in æternum, sublimitatem
« vestram deprecamur, ut chartam vestram eis inde
« faciatis et eorum concordiam auctoritate vestra con-
« firmetis. Valeat paternitas vestra [1]. »

Sur quoi j'estime qu'on doit remarquer que le premier de ces juges délégués, qui est appelé L'Évêque, ne l'était pas de dignité, mais seulement de surnom. Les papes traitaient les évêques de frères et non de fils, outre qu'il est nommé dans l'acte de jugement *magister Richardus*, titre qui ne convenait aux évêques de dignité.

Nous avons aussi l'acte par lequel Richard, notre prélat, confirma ce même accord. Comme il ne contient rien de différent des précédents, nous ne rapporterons que le nom des témoins qui sont :
« Willelmus, archidiaconus; Petrus, capellanus;
« Robertus de Milleio; Unfridus, decanus; Willelmus
« Malaterra; Willelmus de Vernone; Richardus [de]
« Wauvilla [2]. »

Comme nous ne trouvons rien de remarquable en l'année 1150 que ce que nous avons dit du tremblement

---

[1] Cartulaire de Montebourg, n° 99.
[2] *Ibid.*, n° 98.

de terre arrivé en ce diocèse et de la famine terrible dont il fut suivi, on voudra bien que nous la remplissions de la fondation du prieuré de Saint-Michel-du-Bosc, d'autant plus que c'est le seul couvent de filles que nous connaissons avoir été bâti en tout le Cotentin jusqu'au commencement de ce dernier siècle. Il est à trois lieues de Carentan, dans la paroisse de Lithaire ou Varenguebec, assez près de Blanchelande. Raoul, cinquième abbé de Lessay, et Richard de la Haye dont nous avons déjà parlé, me paraissent en être les premiers fondateurs. Il nous en reste la charte entière, par laquelle notre évêque Richard, le jour qu'il fit la dédicace de leur église, approuva les donations qui avaient été faites à ces religieuses, lesquelles les fondateurs avaient fait venir du prieuré de Moutons, monastère à deux lieues de Mortain. Voici la charte : « A tous
« les fidèles bien-aimés en Jésus-Christ qui ces pré-
« sentes verront, Richard, par la grâce de Dieu
« évêque de Coutances, salut en Notre-Seigneur. Vu la
« requête à nous présentée par les pauvres servantes
« de Jésus-Christ, les religieuses de Saint-Michel-du-
« Bosc, nous avons dédié leur monastère en l'honneur
« et sous le nom de saint Michel. Avons en outre par
« le présent écrit et par notre sceau que nous y avons
« fait apposer, confirmé et ratifié les donations que
« nos diocésains, dont il y avait grand nombre
« présent à cette dédicace, ont faites à cette église.
« Et premièrement Raoul, abbé de Lessay, a quitté et
« cédé la terre où est bâti le monastère en tout ce qui
« pouvait lui en appartenir et l'a donnée à Sainte-

« Marie-de-Moutons et aux sœurs de ce présent mo-
« nastère de Saint-Michel-du-Bosc. Richard de la Haye
« a donné à ladite église de Saint-Michel dix quartiers
« de froment à prendre sur son moulin de Cretteville,
« sa terre de Saint-Josse, d'un côté et d'autre de l'eau
« jusqu'au grand chemin [1] d'Orval ; dix acres de terre
« et la dîme de son moulin d'Helleville; la dîme de la
« troisième partie de son autre moulin, et la moitié de
« dîme de son pain de cuisine. Raoul de La Haye
« pareillement a donné dix quartiers de froment et
« autant d'orge à prendre à Picauville; Olivier d'Au-
« bigny, autant sur son moulin; Hugues Barbet un
« quartier; Helin de Briele, Roger Bigot et Alexandre
« chacun trois sous; Helin de Fontenay un quartier;
« Amonde de Vesly autant; Pierre de Laumerville
« douze deniers ; Raoul Tribou un quartier ; Roger de

[1] Il y a aux archives de la Manche une copie de cette pièce, qui n'est peut-être pas tout à fait exacte, mais qui est bien supérieure à ce que donne Toustain de Billy et permet de le rectifier et compléter. La voici à partir d'un endroit qui a été tronqué et rendu inintelligible par notre auteur:
« Richardus de Haia dedit prefate ecclesie Sancti Michaelis x quarteria fru-
« menti in molendino suo de Chetevilla et terram Jocie de Varenguebec, et
« illam juxta prefatam terram usque in aquam, et de altera parte usque ad
« viam. Willelmus de Aurea Valle x acras terre et decimam molendini sui de
« Hegevilla, et decimam tercie partis alterius molendini, et dimidiam partem
« decime panis sui et coquine. Radulphus de Haia similiter dedit x quarteria
« frumenti in molendino de Baltesio, scilicet, qui in cauceia sedet. Hingel-
« gier de Bohun donavit v quarteria frumenti et v ordei in Pichavilla.
« Olivervus de Albigneio v quarteria frumenti et v ordei in molendino
« Rohart. Hugo Bardolf I quarterium frumenti... Willermus de Bruilleio
« I quarterium frumenti. Simon de Verli I quarterium frumenti. Fulco de
« Laumervilla dedit XII denarios. Radulphus Triboul dedit I quarterium
« frumenti. Rogerius Bigot et Alexander tres solidos. Willelmus de Fonteines
« I quarterium frumenti. Thomas Vane unum quarterium frumenti. Ro-
« gerius de Cadomo II bussellos frumenti. Willelmus de Sancto Germano
« dedit I quarterium frumenti. Willelmus de Germanvilla I quarterium

« Cadot deux boisseaux de froment; Thomas Vannes
« un quartier; Guerlin de Guermauville un quartier;
« Richard Avenel douze deniers; Richard de Pirou un
« quartier de froment sur la terre de Varanguebec;
« Gilbert Polan douze deniers; Guerlin de Vindefon-
« taine un quartier d'avoine; Roger de Méautis cinq
« cents anguilles de sa pêcherie; Mauvoisin un bois-
« seau de froment; Raoul de Magneville la dîme
« de son moulin de Poupeville et celle de son moulin
« de Vrétot. Outre ce que dessus, Richard de La Haye,
« pour perfectionner ce lieu, leur donne la chapelle
« du parc avec les bois *tant à chauffe qu'à mesrain* [1],
« autant qu'elles en auront besoin à prendre en sa
« forêt, et Guerlin d'Orval leur accorde de pouvoir
« prendre en sa forêt tout le bois à feu et à *mesrain*
« qui leur sera nécessaire. Et le tout fait en notre pré-
« sence et en celle de Philippe, archidiacre; Pierre,

« frumenti. Richardus Avenel xii denarios... Richardus de Piro dedit
« i quarterium frumenti in terra sua de Varenguebec. Gillebertus Pollart
« xii denarios. Humfridus Quosquet xii denarios. Hugo de Glatineio vi de-
« narios. Rogerius de Nerbona v denarios. Willermus de Vindefontaine
« i quarterium avene. Rogerius de Meautiz decimam molendini sui de ponte
« Ouve et quingentas anguillas de piscaria sua de Meri. Malusvicinus dedit
« unum bussellum frumenti. Willelmus de Spina dedit decimam unius
« saline. Radulphus de Magneville decimam molendini sui de Popevilla
« dedit et decimam molendini de Ouvretot.
« Insuper Richardus de Haia ad perfectionem loci donavit capellam de
« Parco et in foresta sua ignem et maremium. Ad extremum Willelmus
« de Aurea Valle iterum dedit in foresta sua ignem et maremium. Testibus
« hiis : Philippo, archidiacono Richardi episcopi; Petro, decano Sancte
« Susanne, et Petro, capellano; Willermo Crispin... » (Copié par M. Dubosc,
archiviste de la Manche, sur une copie du xviie siècle.) — Helleville et
Poupeville ou Sainte-Marie-du-Mont, le Vrétot, arr. de Valognes; les autres
paroisses, arr. de Coutances.

Merrien, *mæremium, maremium et meremirum*, bois de construction
(DU CANGE, au mot *materia*).

« doyen de Sainte-Suzanne ; Pierre, chapelain, et
« autres. »

Nous en avons vu en l'abbaye de Cherbourg ; ainsi ne sont-elles ni datées ni extraites du chartrier. La première qui se présente et qui est à peu près du temps que nous parcourons, est une réponse de notre prélat à la prière que lui avait faite l'impératrice Mathilde, mère de Henri second, roi d'Angleterre et duc de Normandie, pour l'immunité de l'abbaye de Cherbourg dont elle était fondatrice et qu'elle affectionnait particulièrement ; voici cette réponse : « A sa très-vénérable
« dame l'impératrice Mathilde, fille du duc Henri,
« Richard, par la grâce de Dieu évêque de Coutances,
« salut et prières en Notre-Seigneur. Nous vous avons
« dit, Madame, nous vous le déclarons par ce présent
« écrit, que ce lieu qui est auprès de Cherbourg des-
« tiné et consacré à Dieu et à l'état religieux, et qu'on
« appelle l'abbaye du Vœu, nous vous le quittons et
« cédons entièrement pour en disposer de la manière
« qu'il vous plaira. Nous vous le remettons entre les
« mains libre et exempt de toutes charges, lui, toutes
« les appartenances, prébendes et aumônes, pour en
« user par Votre Altesse, selon l'honneur de Dieu et de
« la sainte religion, ainsi que vous le jugerez le plus
« à propos, sauf néanmoins le droit de l'église de
« Coutances. Je prie Dieu qu'il fasse persévérer en
« vous la bonne volonté que vous avez sur ce sujet et
« sur toute autre bonne œuvre, et qu'il augmente ce
« lieu que vous avez fondé pour sa gloire. De notre
« part, nous ne négligerons aucune chose qui

« dépendra de nous pour l'honneur et l'avancement de
« cet ouvrage, comme notre devoir pastoral et le soin
« que doit avoir un évêque nous y obligent. Je souhaite
« une parfaite santé à révérendissime Dame [1]. »

Nous en rapporterons encore ci-après quelques autres semblables. Cependant nous remarquerons simplement une charte du cartulaire de Saint-Sauveur-le-Vicomte, de l'an 1160, par laquelle Henri, roi d'Angleterre, confirma à ce monastère tout ce qui lui avait été donné jusqu'alors, en laquelle Richard, notre évêque, est souscrit avec Thomas, chancelier d'Angleterre, qui fut ci-après archevêque de Cantorbéry.

Le public est informé du schisme malheureux qui suivit la mort du pape Adrien, quelques cardinaux, après l'élection d'Alexandre III, ayant donné leurs suffrages à Octavien, qui prit le nom de Victor. Je remarquerai donc seulement que le même roi d'Angleterre, notre duc, se réunit aux autres princes assemblés au Neuf-Marché [2], aux évêques, abbés et seigneurs de Normandie, « et ibi tractatum est de
« receptione papæ Alexandri et refutatione Victoris,
« reprobato Victore [3] », dit Robert du Mont, en la continuation qu'il a faite de Sigebert. Retournant en son diocèse, notre évêque accompagna le roi Henri à Falaise, où ce prince fit de grands présents aux chanoines réguliers de cette ville, qui, avec leur abbé

---

[1] Robert de Torigny, édit. Delisle, I, 368, note 2. — Répertoire de M. de Gerville, I, 90.

[2] Seine-Inférieure, arr. de Neufchâtel.

[3] Lisez : *Et consenserunt Alexandro*, reprobato Victore (Robert de Torigny, I, 328).

Robert le Mayre, venaient d'embrasser la réforme de Prémontré. La charte s'en voit encore à ce monastère, en laquelle est souscrit comme témoin Richard, évêque de Coutances, avec Philippe, évêque de Bayeux, Litasse de Lisieux, Girard de Séez et Richard d'Évreux : « Præsentibus, Philippo Bajocensi, Litasso Lexoviensi, « Girardo Sagiensi, Richardo Ebroicensi et Richardo « Constantiensi, Episcopis[1]. »

Il y a une autre abbaye de l'ordre de Prémontré, dans le diocèse d'Avranches, sur les confins de celui de Coutances, et qui n'en est séparée que par un très-petit ruisseau nommé le Tharnet, qu'on appelle la Luzerne[2], du nom de la paroisse où elle est située. Elle fut fondée en ces temps dont nous parlons, par Guillaume de Saint-Jean, suivant le conseil que lui en donnèrent l'archevêque de Rouen, celui d'Avranches et le nôtre : « Noscant omnes, tam futuri quam « præsentes, quod Dei omnipotentis instinctu et D. « Hugonis Rothomagensis Archiepiscopi, et vene- « rabilium Episcoporum, Achardi Abrincensis, et « Richardi Constantiensis, consilio, et assensu Henrici, « Regis Anglorum, Ducis Normannor. et Comitis An- « degav. Ego Guillelmus de S. Joanne; et Robertus, « frater meus; et Oliva, uxor mea, pro remissione « peccatorum meorum, et Antecessorum, et Successo- « rum meorum; dedimus Deo, et Ecclesiæ S. Trinitatis « de Lucerna, et Canonicis Regularibus ibidem Deo « servientibus, terram in qua fundata est Abbatia, eam,

---

[1] *Neustria pia*, p. 752.
[2] Manche, arr. de Saint-Lo.

« scilicet, quæ est inter primum Vivarium ipsorum et
« nemus, et Thar [1], et Tharnet, etc. [2]. » Nous apprenons
du registre de Saint-Josse-au-Bois-lez-Dammartin, au
diocèse d'Amiens, cité par le P. du Monstier parlant de
cette abbaye, que cette dernière fondation fut cette
année 1162. Voici les termes de ce registre : « Anno
« Domini 1162, Monasterium Lucernense, apud Nor-
« mannos, in honorem sanctissimæ Trinitatis ædifi-
« catur; Monachis S. Jodoci Nemorensis disciplinam
« Nortbertinam ibidem instituentibus [3]. »

L'an 1163 est célèbre par la tenue du concile de
Tours par le pape Alexandre III, lequel, pour éviter
les persécutions de l'empereur et de son antipape
Octavien, s'étant retiré en France, assembla en cette
ville 120 évêques, 400 abbés, et une infinité d'autres
ecclésiastiques constitués en autorité et dignité, en
présence desquels il expliqua la manière canonique de
son élection et l'injustice de son adversaire. Ceci est
publié; j'en parle seulement parce que je trouve dans
les mémoires manuscrits de M. du Vaudôme, que
notre évêque Richard fut du nombre de ceux qui y
assistèrent, parmi les actes duquel on lit la harangue
que fit aux Pères l'éloquent Arnoul, évêque de
Lisieux, sur le sujet de leur convocation.

Ce concile se tint le vingt-neuvième mai [4], et notre
évêque de retour en ce diocèse, par un acte passé le
jour saint Remi, cette même année 1163, confirma à

---

[1] Le Thar prend sa source à la Butte, village de la Manche, arrondissement d'Avranches, et se jette dans la mer à Catteville, près Saint-Pair.

[2] *Neustria pia*, p. 794.

[3] *Ibid.*

[4] Le dix-neuvième.

l'abbé et religieux de Cerisy le prieuré de Saint-Michel-de-Vauville, qui est de leur dépendance. En voici la charte extraite du cartulaire de cette même abbaye de Cerisy : « Richardus, Dei gratia Constan-
« ciensis episcopus, dilectis in Christo filiis Hugoni
« abbati omnibusque monachis sancti Vigoris de Ce-
« risiaco, perpetuam in Domino salutem. Ex injuncti
« nobis officii sollicitudine commoti vestrisque pre-
« cibus gratanter excitati, donationes et elemosinas,
« quas de manu prædecessoris nostri bonæ memoriæ
« Algari episcopi, Richardi de Vauville aliorumque
« largitione, prioratus vester Sancti Michaelis de Monte
« Vauville canonice suscepit, nostrisque temporibus,
« ad Roberti prioris vigilantiam, juste acquisivit,...
« in perpetuum concedimus... Confirmamus ecclesiam,
« scilicet, dimidiam Sanctæ Crucis et ecclesiam Sancti
« Martini de Vauville, cum omnibus pertinentiis;
« ecclesiam Sancti Petri de Digulevilla, cum omnibus
« terris et elemosinis suis; ecclesiam de Esculevilla;
« dimidiam ecclesiam Sancti Martini de Urvilla, salvo
« jure Constantiensis ecclesiæ. Testibus : Petro, abbate
« Exaquii; Ricardo, Willermo, archidiaconis [nostris;
« magistro Unfrido Bove; Roberto, priore Sancti
« Fromondi; Unfrido, Anschitillo, decanis nostris;
« Radulfo de Osmonvilla, Rogerio de Urvilla, Rogerio
« de Torlavilla, sacerdotibus; Roberto de Motte].
« Anno ab incarnatione Domini 1163, festo die sancti
« Remigii. Apud Constantias [1]. »

---

[1] Voir aux archives de la Manche le cartulaire du prieuré de Vauville, composé de chartes transcrites, en 1594, du *Livre Noir* de l'abbaye de Cerisy.—Vauville, Digulleville, Eculleville, Urville-Hague, arr. de Cherbourg.

L'an 1164 suivant, à la prière de Henri du Neubourg, Raoul de la Haye, Engelger de Bohon et Guillaume d'Orval, Richard donna l'église de Ravenoville [1] à l'abbé et religieux de Blanchelande. La charte en est conçue en ces termes : « Richardus, Dei gratia Constan« tiensis episcopus, dilectis in Christo filiis suis « Radulpho abbati et canonicis Sancti Nicolai de « Blanchelande, salutem et Dei benedictionem. Bonam « de vobis in Domino spem habentes, ex injuncti nobis « officii debito sustentationi vestræ curam diligenter « adhibemus. Inde est quod pro Dei amore et venera« bilium parochianorum nostrorum Henrici de Novo« burgo, Radulphi de Haya, Engelgeri de Bohon et « Guillelmi de Aurea Valle precibus et assensu, dona« vimus vobis in perpetuam elemosinam ecclesiam « Sanctæ Mariæ de Ravenovilla cum omnibus perti« nentiis suis, salvo jure Constantiensis ecclesiæ. Anno « incarnationis Dominicæ 1164, indictione 13ª. » Il faut ajouter que ce fut après le mois de septembre, auquel commença cette indiction. Je n'ai point encore vu de chartes datées de l'an 1165 ; mais nous en avons plusieurs des années suivantes. En 1166, le même Richard confirma aux abbé et chanoines de Blanchelande l'église de Doville [2] à eux donnée par Guillaume d'Angerville et Basire son épouse. Le style de cette charte est au commencement différent des autres ; elle est adressée aux recteurs de l'Église notre sainte mère : « Dilectis in Christo Sanctæ matris ecclesiæ

---

[1] Ravenoville, arr. de Valognes.
[2] Doville, arr. de Coutances.

« rectoribus, tam præsentibus quam futuris omnibus,
« ad quos istæ litteræ pervenerint, Richardus, Constan-
« tiensis episcopus, salutem in Domino. Noverit
« dilectio vestra, quod donationem quam Guillelmus de
« Angervilla et Basiria, uxor ejus, pro omnibusque
« suis antecessorum suorum ecclesiis Sancti Nicolai de
« Blancalanda contulerint, concedimus et præsenti
« carta in perpetuam elemosinam confirmamus. Anno
« incarnationis dominicæ 1166. »

Il fallait, pour suivre l'ordre des temps, faire précéder la charte suivante de quelques-unes de celles que nous venons de rapporter ; c'est un acte par lequel ce même prélat, à la prière de l'impératrice Mathilde, mère de Henri second, donna aux chanoines de l'abbaye de Cherbourg une certaine partie de la dîme de la paroisse de Equeurdreville[1]. Elle est telle : « Richardus,
« Dei gratia Constantiensis episcopus, dilectis in
« Christo filiis canonicis de Voto prope Cæsarisburgum,
« salutem et Dei benedictionem. Precibus et meritis
« reverendissimæ dominæ meæ Mathildis imperatricis,
« concedimus vobis et præsenti scripto conferimus,
« intra parochiam nostram de Esquedrevilla, duas
« partes decimarum universorum fructuum totiusque
« cryptæ vestræ quæ dicitur de Hometo. Testibus
« venerabili episcopo nostro Henrico Bajocensi et
« abbate de Valeta, et de clericis nostris, domino
« priore Rhotomagensi, Richardo, Guillelmo, archi-
« diaconis[2]. »

[1] Equeurdreville, arr. de Cherbourg.
[2] Répertoire de M. DE GERVILLE, I, 109.

Cette charte, au reste, ne peut être qu'après l'an 1162, Henri, évêque de Bayeux, y ayant souscrit comme témoin, lequel ne fut élevé à cette dignité que cette même année. Elle ne peut être non plus après l'an 1165, la princesse Mathilde, en faveur de laquelle elle fut donnée, étant morte du mois de septembre 1166. C'est elle de qui l'épitaphe disait :

> « Ortu magna, viro major, sed maxima partu,
> « Hic jacet Henrici, filia, sponsa, parens. »

Ce fils, Henri second, roi d'Angleterre et notre duc, qui aimait parfaitement cette princesse sa mère, conserva envers l'abbé de Cherbourg la même affection qu'elle lui avait portée; ce qu'il en écrivit à notre évêque en va faire la preuve : « Henri, roi d'An-
« gleterre, duc de Normandie et d'Aquitaine, à Richard,
« évêque de Coutances, salut. Je vous prie et vous
« mande soigneusement, que pour l'amour de Dieu
« et l'âme de madame l'impératrice ma mère, pour
« l'amour de moi et en considération de la demande
« que je vous en fais, vous avanciez l'affaire du prieur
« et de l'abbaye de Cherbourg, qui est de la fonda-
« tion de l'impératrice, en confirmant à cette abbaye
« et aux chanoines qui y servent Dieu, l'église de
« Sainte-Marie-de-Vasteville [1] que Eudes de Sottevast
« leur a aumônée à perpétuité. Faites les choses de
« manière que j'aie lieu de vous en remercier, et
« eux en ressentent ce qu'ont pu mes prières auprès

---

[1] Arr. de Cherbourg.

« de vous pour leur service. Fait à Bure. Témoin
« Henri, évêque de Bayeux. »

« Henricus, rex Angliæ, dux Normanniæ et Aquita-
« niæ, Richardo, episcopo Constantiensi, salutem.
« Mando vobis et precor diligenter, quatenus pro amore
« Dei et pro anima dominæ imperatricis matris meæ,
« et pro dilectione et petitione mea, promoveatis
« negotium prioris et abbatiæ de Cæsarisburgo, quam
« ipsa imperatrix fundavit, confirmando ipsi abbatiæ
« et canonicis ibidem Deo servientibus, ecclesiam
« Sanctæ Mariæ de Vastavilla, quam Eudo de Sot-
« tevast dedit eis in perpetuam eleemosinam,
« et in tantum faciatis quod grates vobis referre
« debeam, et quod percipiant preces meas erga vos
« sibi profuisse. Teste Henrico episcopo Bajocensi.
« Apud Buram[1]. »

Richard notre évêque consentit à cette demande; il en donna un acte dont voici la teneur : « Notum sit
« omnibus ad quos præsens scriptum pervenerit, quod
« ego Richardus, Dei gratia Constantiensis episcopus,
« respectu Dei et præsentatione venerabilis parochiani
« nostri Eudonis de Sottevast, dedi ecclesiam Sanctæ
« Mariæ de Vastavilla cum pertinentiis omnibus, salvo
« jure et consuetudinibus nostris, abbatiæ Sanctæ
« Mariæ de Cæsarisburgo, per manum prioris ejus
« Balduini et prece illustrissimi domini Henrici regis,
« in perpetuam firmamque elemosinam. Testibus

---

[1] *Gallia Christiana*, XI, col. 245, *instrum*. — Répertoire de M. DE GER-
VILLE, I, 90.

« Alveredo cantore, Guillelmo, Richardo, Roberto,
« archidiaconis, et multis aliis [1]. »

Environ ce même temps, deux seigneurs, l'un nommé Richard de Heucey et l'autre Guillaume Carbonnel, enrichirent cette même abbaye de Cherbourg de la paroisse de Jobourg[2], et Richard confirma aussi cette donation. Je n'en ai pas l'acte, mais il [y] est référé dans la charte que ces chanoines eurent la précaution de prendre de Rotrou, archevêque de Rouen, que voici : « Rotrodus, Dei gratia archiepiscopus Rhoto-
« magensis, præsentibus et futuris salutem, gratiam et
« benedictionem in Christo. Fratrum meorum epis-
« coporum donationes et fidelium concessiones in
« provincia nostra ecclesiæ Dei conferre gratum
« habemus et inviolabiliter mandamus observare. Inde
« est quod ecclesiam de Jobourg, quam venerabilis
« frater noster Richardus, Constantiensis episcopus,
« petitione parochianorum suorum Richardi de Heucey
« (ou de Heuce ou de Ham), et Guillelmi Carbonnel,
« cum pertinentiis suis, donavit abbatiæ beatæ Mariæ
« de Voto de Cæsarisburgo et dilectis filiis nostris
« canonicis ibidem Deo servientibus, et similiter eccle-
« siam de Vastavilla, quam idem episcopus, postu-
« latione Eudonis de Sottevast, cum omnibus perti-
« nentiis eisdem canonicis donavit, nos in perpetuam
« elemosinam eis habendas concedimus, prohibentes
« ne ab aliquibus super his violenter vel injuste fati-

---

[1] Répertoire de M. DE GERVILLE, *ibid.*
[2] Arr. de Cherbourg.

« gentur. Et ut quiete possideant, præsenti scripto et
« sigilli munimine confirmamus. »

Cet acte est sans date ; mais il est encore indubitable qu'il fut passé après l'an 1165, auquel seulement Rotrou fut transféré à Rouen.

Au reste, il faudrait transcrire presque entiers les chartriers du diocèse, si nous voulions insérer ici tous les actes de donations et confirmations où cet évêque a souscrit. J'en marquerai encore quelques-uns, dont le premier sera une charte passée en la sacristie de l'église cathédrale de Coutances, le premier an du règne de Henri second, roi d'Angleterre, notre duc, par laquelle notre prélat Richard, du consentement de son chapitre, céda le patronage de l'église de Saint-Pair au fameux Robert, abbé du Mont-Saint-Michel, et à ses religieux ; un autre de l'année précédente par lequel il confirma à l'abbé et religieux de Saint-Sauveur-le-Vicomte les églises de Sainte-Marie-de-Brix, avec toutes les dîmes et terres d'aumônes ; de Saint-Christophe, avec la dîme de deux gerbes, et de Saint-Germain-le-Gréard[1], avec les dépendances, le tout donné par son cousin, Adam de Brix, pour le salut de son âme et de celles de ses prédécesseurs et successeurs ; et un second acte en faveur de ce même monastère, par lequel, à la réquisition de Roger, abbé de ce lieu, après avoir fait une énumération de tous les dons et bénéfices faits à cette abbaye, il les confirma ; un autre en faveur de l'abbaye de Hambie, par lequel, à

---

[1] Saint-Martin-le-Gréard, Saint-Christophe-du-Foc, arr. de Cherbourg.

la prière de Fouque, abbé de ce monastère, et de ses religieux, il confirma ce que ses diocésains avaient donné par ses mains et en sa présence à Dieu et à ses serviteurs, les religieux de ce lieu. On y voit le dénombrement de quelques-uns de ces dons, et il y est réglé, entre autres choses, que les grosses dîmes de la paroisse de Hambie seront pour les moines, et que des menues oblations et autres choses appartenant à l'autel, on en fournira ce qu'il faut pour le luminaire et pour l'entretien du vicaire. Il leur confirma encore l'église de Tripehou[1], avec toutes les appartenances données par Raoul de Tripehou, à prendre sur les moulins de Saint-Denis donnés par Hugues de Saint-Denis; la chapelle du Pont-Flambart avec la dîme et 15 acres de terre données par Geoffroi et Raoul Tavel; autres 9 acres de terre en la paroisse de Saint-André, du don de Richard du Saussey; encore 10 en celle du Rosel du don de Guillaume de Tresgoz, avec quelques autres semblables, prononçant anathème contre tous ceux qui oseraient en violer la sainteté; une autre charte à moi communiquée par M. Clerel, seigneur de Rampan, sans date, ainsi que la précédente, en laquelle sont nommés témoins Auvray, chantre, Richard, Guillaume et Robert, archidiacres, Robert de Saint-Lo, Robert de Cavigny et Roger de Milly, chanoines, par laquelle il donna à Guillaume, abbé de Saint-Lo, et à ses chanoines, l'église de Saint-Georges-de-Montcocq, terres, dîmes et autres dépendances, par

---

[1] Tripehou, Pont-Flambart, Saint-Georges-de-Montcoq, Saint-André-de-Bohon, arr. de Saint-Lo; Le Rosel, arr. de Cherbourg.

la concession de Roger de Montcocq et de Sanson, Henri et Thomas, ses trois fils et héritiers, lesquelles donations furent après ratifiées par Guillaume de Rampan ayant épousé Thomasse de Montcocq, devenue seule héritière de cette maison.

Fonder ou enrichir les monastères était la piété de ces temps-là. On persuadait aux seigneurs que la dîme était un bien usurpé sur les ecclésiastiques du temps de Charles Martel dont ils ne pouvaient jouir en bonne conscience, et couvrant le terme odieux de restitution des titres pompeux de fondateurs et donateurs, en moins de deux siècles les meilleurs et les plus clairs revenus de la chrétienté se trouvèrent entre les mains des religieux. La vie de ces religieux paraissait régulière, il en naissait de temps en temps de nouveaux qui, comme c'est la coutume, plaisaient au peuple, et ainsi l'on se faisait un plaisir de les appeler et de les enrichir plutôt que le clergé séculier, parmi lequel la science était rare et la piété fort peu commune.

C'est là l'origine d'une infinité de monastères dont ce diocèse était rempli. Chaque seigneur voulait auprès de soi de ces religieux, selon sa fantaisie, ou Augustins, ou Bénédictins, ou Norbertins, et pour ce sujet leur bâtissait et fondait, aux dépens des dîmes et des patronages, des petits couvents sous la dépendance des grands, qu'ils peuplaient de religieux sous la direction d'un d'entre eux qui portait le nom de prieur, comme le couvent celui de prieuré. C'est ainsi que, sous l'épiscopat d'Algare, le monastère du Ham qui avait été détruit par les Normands infidèles, fut rétabli par Guillaume le Bouteiller et donné à l'abbaye de Saint-Père-en-Vallée-lez-Chartres, qui y envoya des religieux. Il est maintenant rasé, ainsi que presque tous les autres, et un commendataire en prend le revenu.

Les fondateurs des prieurés de Héauville, de Marchesieux, de Bohon, les donnèrent à l'abbaye de Marmoutiers et en firent venir des moines pour y résider. J'ai une charte qui contient un échange par lequel Thomas de Gorges, chevalier, leur quitte certains ténements qu'il avait en la paroisse de Héauville pour d'autres qui leur appartenaient en celle de Biville.[1]

« Noverint universi ad quos præsens scriptum
« pervenerit, quod Ego Thomas de Gorges miles,
« tradidi abbati et conventui Majoris monasterii totum
« tenementum quod ego et Emma, soror mea et uxor
« Petri la Foidre, habebamus in parrochia de Heauvilla,
« tenendum in perpetuam elemosinam, in excambio
« pro illo tenemento suo quod mihi dederunt et assi-
« gnaverunt in parrochia de Boevilla, exceptis molen-
« dinis meis et exceptis clavandis. Ego omnia jura, re-
« clamationes, consuetudines et facturas quas habebam
« in prioratu de Heauvilla pro isto excambio dimisi[2]. »

Le prieuré de Savigny, à deux lieues de Coutances, fut de la même manière fondé et donné aux chanoines réguliers de Sainte-Barbe, qui en jouissent encore présentement et choisissent un de leurs monastères qui

---

[1] Biville, Héauville, arr. de Cherbourg; Marchesieux, arr. de Coutances.
[2] Répertoire de M. DE GERVILLE, V, 2406.

y fait les fonctions curiales. En voici la langue originale : « Notum sit omnibus tam præsentibus quam
« futuris, quod ego Gauffridus de Breulcour, concessi
« et præsentis scripti attestatione confirmavi ecclesiam
« Sanctæ Mariæ de Savigneo cum omnibus pertinentiis
« suis in canonicum regularem, sub tutela et dispo-
« sitione ecclesiæ Sanctæ Barbaræ, ita tamen ut
« possessiones præfatæ ecclesiæ in usus Deo ibi
« servientium expedantur. Imprimis et concedo totam
« decimam ecclesiæ, cum terris quas Turoldus, pres-
« biter, et Jossolinus, et Robertus, apostolicus, in ele-
« mosinam tenuerunt, terram quæ est inter Virgultum
« et monasterium, decimam molendini de Savigneio,
« molendinum de Sauceio et quidquid habeo apud
« Sauceium, et dimidiam feriam de Savigneio, et
« totam decimam omnium redituum meorum, tam in
« Normannia quam in Anglia, quæ non sunt data in
« elemosina. Testibus Richardo capellano, Theobaldo
« Cornet, Gilberto de Albamassa et Rogerio de
« Petivilla. »

Mais entre tous ces monastères ou prieurés, je ne dois pas oublier celui de Bohon, puisqu'il porte le nom et est de la fondation des pères de notre évêque. Il est de la dépendance de Marmoutier, situé en cette paroisse que nous avons nommée, à une lieue ou une lieue et demie de Carentan, vers le midi de cette ville. J'en ai trois chartes extraites du trésor des titres de M. le marquis de Beuzeville-la-Luzerne. La première est un acte par lequel Onfroi de Bohon, connétable du roi d'Angleterre, pour le salut de son âme, celle de la comtesse Marguerite, et de tous ses prédécesseurs, confirme à ces religieux toutes les donations qui lui avaient été faites jusqu'alors :

« Sciant omnes tam futuri quam præsentes, quod
« ego Humfridus de Bohon, domini regis Anglorum
« constabularius, omnes elemosinas quas antecessores
« mei et hæredes et homines mei prioratui de Bohon
« dederunt, pro salute animæ meæ et comitissæ
« Margariæ, et omnium antecessorum meorum, con-
« cedo, et præsenti pagina et sigilli mei impressione
« prioratui prædicto confirmo, scilicet ecclesiam sancti
« Guingaloci de Auvilla [1], cum pertinentiis suis, a
« Richardo de sancto Vigore datam, et decimam de
« Picauvilla, in segete et in anguillis, cum dimidia
« acra terræ, ut prius fuerat data a Richardo Vely

[1] La version donnée par le Cartulaire de Marmoutier est fort différente de celle-ci et permet de la rectifier : « ... Confirmo, scilicet ecclesiam S. Grin-
« galocii de Auvilla, ... a Ricardo de S. Victore datam, et decimam de
« Picauvilla, in segete et in anguillis, et dimidiam acram terre juxta
« Carentonii furcas, datam a Ricardo Travers quando monachus factus
« fuit, et decimam de xv acris terre, quas Balduinus de Corbelvilla et
« ejus frater tenent, a Rogerio de Aumaisnillo datam quando monachus
« factus fuit, et molendinum de Belmunt a Willelmo Radulphi filio,
« quando monachus factus fuit, datam, et terram apud Pomenalcam cum
« mansuris ad pontem Unve, quam dedit Rualdus de Turpo quando
« monachus factus fuit, et terram quam Ricardus de Monte dedit, et
« xL acras terre apud Reinomaisnil, et xL apud Malam Paludem, et Lv apud
« Bonamvillam, et terram quam Robertus de Bois dedit, et unam minam
« frumenti quam Ro... de... in molendinis suis dedit, et xii denarios in
« Careit, et v virgatas terre de dono Roberti de Hestehou juxta Flakeium,
« et decimam in molendino Ricardi de Cruceio ad pontem Unve, et ii pecias
« terre apud Malam Paludem, quas Willelmus de Chemino dedit... Testibus
« his : Engelgero de Bohun, Roberto priore, Thoma sacrista, fratre Durando,
« Willelmo Blondel, comitissa Margaria, Henrico de Bohon, Ilberto
« senescallo, Ricardo Bigot, Ricardo Wach., Raginaldo de Somefort, Helia
« clerico, Willelmo de Somefort, Withine Marescal, et aliis pluribus. »
Copie de M. Léopold Delisle. (Répertoire de M. de Gerville, V, 2416.)

« quando manochus factus fuit, et decimam de sexdecim
« acris terræ in valdunis (*sic*) de Courbeauvilla, et
« insuper tenementum de Commevilla (*sic*), datum ab
« eodem quando monachus factus est, et molendinum
« de Bellemont a Guillelmo Radulphi filio quando
« monachus factus est. »

Par la seconde charte, Richard, notre évêque, confirma ce qui avait été aumôné aussi jusqu'alors à ces religieux ; la voici encore en sa langue naturelle :
« Universis sanctæ matris ecclesiæ fidelibus, Richardus,
« Dei gratia Constantiensis episcopus, perpetuam in
« Domino salutem. Sciant omnes tam præsentes quam
« futuri, quatenus instinctu divinæ pietatis et inter-
« ventu precum Roberti abbatis Majoris Monasterii et
« conventus ipsius, præsenti pagina confirmamus prio-
« ratui de Bohon, sancti Georgii ecclesiam, et sancti
« Andreæ ecclesiam, et capellam sancti Jacobi de
« Heremo, cum toto nemore, et ecclesiam sancti Petri
« de Capella, præsentatione venerabilium parochia-
« norum nostrorum Engelgeri de Bohon et Richardi
« de Humeto, necnon quod Guillelmus et prædecessores
« ejus concesserunt, et ecclesiam sancti Guingaloci de
« Auvilla, cum pertinentiis suis, per præsentationem
« Richardi de sancto Vigore, cum filiis suis Richardo
« et Humfredo, necnon et quod dictus Guillelmus dedit,
« scilicet decimam de Picauvilla, et de hominibus
« monachorum decimas, et viginti acras terræ quas
« Guillelmus Goeslardus possidebat. Præsentibus præ-
« dictis Engelgero de Bohon, Richardo et Willelmo
« de Humeto, Willelmo de Colevilla, Thoma et

« Richardo de Graigne, Legerio de Menouvilla, Huberto
« de Huivilla, Alveredo cantore, Reginaldo capellano,
« Joanne de Garselle et aliis pluribus, et de parte
« monachorum, Roberto abbate [1]. »

Enfin la dernière, dont nous ne rapporterons ici que le sujet pour n'être pas trop ennuyeux, est un acte du même Richard, évêque de Coutances, contenant un accord par lui fait entre Enguerran de Camprond et Engelger de Bohon, touchant l'église de la Chapelle[2] que ledit de Bohon avait donnée aux moines du prieuré de Bohon. Ledit Enguerran soutenait que cette église lui appartenait à cause du fief qu'il tenait dudit Bohon. Les conventions furent que Enguerran et son épouse, au nom de laquelle il était possesseur de ce fief, firent la donation de cette église en présence et du consentement de leurs fils, Guillaume, l'aîné, et Geoffroi, qui renoncèrent, pour eux et leurs héritiers, à jamais y rien prétendre, et alors, selon la cause qui en avait été retenue, à la présentation de Robert, prieur des religieux de Bohon, le seigneur évêque conféra ladite église de la Chapelle, avec toutes ses appartenances, à Geoffroi, fils d'Enguerran, pour la tenir dudit preneur et de ses successeurs, à condition néanmoins qu'en cas de décès ou d'entrée en religion dudit Geoffroi, elle retournera en son intégrité audit prieur et à ses successeurs, toujours « salvo jure Constantiensis ecclesiæ
« et consuetudinibus episcopalibus », et aussi parce

[1] Les souscriptions du Cartulaire de Marmoutier sont assez différentes. (Répertoire de M. DE GERVILLE, V, 2429.)

[2] La Chapelle-Enjuger, arr. de Saint-Lo.

que ledit Engelger « prædictam ecclesiam quietavit et
« liberam reddidit in præsentia nostra de auxiliis
« regis et suo, quibus computabatur pro triginta acris
« terræ ». Témoins : Pierre, abbé de Lessay; Guillaume, abbé de Saint-Lo; le chantre Auvrai; Savari, Guillaume, Robert et Richard, archidiacres[1], etc. On remarquera en passant qu'on ne trouve point ce Pierre dans la suite des abbés de Lessay, car le premier qu'on y trouve de ce nom est le quatorzième abbé et vivait vers la fin du XIIIe siècle. Cet abbé de Saint-Lo était surnommé de Martainville; nous en parlerons bientôt.

Le monde était alors occupé du grand différend entre le roi d'Angleterre et l'archevêque de Cantorbéry, Thomas Becket, lequel, d'archidiacre de Coutances, Henri avait élevé à la dignité de chancelier du royaume et de là choisi pour en être le primat. L'histoire en est publique; je remarquerai seulement que l'archevêque ayant été assassiné en son église par Hugues de Morville, Richard le Breton, Guillaume de Tracy et Renaud Dursus, gentilshommes bas normands, domestiques du prince, le ciel décida aussitôt en sa faveur et approuva par une infinité de merveilles sa conduite qui avait semblé un peu trop dure à bien des gens, et qu'il serait dangereux et imprudent de vouloir soutenir au temps où nous sommes. Les meurtriers mêmes condamnèrent leur action. Le roi en fut fâché jusqu'à en répandre des larmes, et envoya à Rome s'en disculper auprès du pape et des cardinaux,

[1] Répertoire de M. DE GERVILLE, V, 2415.

deux desquels furent délégués pour lui en donner absolution et lui enjoindre pénitence. Ceci se passa à Avranches, le 27 septembre 1172, en présence des légats, de tous les évêques de la province et d'un peuple infini. Henri, prosterné à genoux devant la porte de l'église cathédrale, jura sur les saints Evangiles et sur les reliques des saints, qu'il n'avait ni condamné ni voulu qu'on fît mourir l'archevêque Thomas, et qu'il en avait été très-fâché lorsqu'il l'avait su. Il se soumit néanmoins à la rude pénitence qui lui fut imposée, comme se croyant avoir donné occasion à ses assassins de commettre le parricide par les démonstrations de colère qui paraissaient quelquefois contre cet archevêque.

Le lendemain de cette grande action, les légats assemblèrent en concile les évêques et les autres ecclésiastiques de la province qui ont droit d'y assister, où furent faits divers règlements en treize canons sur les nécessités du temps, lesquels étant rapportés dans le recueil général des conciles et dans l'histoire de Normandie de Du Moulin, nous ne les répéterons point.

Peu de temps après, le même pape, qui était Alexandre III, ayant fait faire une exacte perquisition de la vie et des miracles qui se faisaient tous les jours par l'intercession de Thomas, le canonisa et le mit au nombre des martyrs. Ce fut à notre évêque, qui avait toujours eu une très-particulière liaison avec ce saint homme, et à tout le diocèse de Coutances, qui le connaissait comme s'y étant fort souvent retiré, une grande joie de pouvoir librement témoigner les sentiments de respect qu'ils avaient pour lui et ériger des monuments publics à sa mémoire.

Le premier qui se présente est une église et une paroisse dans le faubourg de Saint-Lo, qui, tout aussitôt après sa canonisation, fut érigée et consacrée à Dieu en son nom. En voici l'acte : « L'an depuis l'incarnation
« de Notre-Seigneur 1174, le 28e juillet, en la pré-
« sence et à la prière du seigneur évêque de Coutances
« et de Guillaume, abbé de Saint-Lo, le vénérable
« Renaud, évêque de Bath [et Wells], dédia, à Saint-Lo,
« une certaine église en l'honneur de Dieu et au
« nom du très-heureux martyr Thomas, évêque de
« Cantorbéry, en la présence de Richard, évêque de
« Coutances, de l'abbé Guillaume et d'une très-
« grande quantité d'ecclésiastiques et de peuple, et,
« afin que ce soit à l'avenir pour toujours une paroisse,
« on a uni à cette église les cantons suivants, qui
« étaient de la paroisse de Saint-Lo et de Sainte-Marie-
« du-Château, avec leurs habitants, sauf leurs sépul-
« tures, qu'ils auront dans le cimetière de Saint-Lo :
« c'est à savoir depuis la porte Basly jusqu'au village
« Papède et l'hôtel Barboc, le hameau de Rignerolle,
« le manoir Gautier-Rosel, tout le Mesnil-au-Bosc et
« tout Champeaux jusqu'à la fontaine du Mesnil-
« Rouxelin[1]. Et le susdit évêque de Coutances a cédé
« et donné cette église à l'abbé et chanoines dudit
« Saint-Lo pour leur appartenir à perpétuité, libre et
« exempte de toute exaction et coutume. En signe de

---

[1] Tous ces lieux sont situés dans l'arr. de Saint-Lo.

« quoi, il a fait apposer son sceau au présent, et ledit
« seigneur évêque de Bath et Wells aussi le sien.
« Témoins : Savari, Guillaume, Richard et Robert,
« archidiacres, et entre les laïques Robert Nuque,
« Roger Ouri, Marin de Periers, et plusieurs autres¹. »

Auparavant ce que nous venons de dire, Richard, notre évêque, avait terminé un gros différend entre Roger de Salmonville, sixième abbé de Saint-Sauveur-le-Vicomte, et Henri, neuvième abbé de Préaux ², touchant le patronage et les dîmes de la paroisse de Pierrepont. Gilles, évêque d'Evreux, en fut nommé l'arbitre et jugea en faveur du premier. Nous avons l'acte par lequel notre évêque confirma ce jugement;

[1] Les archives de la Manche possèdent une copie de la charte de création de la paroisse Saint-Thomas, qui me paraît préférable à la traduction de notre auteur; la voici : « Anno ab incarnatione Domini M° C° LXX° IIII°, quinto « calendas Augusti, prece et interventu domini Constanciensis episcopi Ri-« cardi, et Willelmi, abbatis Sancti Laudi, dedicavit venerabilis Reginaldus « Batoniensis episcopus, apud Sanctum Laudum, ecclesiam quandam in « nomine Domini et in honore beatissimi martyris Thome, Cantuariensis « archiepiscopi, ipso jam dicto Ricardo presente et Willelmo abbate Sancti « Laudi, cum maxima parte cleri et populi, et in perpetuam parrochiam « assignate sunt eidem ecclesie terrule iste, que erant de parrochia Sancti « Laudi et Sancte Marie de Castello, cum earum habitatoribus salva sepul-« tura cemeterii Sancti Laudi, a porta Balii ex utraque parte usque ad vicum « Papede et usque ad domum Barboti, hamellum de Linerolles, mansura « Galterii Rosselli cum toto Maisnillo Croc et Campels totum, cum fonte de « Masnillo Roscelini. Concessit autem supradictus Constanciensis episcopus « prenominatam ecclesiam abbati Sancti Laudi in perpetuum, quietam et « liberam ab omni exactione et consuetudine, suoque preterea sigillo fecit « consignari, dominusque Bathoniensis episcopus suo, et jam dictus abbas « Willelmus similiter suo. Testibus Savarico, Willelmo, Roberto, archidia-« conis, Petro capellano, et multis aliis. » Ces autres souscriptions sont celles de « Richardus de Boylleio, Radulphus de Gersalia », clercs, et « de laicis, « Robertus Nicera, Rogerius Serricicus, Marinus de Periers et Thomas « filius ejus, Milleius et Silvester ». (Gallia, XI, 245, instrum.)

[2] Il y eut bien, en 1172, un procès au sujet de Pierrepont jugé par Gilles, évêque d'Evreux, mais il eut lieu entre l'abbaye de Saint-Sauveur et Olivier

il est de 1172, et cette même année, le 28 juillet, il confirma encore au même abbé de Saint-Sauveur l'église de Saint-Clément de Jersey que le fameux Robert de Torigni, abbé du Mont-Saint-Michel, prétendait lui appartenir. Pour ce sujet on avait écrit à Roger de Salmonville. J'ajouterai encore un acte, tiré des archives de l'abbaye du Mont-Saint-Michel, qui contient un jugement donné aux assises de Caen entre le susdit Robert, abbé du Mont, et un seigneur nommé Jourdain de Sacqueville, par lequel il est décidé que des donations faites aux monastères, les donataires ou les représentants ne peuvent prétendre autre chose que de participer aux prières des religieux. Notre évêque y assista et y est souscrit comme les autres. En voici les termes : « Anno M° C° L° VII°. In assisia apud Cadomum.

« Cum Robertus, abbas de Monte Sancti Michaelis con-
« quereretur de Jordano de Sachevilla quod quas-
« dam consuetudines et exactiones per vim capiebat
« in hominibus de Eventoth, et volebat manutere
« eos et quasi tueri contre abbatem, eo quod anteces-
« sores ejus dederant sancto Michaeli prædictam villam
« de Eventoth, diffinitum est in plenaria curia regis
« utpote in assisia, ubi erant barones quatuor comi-
« tatuum, Bajocassini, Constantini, Oximini, Abrinca-

---

de Montcuit (*Cartulaire de Saint-Sauveur*, n° 219). Le différend qui s'éleva à cette époque entre l'abbaye de Saint-Sauveur et celle de Préaux, et est mentionné dans leurs cartulaires, était relatif à Neuville en Bray, près Neufchâtel : « Novavilla juxta novum castrum de Drincourt ». Roger, abbé de Saint-Sauveur, céda les possessions de son abbaye dans cette paroisse à Henri, abbé de Préaux, moyennant cinquante-cinq sous de rente (*Cartulaire de Saint-Sauveur*, n° 377; *Cartulaire de Préaux*, n°s 115 et 116).

« tini, quod ex quo aliquis in Normannia dat aliquam
« elemosinam alicui abbatiæ, nihil omnino ibi poterit
« retinere vel clamare præter orationes, nisi specialem
« habeat cartam de hoc quod vult retinere ducis Nor-
« manniæ, in cujus manu sunt omnes elemosinæ ex
« quo donaverant abbatis vel locis religiosis. Hoc judi-
« cium, approbaverunt et confirmaverunt Robertus de
« Novoburgo, dapifer et justiciarius totius Normanniæ,
« Philippus episcopus Bajocensis, Arnulfus Lexovien-
« sis, Richardus Constantiensis, Willelmus [Tallevast
« comes Pontivi], Johannes, Godardus de Valz, Athar-
« et multi alii[1]. »

Enfin, auparavant que de parler de sa mort, je
remarquerai encore deux chartes de l'an 1176 : par la
première, il confirma à l'abbaye de Blanchelande le
patronage de l'église de Saint-Aubin, près Aubigny :
« Ecclesiam sancti Albini juxta Albineium ex presen-
« tatione et assensu Willelmi comitis Suchoestiæ » ;
et par la seconde, il confirma à la même abbaye le
patronage de Saint-Germain-le-Gaillard, donné par
Guillaume de Liéville et Geoffroi Mauvoisin.

Cette mort de notre évêque Richard arriva le premier
du mois de juin 1179. Nous apprenons l'an de l'histoire
du savant Robert du Mont[2], et le jour de l'obituaire
de l'abbaye de Saint-Lô : « Calendis [junii], obitus

[1] Notre auteur omet les souscriptions de « Ingergerius de Boum » ou de
Bohon, et de « Philippus filius Erneisii ». Au lieu d'Atharpoin, M. Lechau-
dé-d'Anizy a lu Aitard Pocin (*Rôles de l'Echiquier de Normandie* dans les
Mémoires de la Société des Antiquaires de Normandie, ann. 1846, p. 197).

[2] Cette mort est marquée par Robert de Thorigni à l'année 1178. (*Historiens de France*, XIII, 322.)

« domini Richardi de Bohon, episcopi Constantiensis. »
Il est encore fait mémoire de lui dans le même obituaire le 22 mars. Cette mémoire est marquée dans le nécrologe de la cathédrale de Coutances, au 25° de novembre, en ces termes : « Richardi de Bohon, epis-
« copi Constantiensis, commemoratio. »

Nous avons pu remarquer en plusieurs des chartes que nous avons citées les noms de ses principaux officiers. Le chantre, qui est la première dignité du chapitre, était appelé Auvrai, Savari, Guillaume, Richard et Robert. Ce Guillaume avait succédé à Philippe, et Savari à Richard, que nous avons vu juge en l'affaire de l'abbé de Montebourg et du prieur de Saint-Côme, lequel Richard fut élu évêque d'Avranches. On lit ces termes dans la chronique manuscrite du Mont-Saint-Michel : « Anno 1170, Richardus, episcopus Constan-
« tiensis, archidiaconus, fit episcopus Abrincensis post
« Achardum [1]. » M. Du Moulin, curé de Manneval, témoigne la même chose dans son *Histoire de Normandie,* liv. XII, chap. VI, année 1170 : « Gilles »,
dit-il, « Archidiacre de Rouen fut eslevé en la chaire
« episcopale d'Evreux, et Richard Archidiacre de
« Constances en celle d'Avranches [2]. » C'est le vingt-sixième, au compte de M. Carnet [3], qui a écrit la vie des évêques d'Avranches. Il était docte en théologie et en droit, ce qui lui acquit grand crédit. Le pape Adrien,

---

[1] Ægidius, Rotomagensis Archidiaconus, electus est ad Episcopatum Ebroïcensem ; Richardus, Archidiaconus Constansiensis, ad Abrincatensem. (*Ibid.*, 314.)

[2] P. 391.

[3] P. 45 de l'*Histoire chronologique des evesques et du gouvernement*

comme nous avons dit, le choisit pour juge des différends pour le patronage de Morsalines, et Alexandre III lui donna commission pour juger en dernier ressort un grand procès entre l'abbé de Saint-Vincent de Senlis et un nommé Garnier, prêtre, touchant l'église de Marnes[1]. Cette affaire était de conséquence, l'évêque d'Auxerre et les abbés de Sainte-Geneviève, de Saint-Victor de Paris et de Mortemer étant intervenus partie. Il n'était alors qu'archidiacre ; il la décida néanmoins à la satisfaction de tout le monde.

Nous remarquerons encore qu'à la vérité Henri II, roi d'Angleterre, notre duc, fut un grand prince, à l'avarice près, mais très-malheureux en femme et en enfants. Cette femme était fille et héritière de Guillaume d'Aquitaine. Elle avait épousé Louis septième, roi de France ; elle en avait eu deux filles ; mais ce monarque ayant remarqué beaucoup d'irrégularité en sa conduite, il la répudia et permit assez pauvrement qu'elle épousât ce Henri, héritier d'Angleterre, Normandie, Maine, Anjou et Touraine, et lui portât ses héritages immenses de toute l'Aquitaine. Le second mari n'eut guère plus de sujet d'en être satisfait que le premier ; elle lui causa des durs chagrins par sa mauvaise humeur. La chose alla si loin, que Henri se crut en obligation d'en porter sa plainte à nos évêques, lesquels, assemblés pour ce sujet avec leur métropolitain, en écrivirent à notre princesse d'une

---

ecclésiastique et politique du diocèse d'Avranches, par Maître Julien Nicole, Prêtre licentié, Curé de Carnet et Doyen de la Croix et Avranchin. Rennes, Mathurin Denys, M DC LXIX. — C'est donc M. Nicole au lieu de M. Carnet.

[1] Marnes, Seine-et-Oise, arr. de Versailles.

manière si noble et si digne de leur caractère, que je ne crois pas qu'on trouve mauvais que j'insère ici quelques termes de leur épître, laquelle on pourra voir entière dans le recueil des synodes de Normandie, fait par le P. Pommeraye. « Une femme », lui disent-ils, « qui n'est pas soumise à son mari, méprise le « précepte des apôtres et foule aux pieds la loi de « l'Évangile. Nous sommes tous en un déplaisir « extrême et pleurons amèrement de ce que vous, qui « étiez une femme si sage, avez quitté votre mari ; le « côté s'est retiré du côté, la main refuse d'obéir à la « tête. Retournez avec vos enfants auprès de ce mari, « auquel vous étiez obligée d'obéir; ne lui donnez « aucun soupçon de cette conduite, ni de celle de vos « enfants. Nous vous parlons en ces termes, Madame, « par le zèle de la gloire de Dieu, et par celui d'une « sincère charité. Vous êtes sous notre gouvernement « spirituel, parochiana nostra es, aussi bien que votre « mari ; nous ne pouvons refuser de faire justice. Ou « vous retournerez avec votre époux, ou bien nous « emploierons la rigueur des canons contre votre « conduite : Non possumus deesse justitiæ. Vel redibis « ad virum tuum, vel jure canonico constringemur, « et tenebimur in te censuram ecclesiasticam exer- « cere[1]. » Elle n'obéit pas ; elle suivit le parti de ses enfants révoltés contre leur père. Ce prince trouva moyen de la prendre. Il l'enferma dans une prison, où elle resta pendant quatorze ans, c'est-à-dire jusqu'à la mort de Henri.

[1] D. Pommeraye, p. 165.

CHAPITRE X

GUILLAUME DE TOURNEBU

Après la mort de Richard de Bohon, le siége de Coutances vaqua cinq ans. Je n'en sais point de raison certaine. On en attribue la cause à la vanité des princes, qui percevaient le revenu des églises et des abbayes pendant leur vacance; c'est ce que disait Thomas de Cantorbéry, écrivant au pape Alexandre troisième sur le sujet des entreprises de Henri : « Le « seigneur Othon pourra vous dire ce qu'il a ouï de « l'église d'Angleterre et ce qu'il sait par expérience « de celle de Normandie, et alors nous ne doutons « point que vous ne nous écriviez, les larmes aux yeux, « qu'il n'est point de douleur semblable à cette dou- « leur. Car pour ne point parler des églises de Tours « et de Cantorbéry, qu'il traite de la manière qu'on « vous en a parlé et qu'il serait à souhaiter que vous « connussiez encore davantage, il y a sept évêchés « vacants dans notre province et dans celle de Rouen, « qu'il tient depuis longtemps en sa main sans vouloir « qu'on y ordonne d'évêques. » Il y a bien de l'appa- rence qu'il fut de notre évêché comme des autres.

Nous apprenons de Robert du Mont que Guillaume de Tournebu fut élu pour être évêque de Coutances dès l'an 1182. Il ne put néanmoins être ordonné qu'après le décès de Rotrou, archevêque de Rouen, qui mourut le 26ᵉ novembre, l'an 1183; encore ce ne fut qu'après un décret du pape Lucius III, à qui le chapitre de Coutances en avait porté sa plainte, donné à Veroli le 24ᵉ avril [1], par lequel il fut mandé au chapitre de Rouen que, sans délai et sans avoir égard à aucune opposition ou appellation qu'on pût intenter à l'encontre, il eût à convoquer les évêques de la province et à faire ordonner Guillaume. Voici comme le P. Pommeraye rapporte la chose en son recueil des conciles de Rouen : « Extat in Archivo Capituli Diploma « Lucii III datum Verulis 8 Kal. Maii ad Decanum « et Capitulum Rotomagense de Consecratione Guil- « lelmi ex Decano Bajocensi in Episcopum Constan- « tiensem, cujus electio cùm a Rotrodo confirmata « fuisset, Consecrationique terminus assignatus; mor- « tuo interim Rotrodo, Consecratio ipsa hactenus « dilata fuerat, gravi Constantiensis ecclesiæ dispen- « dio, quæ a sexennio et amplius vacabat. Quod cùm « Constantiense Capitulum Lucio III significasset, hoc « Diplomate Capitulo Rotomagensi præcepit, ut si res « ita se haberet, Suffraganeis Episcopis ad Ecclesiam « Rotomagensem convocatis, præfato electo sine diffi- « cultate aliqua, dilatione et appellatione remota, « munus facerent Consecrationis impendi [2]. »

[1] BESSIN, *Conc. Rotom.*, 90; JAFFÉ, 814.
[2] D. POMMERAYE, p. 166.

M. Le Prevost, dans ses petites observations, comme il les appelle, manuscrites, dit la même chose et presque en mêmes termes. Il remarque seulement que cette ordination a dû être le temps de l'arrivée du rescrit du pape et la réception solennelle de Gautier, archevêque de Rouen et successeur de Rotrou, qui fut le 25 février 1185, son élection ayant été approuvée par le pape Lucius, qui lui envoya le pallium, le 17° novembre 1184. Guillaume était d'une famille noble et illustre dans le Cotentin. Les Tournebu étaient seigneurs de plusieurs paroisses dans le canton de ce diocèse qu'on appelle le Val-de-Saire, et entre autres de Saint-Germain-de-Tournebu. Ce nom se trouve presque dans tous les rôles de l'arrière-ban, étant imprimé par la Roque, et par Duchesne à la fin de ses histoires de Normandie. Jean de Tournebu, entre autres, est du nombre des seigneurs bannerets du temps de Philippe-Auguste. On dit que MM. de Tournebu-Lucét sont descendus de cette famille. Ils portaient d'argent à la bande d'azur.

Guillaume avait succédé à Richard en la dignité de grand doyen en l'église de Bayeux; il lui succéda de même par une légitime élection à celle d'évêque de Coutances, après avoir vaincu tous les obstacles qui s'y opposaient.

Mais auparavant que de parler de lui, nous remarquerons quelques particularités arrivées pendant cette vacance, spécialement la dédicace de l'église de l'abbaye de Cherbourg. Ce fut l'an 1181; Henri, roi d'Angleterre, en prit le soin. Cette solennité fut une des plus célèbres de son règne ; il y assista accompagné d'une infinité de seigneurs et de peuple, ratifia toutes les donations et priviléges accordés jusqu'alors aux chanoines de ce lieu. Henri, évêque de Bayeux ; Renaud de Bath et Wells, et Richard, évêque d'Avranches, en firent la dédicace [1].

Ce monarque eut quatre fils : Henri, Richard, Geoffroi et Jean. Ces princes n'eurent pas pour leur père tout le respect qu'ils devaient ; ils lui causèrent bien des chagrins en sa vieillesse, ennuyés de ce qu'il vivait trop longtemps. Quoique ce prince infortuné leur fît tous les jours de nouveaux avantages, ils étaient incessamment portés à lui en demander d'autres, animés à cela par une infinité de brouillons dont les cours des rois sont remplies, mais particulièrement par les conseils des Français, jaloux de la grandeur de Henri, lesquels espéraient profiter des troubles des Anglais.

Les prélats et les gens de bien étaient dans le dernier déplaisir de ces brouilleries. Ils firent comprendre à Henri que le meurtre de saint Thomas et ses péchés en pouvaient être la cause. Il les crut ; il fut au tombeau de ce martyr, il s'humilia. Dieu exauça ses prières. Le même jour de son humiliation, le roi d'Ecosse, son plus grand ennemi, fut fait prisonnier, et il triompha de ses adversaires. Les évêques de

---

[1] Notre auteur a confondu l'abbaye du Vœu de Cherbourg avec l'abbaye du Vœu dite *la Valasse*, diocèse de Rouen, dont la dédicace fut faite, en effet, cette année 1181, par Henri de Bayeux, assisté de Richard d'Avranches et de Renaud de Bath et Wells.

Bayeux, Lisieux, Évreux, Séez, et Richard, archevêque de Cantorbéry, s'assemblèrent à Saint-Étienne de Caen, en 1182, et prononcèrent anathème contre ceux qui fomentaient ces guerres funestes et entretenaient la dissension dans la famille royale. Elle finit ; le jeune Henri tomba malade à Martel, proche Limoges, y mourut dans un très-grand regret de ses désobéissances, et ne causa guère moins de chagrin au roi son père par sa mort qu'il ne lui en avait donné par ses fréquentes rébellions, en 1183.

L'an suivant, 1184, fut enfin celui auquel Guillaume fut sacré notre évêque à Rouen. Il fut reçu en son prieuré de cette ville, selon les cérémonies écrites ci-dessus, et peu après en son église cathédrale, avec toute la joie et les honneurs possibles, et, imitant la piété de ses prédécesseurs, il entretint autant qu'il put ses diocésains dans l'union et la crainte de Dieu.

Gautier de Coutances, surnommé le Magnifique, fut surnommé de Coutances, parce que effectivement il était de cette ville ou des environs. On croit même qu'une famille noble de cette ville, qui porte d'azur à trois poignards d'or en pal, est descendue du frère de ce prélat. On dit qu'il fut d'abord prieur de la chapelle de Brix, en la paroisse de Sainteny, à une lieue de Carentan, puis aumônier, secrétaire et chancelier de Henri, roi d'Angleterre, ensuite évêque de Lincoln, et de là transféré à Rouen. Il avait pour chapelain un de ses parents, chanoine régulier. Il fit en sorte qu'il fût élu abbé de Cherbourg. Mais parce

que cette abbaye n'était pas d'un grand revenu, il obtint du roi, son maître, que celle de Saint-Hélier, en l'île de Jersey, serait unie à celle-ci, parce qu'elle était trois fois plus riche. C'est ce que nous apprenons de Robert du Mont en ces termes : « Le seigneur
« Gautier, archevêque de Rouen, obtint du seigneur
« Henri, roi d'Angleterre, que l'abbaye de Saint-
« Hélier, qui est en l'île de Jersey, et que Guillaume
« Hamon y avait fondée, fût, par son moyen, unie à
« l'abbaye du Vœu, près Cherbourg, laquelle avait été
« fondée par l'impératrice Mathilde, mère de Henri.
« Cette abbaye de Saint-Hélier était trois fois plus
« riche en Angleterre et en Normandie que celle du
« Vœu, et l'une et l'autre de chanoines réguliers.
« L'abbaye du Vœu devint par ce moyen mère-chef et
« en perpétuelle possession de celle de l'île et de toutes
« ses dépendances, et ledit archevêque et abbé de ce
« lieu eut un sien chapelain, qui était chanoine du
« même ordre. »

L'archevêque de Rouen passa un acte de réunion. La charte en reste encore souscrite de notre évêque, de laquelle je ne citerai que ces mots : « Ut sæpe dic-
« tarum domorum, succedentibus temporibus, con-
« cordia nulla malignantium temeritate possit infringi,
« cum præsenti scripto et sigilli nostri patrocinio
« dignum duximus confirmare. Testibus his : Henrico
« Bajocensi, Joanne Ebroicensi, Guillelmo Constan-
« tiensi, Henrico Dunelmensi, episcopis. »

Cette même année 1185, nous trouvons que Guillaume, notre évêque, étant à Carentan, le 7ᵉ juillet, à la présentation de Martin sixième, abbé de Cerisy, il confirma le personnat et la cure de Saint-Martin de Fontenay, avec la troisième gerbe et les autres dépendances, à Nicolas le Clerc, à condition qu'il fournirait annuellement à ladite abbaye sept cierges le jour de Pâques.

Cette manière d'exiger quelque chose de ceux qu'on présentait aux bénéfices, qui passerait maintenant pour simonie, était alors ordinaire, et c'est de là que les abbayes tirèrent tant de grosses pensions sur les pauvres curés, ainsi que font les abbés et religieux de Saint-Lo de neuf vingts *demaux*[1] d'avoine sur le curé du Mesnil-Opac ; comme encore il paraît par un acte sans date, tiré de la même abbaye, qui est la collation de la cure de Sainte-Marie-du-Moutier-Brûlé, en l'île de Jersey, à un nommé Robert Fleuri, présenté par l'abbé et reçu à condition de payer annuellement aux religieux soixante sous angevins.

On voit divers exemples conformes ; nous en citerons encore un de cette même abbaye, aussi sans date. Notre évêque, à la prière et présentation de Jourdain de Vatteville, patron en partie d'Urville, avait conféré la seconde portion de cette église d'Urville à Pierre de Dicet, lequel en ayant pris possession et s'étant fait ordonner prêtre, Jourdain se repentit de ce qu'il avait fait, [et de là] procès en cour de Rome. Il reconnut enfin qu'il avait tort et jura, entre les mains de Guillaume, notre évêque, après avoir acquiescé au procès, qu'il renon-

---

[1] Du Cange, au mot *demellus*.

çait à inquiéter ledit de Dicet, mais à condition que lui et les curés d'Urville, ses successeurs, fourniraient tous les ans, le jour de la Chandeleur, au prieur et à ses successeurs, cinq chandelles. Richard de Harcourt, Raoul et Robert de Talvende, chanoines de Coutances, sont signés témoins à cette charte.

Nous avons rapporté ces chartes à l'an 1185, non que nous assurions qu'elles sont de cette date, mais parce que l'occasion s'en est présentée.

L'an suivant, les chanoines réguliers de Saint-Lo de Rouen obtinrent du pape Urbain troisième une bulle nouvelle pour la conservation de leurs biens, honneurs et priviléges; nous n'en citerons que ces termes : « Ce, « sans l'autorité du saint-siège apostolique et les droits « de l'évêque de Coutances : Salva nimirum sedis apos- « tolicæ auctoritate et salva Constantiensis episcopi « canonica justitia et reverentia. » Elle est datée de l'onze novembre, l'an premier de son pontificat, qui est de J. C. 1186.

L'an 1187, Richard de Subligny donna le patronage de l'église de Subligny à Angot, abbé de la Luzerne, et à ses religieux, en présence de notre évêque Guillaume, lequel reçut cette donation et en passa acte, qui se conserve dans les archives de ce monastère. L'an suivant, 1188, Roger de Salmonville, sixième abbé de Saint-Sauveur-le-Vicomte, étant mort, Robert de Veules, du consentement de Raoul Taisson fils Jourdain, fondateur et seigneur du lieu, fut élu pour lui succéder, béni solennellement en la cathédrale de Coutances et investi de cette abbaye par Guillaume, notre prélat, en présence de Jourdain Taisson, fils puîné dudit Jourdain et frère dudit Raoul. « Robertus de Veules », dit le *Neustria pia*, « electus est Abbas ann. 1188, de « consensu Radulphi Taissonis, filii Jordani; fuitque « benedictus per Guillelmum de Tournebusc, Constan- « tiensem Episcopum, in præsentia Jordani Taissonis, « fratris dicti Radulphi[1]. » C'est le septième abbé de Saint-Sauveur.

L'an suivant, 1189, un nommé Hugues, fils Amauri, ayant eu dévotion de faire le voyage de la terre sainte et manquant d'argent, il engagea toute sa terre de Gannestorp et de Tronville[2], avec leurs dépendances, aux chanoines de l'abbaye de Cherbourg, pour le temps de quatre ans, pour vingt-cinq livres angevines, à condition que s'il restait plus de quatre ans à son voyage, ils auraient toujours le revenu de ses terres, et s'il mourait ou se faisait religieux, lesdits abbé et religieux de Cherbourg auraient ses terres en propriété : « Notum « sit omnibus tam præsentibus quam futuris, quod ego « Hugo filius Amalrici, tradidi totam meam terram de « Gannestorp et de Tronvilla, cum omnibus pertinentiis « suis, canonicis beatæ Mariæ de Voto, habendam quiete « et integre usque ad quatuor annos pro viginti « quinque libris Andegavensium, quas ego Hugo inde « accepi iter dominicæ crucis accessurus. Et si præter « quatuor annos moram fecero, quidquid in supra- « dicta terra prædicti canonici acceperint, pro salute « mea eis concessi. Quandocumque vero prædictis

---

[1] *Neustria pia*, p. 542.
[2] Tronville à Valcanville.

« quatuor annis elapsis, rediero, terram meam quietam
« habebo, et si non rediero vel habitum religionis
« acccipiam, prædictam terram in perpetuam elemosi-
« nam possidebunt. Quare hoc eis concessi et charta
« mea confirmavi. Et hoc factum est in præsentia
« Willelmi Constantiensis episcopi, testibus Willelmo
« abbate Montisburgi et ejusdem abbatiæ conventu[1]. »

Notre évêque confirma cette transaction aussitôt et en même lieu par une charte particulière dont j'ai copie, mais que je rapporterais fort inutilement parce qu'elle ne contient rien d'extraordinaire, si ce n'est qu'après avoir rapporté ce que dessus et en propres termes, il ajoute : « Hoc autem factum est in præsentia
« nostra, apud Montisburgum, anno 1189. Testibus
« his : Willelmo abbate Montisburgi et ejusdem abba-
« tiæ conventu, Ricardo de Canvilla, Willelmo Pan-
« tolf, Gauffrido Hirome, Radulfo capellano, Radulfo
« de Gorgiis, Simone de Bruiera, Ricardo Camino, Ma-
« theo clerico, Rogerio Loremier, Willelmo filio ejus[2]. »

L'an suivant, 1190, est remarquable par plusieurs époques. La première est la mort de ce fameux et puissant, ou plutôt malheureux prince Henri II[3]. Il mourut à Chinon, le troisième ou le sixième de juillet, maudissant le jour de sa naissance, mais encore plus ses enfants qui, par leur désobéissance et leurs révoltes continuelles, lui causaient le chagrin qui lui donnait la mort.

---

[1] Répertoire de M. DE GERVILLE, I, 95.
[2] Ibid.
[3] Henri II mourut en 1189.

Il eut pour successeur son fils Richard, surnommé Cœur-de-lion, lequel, peu de jours après cette mort, alla à Rouen et fut couronné duc de Normandie par l'archevêque Gautier, accompagné de tous nos évêques ses suffragants, revint de là à Barfleur, passa en Angleterre, et en fut couronné roi par Baudouin, archevêque de Cantorbéry.

Une autre époque est la dédicace de l'église de l'abbaye d'Aunay. Aunay est un bourg et baronnie dans le diocèse de Bayeux, entre Caen et Vire, à six lieues de l'une et l'autre de ces deux villes. Il appartient maintenant à M. le marquis de Tessé, maréchal de France, à cause de dame Anne Aubert, son épouse. En 1131, il appartenait à un seigneur nommé Jourdain de Say, dont la fille, devenue héritière par la mort de ses frères, Enguerran et Gilbert, (elle avait nom Agnès), épousa Richard du Hommet, connétable de Normandie. Ces seigneurs fondèrent cette abbaye et y mirent des religieux de Clairvaux au temps que nous venons de marquer; ils l'enrichirent de gros biens, et entre autres, en ce diocèse, des paroisses de Cenilly, de Marigny, de Remilly et de Bonfossé, dont ils étaient seigneurs.

Nous apprenons donc de Robert du Mont, sur l'année 1181, que ce Richard du Hommet, gendre de Jourdain de Say, prit l'habit de saint Bernard en cette abbaye, et y mourut au bout d'un an et demi. L'aîné de ses fils, nommé Guillaume, aussi connétable, eut soin de la dédicace de cette église. Guillaume, notre évêque, y fut appelé et en fit la cérémonie à cause de l'infirmité de Henri, évêque de Bayeux, qui y était présent. En voici la charte :

« A tous les fidèles en Jésus-Christ qui les présentes
« verront, Guillaume, par la grâce de Dieu évêque de
« Coutances, salut éternel en Notre-Seigneur. Sachent
« tous, qu'ayant été appelé par nos chers fils Jean, abbé,
« et les religieux d'Aunay, et par le seigneur Guil-
« laume du Hommet, connétable du seigneur roi, sei-
« gneur et patron du lieu, nous avons, l'an de Notre-
« Seigneur 1190, solennellement dédié et consacré à
« Dieu l'église de la bienheureuse Vierge Marie d'Au-
« nay, où ledit Guillaume a fait présent à Dieu et à la
« bienheureuse Vierge en pure et perpétuelle aumône,
« quitte et franche de toutes choses, de sa terre de
« Lengronne, avec toutes ses appartenances, pour être
« la dot de ladite église, ce qu'il a confirmé par la
« charte signée et scellée de son sceau, et nous nous
« conjouissant de sa dévotion et nous affectionnant au
« repos et à la paix de ces religieux, nous avons jugé
« à propos de confirmer et insérer en cet acte particu-
« lier cette donation si solennellement faite en notre
« présence, et aussi de la sceller de notre sceau, afin
« que, suivant le désir dudit Guillaume, elle dure à
« perpétuité en sa force et teneur, défendant sous
« peine d'anathème toute contravention contre elle.
« Et furent présents à cette dédicace et donation : le
« seigneur Henri, évêque de Bayeux, et les abbés
« Pierre de Caen, Robert de Cerisy, Durand de
« Troarn, Guillaume de Savigny, Robert de Saint-An-
« dré-en-Gouffern, Robert du Val-Richer, Martin de

« Longues, et Guillaume de Saint-Lo en Cotentin;
« Etienne, doyen; Henri, chantre; Jourdain, Robert
« et Raoul, archidiacres de Bayeux[1]. »

Nous ne donnerons point cette charte en sa langue originale, parce qu'elle est imprimée dans le *Neustria pia* d'Artur du Monstier. On voit encore en cette église ces termes gravés sur une pierre : « Anno ab incar-
« natione Domini M.C.X.C. dedicata est ecclesia ista in
« honore sanctæ Trinitatis et beatæ Dei genitricis sem-
« perque virginis Mariæ atque omnium sanctorum,
« tertio Kalendas Maias, assistentibus Henrico Bajo-
« censi, et domino Willelmo, Constantiensi episcopo,
« Joanne, abbate 3°, Deo auctore, præsentem ecclesiam
« regente. Amen. »

Le monde cependant n'était occupé que du bruit de la guerre, mais particulièrement de celle que l'on préparait contre les infidèles. La jalousie et la division s'étant mises entre les Grecs et les chrétiens latins en la terre sainte, Saladin, sultan de Babylone et du Caire, se servant de l'occasion, se rua sur la terre sainte avec une armée que l'on dit de 800,000 hommes, prit Gui de Lusignan, roi de Jérusalem, le bois de la sainte Croix, fit périr une infinité de fidèles et s'empara du royaume. Philippe, roi de France, et Henri d'Angleterre, notre duc, étaient en guerre lorsqu'on vint apporter la triste nouvelle. Ils s'abouchèrent entre Trye et Gisors, eux et leurs seigneurs. L'évêque de Tyr, qui y était venu exprès, prêcha devant eux d'une manière

---

[1] *Gallia Christ.*, XI, 90 *instrumenta*. — *Neustria pia*, p. 760.

si touchante, que, se réconciliant aussitôt et devenant amis, ils reçurent la croix des mains de ce prélat, et leurs sujets à leur imitation.

Henri fut de là au Mans, où il ordonna que chacun de ses sujets donnerait cette année-là en aumône la dixième partie de tous ses revenus, en biens et meubles, pour aider au recouvrement de la terre sainte, et que tous les archevêques et évêques prononceraient excommunication sur ceux de leurs diocésains qui refuseraient de payer cette subvention. C'est ce qu'on appela la dîme saladine, qui fournit à une dépense fort inutile. La jalousie de ces deux monarques était trop grande pour leur permettre de songer à autre chose qu'à se faire la guerre et à fomenter des divisions et des brouilleries dans leurs états.

Après la mort de Henri, Richard, son fils et successeur, ayant, par ce moyen des dîmes et par toutes autres voies possibles, amassé des sommes immenses, résolut enfin de faire le voyage. Il le fit ; il n'est pas de mon sujet d'en raconter les particularités. Je dirai seulement que cette effroyable levée de boucliers ne servit qu'à ruiner l'Europe d'hommes et d'argent, et à assurer la conquête de la terre sainte aux infidèles, qui en étant, l'ont toujours possédée ; mais je ne dois pas oublier que l'archevêque Gautier, lequel s'était croisé avec quelques autres de son caractère, assembla avant que de partir le concile de sa province à Rouen, où furent faits vingt-neuf règlements très-utiles pour la discipline ecclésiastique, la conservation des biens, tant des églises que des croisés, et la réforme des abus de ce temps-là. Ce concile, qui ne se trouve point dans la collection du P. Labbe, est rapporté par le P. Pommeraye dans son recueil des conciles de Rouen [1], l'onzième février 1189. Après quoi, rapportant une autre assemblée de 1190, je cite ces paroles de Mathieu de Westminster : « Circa illos dies, annuente rege Richardo, « liberata est Ecclesia Normannica à longo servitutis « jugo, quo premebatur, quod scilicet, nulla occasione, « à secularibus capientur clerici potestatibus, sicut « consueverant, nisi pro homicidio, furto, incendio, « vel hujusmodi enormi flagitio [2]. »

C'est que ce monarque, partant pour la terre sainte, avait laissé Guillaume, fils Raoul, grand sénéchal de Normandie, et Gautier, archevêque de Rouen, avait ordonné son neveu, Jean de Coutances, doyen de l'église de Rouen, pour être son vicaire général et avoir soin de son diocèse. Ces deux seigneurs eurent de gros différends entre eux, au sujet des droits et immunités du clergé et des églises dont le premier se montrait grand violateur. Les évêques Henri de Bayeux, Guillaume d'Avranches, Lisiard de Séez, Raoul de Lisieux et Guillaume de Coutances, avec plusieurs abbés et les seigneurs, s'assemblèrent pour cette raison à Rouen, et les choses se passèrent en cette assemblée de manière, dit cet auteur, que le clergé eut lieu d'en être content.

Ce fut un trouble faible en comparaison de celui-ci.

[1] P. 171.
[2] *Flores historiarum per Matthæum Westmonasteriensem collecti;* Francofurti, M DC I; p. 258.

Guillaume de Longchamp, de basse naissance, était devenu, par ses intrigues, chancelier du roi et de là évêque d'Ely. Pour comble d'honneur, Richard, partant pour la terre sainte, l'avait créé son premier ministre en Angleterre, ou plutôt gouverneur de ce royaume ; et pour augmenter encore son autorité, il lui avait obtenu du pape Célestin III la légature d'Angleterre. Il devint insolent jusque-là qu'à peine il pouvait souffrir la reine Éléonore, mère du roi et du prince Jean, son frère, présomptif héritier de la couronne. Son ambition le rendait insupportable. Richard, étant encore à Messine, apprit son inconduite ; il renvoya l'archevêque de Rouen pour y remédier. Il y remédia par la déposition de cet orgueilleux ; mais le pape ne trouva pas bon qu'on eût ainsi traité une personne qui portait la qualité de légat apostolique, sans sa participation ; il envoya deux légats en Angleterre pour ce sujet, lesquels ayant traversé la France et étant près d'entrer en Normandie, le gouverneur de Gisors, par ordre du grand sénéchal, leur fit fermer les portes de cette ville et les irrita d'une manière qu'ils jetèrent un interdit général sur toute la Normandie, après avoir excommunié le sénéchal et ses fauteurs. Ces légats étaient soupçonnés d'être partisans et favoriser trop l'évêque d'Ely. Cet interdit ne fut levé que par le pape, dont l'esprit était moins partial et vindicatif que celui de ses légats, spécialement d'Octavien, évêque d'Ostie ; car on dit que Jourdain, abbé de Fausse-Neuve, l'autre légat, ne voulut pas souscrire à cet interdit qui tint nos églises fermées un très-long temps et causa de fâcheux scandales.

Autre affliction : Richard, roi d'Angleterre, notre duc, revenant de la Palestine, fut jeté par la tempête aux côtes de Dalmatie. Il résolut d'achever sa route par terre et de traverser l'Allemagne, déguisé en chevalier du Temple, pour n'être point reconnu. Il le fut et arrêté par Léopold, duc d'Autriche, qui le livra à son ennemi, l'empereur Henri, par l'ordre duquel il fut enfermé dans une étroite prison. Ce malheur ruina les états du prisonnier; il fallut des sommes immenses pour assouvir l'avarice et la vengeance de cet empereur; tout fut taxé : il fallut vendre jusqu'aux calices; sa rançon fut réglée à cent cinquante mille marcs d'argent, sans les frais. Mais le roi de France, Philippe-Auguste, se servant de l'occasion, en entrant en Normandie avec une grosse armée, acheva de la ruiner, ayant même trouvé le secret de faire le prince Jean comte de Mortain, et lui faire prendre les armes contre son frère.

Et, comme si la science de mal faire avait été accordée à tout le monde, pendant que l'archevêque de Rouen était absent de la ville et travaillait à la liberté de son maître, il s'y éleva une furieuse sédition au sujet de la clôture qu'on avait fait faire de cette place qui est devant l'église métropolitaine, et qu'on appelle l'aître. Le peuple se souleva en fureur, renversa les murailles et quelques boutiques qui étaient contre, avec menaces de mettre en pièces ceux qui oseraient s'opposer à son entreprise.

Ce que notre évêque Guillaume, ceux de Bayeux, d'Avranches et de Séez ayant appris, ils se rendirent tout aussitôt à Rouen. Après avoir tenté inutilement les voies de douceur, ils eurent recours à l'autorité que Dieu leur a mise entre les mains et excommunièrent les rebelles. Ce fut jeter l'huile dans le feu ; ils s'irritèrent davantage, et, devenus comme furieux, ils se jetèrent sur les chanoines et les maltraitèrent cruellement. On dit même qu'il y en eut de tués. Cette affaire eut de longues suites. Nos prélats en écrivirent au pape, qui, par son rescrit adressé à notre évêque et à celui de Bayeux, approuva leur jugement, par lequel ils avaient seulement condamné les séditieux à refaire les murailles détruites et à satisfaire aux offenses. Ces sentences ecclésiastiques eurent moins de pouvoir sur l'esprit de ces séditieux que celles de Richard, lequel enfin, après quatorze mois de captivité, fut mis en liberté, revint et apaisa toutes choses.

Cette liberté fut donnée à notre duc le quatrième jour de février, l'an 1194. Il passa premièrement en Angleterre, où, apprenant que le roi Philippe avait assiégé Verneuil, il s'embarqua aussitôt, descendit à Barfleur et alla faire lever le siége. Jamais règne ne fut plus diversifié de paix et de guerre ; elles ne sont de notre sujet que pour remarquer les misères de nos ancêtres et ces malheureux temps.

Notre évêque cependant était occupé aux devoirs de sa charge. On ferait un juste volume de toutes les chartes où l'on trouve son nom. Nous en donnerons quelques-unes ; nous nous contenterons d'en désigner quelques autres. La première qui se présente est un acte par lequel, y ayant différend entre les religieux de

Lessay et ceux de Blanchelande pour le patronage d'une église en Angleterre, nommée Cambringeham, il l'adjuge à ces derniers : « Controversia inter abbatem « et conventum de Exaquio et inter abbatem et con- « ventum de Blancalanda, occasione ecclesiæ sancti « Martini de Cambringeham in Anglia, pacificata et « abbati conventuique de Blancalanda adjudicata est « per Guillelmum episcopum Constantiensem, anno « reparatæ salutis 1182, apud Constantias. Testibus : « Richardo du Port; magistris Radulpho et Richardo de « Heauvilla, archidiaconis; magistris Richard Hairon, « Gauffrido de Burgo, canonicis; Odone de Piris, Alano « filio, et aliis pluribus[1]. » Or, il est à remarquer que cette date est fausse, Guillaume n'étant pas encore évêque en 1182, et apparemment il faut que ce soit l'année 1192[2]. Une seconde par laquelle il accepte et confère à cette même abbaye de Blanchelande le patronage de Runeville, paroisse nommée présentement Arneville, aumônée par Luc de Runeville : « Universis « fidelibus ad quos præsens scriptum pervenerit, Guil- « lelmus, Dei gratia Constantiensis ecclesiæ minister « humilis, salutem in Domino. [Noverit] universitas « vestra Lucam de Runevilla præsentationem ecclesiæ « sancti Martini de Runevilla, quæ ad jus suum nosce- « batur pertinere, in manu nostra resignasse ad jus

---

[1] Il y a dans le Répertoire de M. DE GERVILLE : « Actum est apud Cons- « tantias die feste exaltationis sancte crucis, anno ab incarnation Domini « MCXC secundo. Testibus his : Ricardo de Poix; magistro Radulfo, Ricardo « de Hairon, Gaufrido de Burgo Achard, canonicis ; Odone de Piris, Alano « Flori, et multis aliis. »

[2] On voit par la note précédente que Toustain a raison.

« canonicorum de Blanchalanda, unde et nos eamdem
« præsentationem prædictis canonicis contulimus jure
« perpetuo possidendam et eos prædicta ecclesia inves-
« tivimus. Ut autem quod a nobis factum est nulla
« possit deinceps malignitate perturbari, donationem
« factam præsentis sigilli munimine roboramus. Actum
« anno Domini 1188, apud Constantias. » Une de l'an
1190, par laquelle ce même prélat confirme à cette
abbaye le patronage alternatif des paroisses de Notre-
Dame de Saint-Pierre-d'Alonne, données par Robert
de Sortoville et Roger des Moutiers. Une de 1192,
contenant la confirmation de la donation de la baronnie
du Pont-l'Abbé. Deux de l'an 1194, dont la première
est la confirmation du patronage de Saint-Germain-le-
Gaillard, donnée par Guillaume de Liesville, et l'autre
une ratification générale des églises et terres aumônées
autrefois à cette même abbaye par Guillaume de Vernon. Deux sans date, par l'une desquelles est approuvée, « pietatis intuitu », la donation du patronage de
Saint-Martin-d'Escalleclif, faite à cette abbaye par
Eudes le Bouteiller[1], du consentement de Richard du
Hommet, son seigneur; et, par l'autre, la donation
du patronage de Salsoif, *Collis Clavi*[2], faite par Raoul
de Lestre, fils d'Eudes, du consentement de sondit père,
de la manière qu'il l'avait reçu de lui, et en même
temps à la présentation de l'abbé. L'évêque conféra
celle de Salsoif à Guillaume de Brix. Enfin une autre,

---

[1] Répertoire de M. DE GERVILLE, I, 12. — Saint-Martin-d'Escalleclif à Doville, arr. de Coutances.

[2] *Cellis clivee* dans le Répertoire de M. DE GERVILLE. (*Ibid.*, 13.)

de 1199, par laquelle il confirma encore à cette abbaye le patronage de Saint-Laurent de Jersey, donné par le prince Jean, comte de Mortain, frère du roi Richard.

En l'abbaye de Hambie, j'ai vu premièrement une charte par laquelle le même Guillaume confirme à ces religieux, «intuitu charitatis», l'église de Bréhal, en sorte que toutes les dîmes de cette paroisse, et nommément celles de la terre de Fouque de Chantelou, qu'on appelle le *Fief du Sénéchal,* appartiennent aux religieux de cette abbaye, sauf la nourriture et l'entretien du vicaire et les droits de l'évêque et de l'archidiacre, et ce avec les autres donations faites aussi bien que celles-ci par Fouque Painel, chevalier, et par ses ancêtres; de même une autre, par laquelle il témoigne que Guillaume Rosel ayant [donné] à ces religieux un quartier de froment à prendre sur le ténement de Guillaume le Verrier, son vassal, il confirma [cette donation] en présence d'Olivier du Mesnil-Hermant ; une autre, en date de 1197, contenant une approbation générale de tout ce que Richard, son prédécesseur, avait ou donné ou confirmé à cette abbaye ; encore une autre, contenant l'approbation d'un prieuré de Hambie, que Robert de Tresgoz voulait faire en la paroisse de Tresgoz, sur le bord de la rivière de Vire, près son château, dans lequel il devait y avoir trois religieux qui seraient en obligation de servir les deux paroisses de Tresgoz et Saint-Romphaire, auxquels étaient assignées toutes les dîmes, sauf une pension convenable pour la subsistance des vicaires, fixée à 100 sous angevins chacun.

Les mémoires du Mont-Saint-Michel nous fournissent

une charte contenant un accord fait par-devant Guillaume, évêque de Coutances, par lequel l'abbé et les religieux de ce monastère cèdent toutes les dîmes de Saint-Sauveur-de-la-Pommeraye à Robert, curé de ce lieu, durant sa vie, parce qu'il leur fera annuellement huit quartiers de froment, ce que ledit seigneur évêque ratifia par l'apposition du sceau, le tout fait en présence de Robert de Tournebu, archidiacre, et Raoul de Talvende, chanoine.

Le chartrier de Saint-Sauveur-le-Vicomte contient aussi divers actes de ce prélat, une charte entre autres, sans date, par laquelle, sur une contestation entre un nommé Alain, présenté à une des portions de Morville par Eudes de Morville, avec son fils Guillaume, d'une part, et un nommé Guillaume, présenté et soutenu par l'abbé et religieux de ce lieu, le seigneur évêque les accorda de telle manière que ledit Alain demeurera paisible possesseur de son personnat et portion de ladite église, reconnaissant néanmoins les abbés et les religieux pour ses vénérables patrons, leur payant 20 sous angevins par an, et qu'après sa mort ils présenteraient à ladite moitié de l'église. Cet acte est sans date. Il y en a un, daté de 1196, par lequel Roger de Golleville, chevalier, donna et mit entre les mains de notre évêque l'acte de donation en perpétuelle aumône à cette dite abbaye de Saint-Sauveur, du patronage des églises de Virandeville et de Tourville, avec leurs appartenances, parce que l'abbaye et le couvent lui accordaient la résidence perpétuelle de deux religieux en la chapelle de Sainte-Croix-de-Virandeville; le revenu de ces paroisses étant destiné pour l'entretien de ces deux religieux, de sorte néanmoins qu'ils ne devaient avoir que les deux tiers, l'autre tiers demeurant pour le vicaire. Cette charte a pour témoins Raoul et Richard de Poilley, archidiacres; Geoffroi de Bourg, aussi archidiacre; Richard Hairon et autres. Encore une de ce Richard de Poilley, archidiacre, qui commence ainsi : « Richardus de Poilleio, Dei gratia « archidiaconus Constantiensis, omnibus has litteras « inspecturis vel audituris, salutem in Domino. Noverit « benignitas vestra », etc., et contient que, sur le différend entre le seigneur Guillaume, évêque de Coutances, d'une part, et messire Guillaume de Baubigny, d'autre, touchant la quatrième gerbe de la dîme de Sainte-Marie-des-Pieux, dont jouissait ledit de Baubigny, [afin de] savoir à qui elle appartenait, ou à l'évêque, ou aux religieux de Saint-Sauveur, ledit de Baubigny fut pris à son serment et jura, en présence dudit évêque et autres, que ladite gerbe était du droit des moines et leur appartenait comme étant et faisant partie de sa ferme, par laquelle il leur est livré annuellement douze quartiers de froment, ce qui se passa dans le chapitre de Coutances, et fut certifié véritable par la protestation invitatoire de Roger de la Pinne, Richard Alomete, Guillaume de Sichet et Guillaume de Greauville, prêtres.

En 1193, Eudes de Sottevast donna à l'abbaye de Cherbourg le patronage de Saint-Barthélémy-de-Hardinvast, avec les dîmes des moulins de cette paroisse. Guillaume, notre évêque, reçut et certifia cette dona-

tion par un acte particulier, dont voici les termes :
« Universis sanctæ matris ecclesiæ filiis ad quos præ-
« sens scriptum pervenerit, Willelmus, Dei gratia
« Constantiensis episcopus, salutem in Domino. Noverit
« universitas vestra Eudonem de Sottevast concessisse
« in perpetuam elemosinam, et carta sua confirmasse,
« abbatiæ sanctæ Mariæ de Voto et canonicis ibidem
« Deo servientibus jus patronatus ecclesiæ sancti Bar-
« tholomei de Hardinvast. Nos vero hanc concessionem
« ratam habentes, concedimus in quantum ad nos
« pertinet jus patronatus ecclesiæ illius prædictiis
« canonicis de cætero in perpetuum possidendum,
« præsenti scripto et sigilli nostri munimine confir-
« mamus. Præterea ex inspectione cartæ ejusdem
« Eudonis de Sottevast, didicimus ipsum dedisse et in
« perpetuum elemosinam carta sua confirmasse præ-
« dictæ abbatiæ et decimam molendini sui de Hardin-
« vast, quam donationem ut in perpetuum data et
« inconcussa permaneat, dignum duximus confirmare.
« Actum hoc anno ab incarnatione Domini 1193.
« [Testibus] Richardo de Poilley, Hugone, archidia-
« conis; Gaufrido cantore; Rogerio de Herauvilla, et
« multis aliis. »

Cet Eudes de Sottevast, pour le dire en passant, eut querelle contre Guillaume de Bricqueville. Dix acres de terre en la paroisse de Tourville furent la cause de ce différend. Le duel entre les seigneurs le termina. Guillaume de Bricqueville [fut] victorieux, et la terre lui demeura ; c'est ce qui nous paraît par une charte sans date, par laquelle nous voyons que Guillaume de

Cotentin avait épousé Anne, sœur de Guillaume de Bricqueville; qu'il avait eu cette terre en mariage faisant, et que lui et son fils Thomas la donnèrent à l'abbaye de la Luzerne, laquelle donation fut ratifiée par notre évêque. « Universis sanctæ matris ecclesiæ
« filiis ad quos præsens scriptum pervenerit, Willel-
« mus, Dei gratia Constantiensis episcopus, salutem
« in Domino. Noveritis universi, quod Willelmus de
« Cotentin miles et Thomas, primogenitus filius suus,
« dederunt Deo et sanctæ Trinitati de Luzerne, et
« canonicis regularibus ibidem Deo servientibus, per
« manum nostram, in puram et perpetuam elemosi-
« nam, pro salute animarum suarum et antecessorum
« suorum, decem acras terræ quas Willelmus de Bri-
« queville iis dederat apud Turvillam, illas scilicet quas
« idem Willelmus de Briqueville de Eudone de Sotte-
« vast per duellum conquisiverat, ab omni reditu et
« servitio absolutas, cum omni libertate et quittancia
« perpetuis temporibus possidendas. Conditione etiam
« tali has decem acras prænominatis canonicis dede-
« runt, quod si pro aliqua querela vel calumnia eis jam
« dictas decem acras garantisare non possent, totidem
« acras alibi equivalentes de dominio suo excambirent.
« Hoc autem fideliter et firmiter tenendum coram
« nobis ultro juraverunt. Quæ ut rata permaneant,
« episcopali auctoritate ac sigilli nostri munimine
« dignum duximus corroborare. »

Cette charte est sans date, et nous la croyons avoir été faite auparavant la donation de Hardinvast aux chanoines de Cherbourg; mais nous estimons qu'elle est pos-

térieure à l'acte par lequel notre même évêque avait reconnu comme véritable et confirmé à ces mêmes chanoines de l'abbaye de Cherbourg le patronage de Naqueville, qui leur avait été donné par Guillaume de l'Ile : « Universis », dit-il, « Christi fidelibus
« præsentes litteras inspecturis, Willelmus, Dei gratia
« Constantiensis episcopus, salutem in Domino. Nos
« inspectione cartæ Willelmi de Insula, patroni eccle-
« siæ de Naquevilla, et multorum assertione quorum
« testimonio fides adhibenda est, nobis evidenter inno-
« tuit eumdem Willelmum jus patronatus ejusdem
« ecclesiæ, sicut ipsi competebat, ecclesiæ sanctæ
« Mariæ de Voto et canonicis ibidem Deo servientibus
« in perpetuam elemosinam salubri providentia con-
« cessisse. Nos autem piam et laudabilem ejus conces-
« sionem sincero prosequentes affectu et ipsi partes
« nostras benignius adjungentes, ecclesiam illam cum
« omnibus ad eam pertinentibus jure perpetuo possi-
« dendam iisdem canonicis contulimus, ita videlicet
« quod liberum erit eis de cæteris, secundùm formam
« nostræ donationis, duas garbas decimæ de parochia
« illius ecclesiæ proventuras in proprios usus conver-
« tere ad vicarium ipsius ecclesiæ, cum tertia garba
« decimæ et cæteris ejus pertinentibus, ... cùm ...
« idoneam presentabunt personam. Quod ut in poste-
« rum juxta præscriptum tenorem firmius perseveret,
« præsenti scripto et sigilli nostri munimine robora-
« vimus. Actum est hoc anno Verbi incarnati 1185,
« sexto kalendas junii, apud Constantias. Præsentibus
« Richardo de Poilleyo archidiacono, Roberto de

« Milleio archidiacono, Willelmo filio Jocelini, Nico-
« lao Comman, Roberto de Tollevast, Gregorio capel-
« lano, et pluribus aliis. » On pourra remarquer en
passant la diversité du style de cette charte de celles
qui la précèdent.

J'en omets à dessein une très-grande quantité d'autres, et particulièrement les collations de bénéfices à la représentation des abbés, prieurs et couvents dont ils ont été seigneurs de conserver les actes. J'en ferai seulement mention d'un, sans néanmoins le rapporter, lequel est tiré du chartrier de Cerisy. C'est une charte, datée de l'an 1196, par laquelle on pourra apercevoir un échantillon de la bonté et de la justice de notre évêque. Ce prélat ayant été satisfait de la conduite de Robert Fleuri, pourvu, à la présentation des religieux de ce monastère, de la cure de Moutier-Brûlé, en l'île de Jersey, le transféra au bénéfice de Saint-Martin-le-Vieux, au lieu de Robert de la Hague, que ces mêmes religieux venaient de lui présenter pour ce dernier, et conféra à ce de la Hague Moutier-Brûlé, en l'île de Jersey. Cette conduite déplut aux moines jaloux de leurs droits, comme chacun sait; ils lui en firent de grosses plaintes. Il les écouta avec douceur et leur passa acte par lequel il reconnut qu'ils étaient uniques patrons de l'une et de l'autre de ces églises, et renonça à y prétendre d'autres droits que celui qui est ordinaire à tous les évêques.

Cette même année 1196, ou la suivante[1], est fameuse

---

[1] Ce n'est ni l'une ni l'autre, mais 1190.

par l'échange qui se fit entre le roi d'Angleterre et Guillaume, archevêque de Rouen, du château d'Andely, et ses dépendances, contre Dieppe, Boiteilles, Louviers, les moulins de Rouen et la forêt d'Aliermont. Duchesne en a fait imprimer l'acte[1]; il est public, et j'en fais ici mention parce que notre évêque Guillaume y souscrivit avec les autres.

J'ajouterai deux chartes, tirées de l'abbaye d'Aunay, touchant les deux paroisses de Sainte-Marie et Saint-Martin de Cenilly. Par la première, il paraît que Raoul de Breuilly s'étant persuadé avoir quelque droit de patronage sur ces églises, il céda ses prétentions aux religieux de ce monastère, à la prière et suivant la volonté de Guillaume du Hommet, son seigneur, en présence de plusieurs témoins, dont peut-être ne sera-t-on pas fâché de voir les noms; et, par la seconde, Guillaume, notre évêque, approuva et ratifia ces concessions : « Notum sit præsentibus et
« futuris, quod ego Radulphus de Brulleio, anno ab
« incarnatione Domini 1198, dimisi Deo et beatæ
« Mariæ de Alneto, et monachis ibidem Deo servien-
« tibus, pro salute animæ meæ et successorum
« meorum, quidquid juris habebam aut habere pote-
« ram et debebam in ecclesiis beatæ Mariæ et beati
« Martini de Cenellio et in eorum pertinentiis. Hanc
« autem demissionem feci præsente et volente domino
« meo Willelmo de Humeto, constabulario domini
« mei regis, ne cujus patronatum memoratas constat

---

[1] *Historiæ Normann. scriptores*, p. 1052.

« pertinere ecclesias postea vero factam demissionem.
« Ut in puram et perpetuam et omnino liberam perse-
« veret elemosinam, in manu domini Willelmi, Cons-
« tantiensis episcopi, sponte resignavi. Testibus his :
« Willelmo [de] Humeto, constabulario domini regis ;
« Henrico de Humeto, Thoma de Humeto, Engeranno
« de Humeto, Joanne de Humeto, Henrico de Reverio,
« Radulpho de Serenestra, Roberto de Marcanbeio, et
« aliis multis. » Voici l'autre : « Universis sanctæ matris
« ecclesiæ filiis, etc., Willelmus, Dei gratia Constantien-
« sis episcopus, æternam in Deo salutem. Ad vestram
« volumus pervenire notitiam Radulphum de Brulleyo,
« dilectum in Christo filium et parochianum nostrum,
« quidquid juris habebat et habere se contendebat in
« ecclesiis beatæ Mariæ et beati Martini de Cenelleio
« et eorum pertinentiis, in manu mea sponte resi-
« gnasse Deo et beatæ Mariæ de Alneto et monachiis
« ibidem Deo servientibus, pro salute animæ suæ et
« successorum suorum, dimisisse ac contulisse, sacra-
« mento præstito, quod nihil iisdem ecclesiis de cætero
« reclamabit. Actum Alneti, [anno] ab incarnatione
« Domini 1198, 2° idus aprilis. Testibus his : Roberto
« de Tournebu, archidiacono Constantiensi ; magistro
« Richardo Perron, magistro Radulpho de Tallevende
« et Richardo de Posis, Hamone Pitus, et multis aliis. »
Ces deux chartes sont en parchemin, scellées chacune
d'un sceau de cire verte. En celui de la dernière est
empreinte la figure d'un évêque et est écrit autour :
« Willelmus Constantiensis episcopus. »

Il reste à parler du prieuré de la Bloutière, fondé

par un seigneur nommé Richard de Rollos, environ le temps dont nous parlons, sous l'épiscopat de Guillaume de Tournebu.

La Bloutière est une paroisse de ce diocèse, dans le doyenné de Gavray, trois quarts de lieue au-dessus de Villedieu, sur la rivière de Sienne, sur le bord de cette rivière et au coin d'une forêt dont il reste encore la meilleure partie, contre un rocher d'où il sort une agréable fontaine, en un lieu parfaitement solitaire, quoique peu éloigné de deux fameux châteaux qui se faisaient face l'un à l'autre, étant posés sur des éminences des deux côtés de la rivière. En cette solitude étaient retirés deux bons ermites, l'un nommé Simon et l'autre Hugues, dans le dessein de s'appliquer uniquement au service de Dieu et au salut de leurs âmes, loin de l'embarras du monde. Peu de temps après le martyre et la canonisation de saint Thomas de Cantorbéry, ils bâtirent une petite chapelle en son honneur. On dit qu'il s'y fit tant de miracles, spécialement à l'égard des malades d'épilepsie, que cette solitude devint bientôt un lieu fort célèbre, de manière que le seigneur du nom de Rollos [y] bâtit et fonda un juste monastère, où il fit venir des chanoines réguliers de sainte Barbe, lesquels, dans la suite des temps, ont enrichi de gros revenus. C'est ce que nous apprenons du chartrier de ce monastère, qui est un livre en parchemin, composé sur la fin du XIV° siècle, par un nommé Guillaume Legros, prieur de ce lieu, dont voici les termes : « Le seigneur Richard de Rollos, inspiré
« de par Dieu pour l'exaltation de la foi catholique et

« l'honneur de Dieu et de sainte mère Eglise, vit et
« considéra que dans le bois Bloutière, jouxte son cas-
« tel, étaient et demeuraient deux saints ermites,
« Simon et Hugues, et qu'iceux et le lieu étaient bien
« pourvus et ordonnés à une religion, tant pour multi-
« plication de saintes personnes religieuses que par
« le lieu et place secrete pour devotion, écartée du
« tabernacle des pécheurs, fit venir maçons, charpen-
« tiers, en 1167, et fit icelui monsieur Richard de
« Rollos édifier illec, en icelui an, une religion de
« prieurs conventuels et de chanoines réguliers sous
« icelui prieur, prélat et pasteur en toute chose, par
« manière d'abbaye, qui est de plusieurs incoles en
« puis toujours dite l'abbaye de la Bloutière et n'est
« sujette à aucune religion, et commit à icelle religion
« l'ordre de sainte Barbe par écrit seulement[1]. »

L'année ci-dessus marquée, 1167, doit être considé-

---

[1] Voici ce texte d'après le manuscrit français 4900 de la Bibliothèque nationale : « .... Monsour Ricard sire du castel et terres de Rollos, homme
« de saincte vie, de honneste conversation, de grande devotion, de sagesse
« pourveu, garny de richesses, pensant de l'ame de luy, de ses predecessour
« et successoors, inspiré de par Deu pour l'exaltation de la foy catholique
« et de l'onor de Deu et de sainte mère Yglise, vit et considera que dans
« les bois de la Bloetiere, joxte le castel, estoient et demooroient doux saints
« hermites, Simon et Hues, et que icelx et le leou estoient bien promeus
« et ordenez à une religion, tant por multiplication des saintes personnes
« religios que pour le leou et place secrete por devotion, remote des taber-
« nacles des pecheors, et ordonna icel leou... à icelx hermites joxte les
« fonteines du bois, où là nous disons la croute sus Syene, appeley le
« *weilly leu* et aussy le *nouvel leou*, et y fit venir maçons, charpentiers et
« autres, en l'an MLXVII; et fist icely monsour Ricard de Rollos édifier illec
« en icely an une religion de prior conventuel et de chanoines reguliers,
« soubz icely prior, prælat et pastor en toutes choses, par maniere d'abbaye,
« qui est de plusieurs incoles, en ce pais toujours dite l'abbaye de la
« Bloetiere, et ne est sujette à aucune religion, mais à l'evesque solement,
« et commise à celle religion l'ordinaire de Ste Barbe par escrit solement. »

rée pour le premier établissement de ces deux ermites en ce lieu-là; aussi est-ce une opinion populaire que saint Thomas, pendant son exil, passa par cette solitude et dit la messe en leur chapelle, attendu qu'il y a peu d'apparence que les chanoines réguliers y fussent établis sitôt la charte de Richard de Rollos, par laquelle, du consentement de Guillaume de Rollos son fils, il leur donne le lieu de leur établissement, le moulin, la prairie adjacente, la forêt et autres terres et biens qui y sont désignés, en date de 1199. Celle de Guillaume, notre évêque, confirmative de cet établissement et des donations de ces seigneurs, est du même an et se commence ainsi : « Omnibus ad quos præsens
« scriptum pervenerit, Willelmus, Dei gratia Cons-
« tantiensis episcopus. Notum facimus heroem domi-
« num Richardum de Rollos, virum nobilem, dedisse
« et concessisse, et in manu nostra resignasse Deo et
« sancto Thomæ, in heremitagio de Bloetoria, et
« fratribus ibidem Deo servientibus, assentiente et
« volente filio suo Guillelmo, decimam molendini
« de sancto Dionisio... Actum anno ab incarnatione
« Domini 1199[1]. »

Enfin, le dernier acte que je trouve de ce prélat est la dédicace de l'église de ce même monastère de la Bloutière, ce qui fut le 3 mai de l'an 1200, ainsi que le témoigne la charte : « Omnibus fidelibus Christi ad
« quos præsentes pervenerint, Villelmus, Dei gratia
« Constantiensis episcopus, in Domino salutem. Noverit

---

[1] Mss. 4900, fol. 259, v°.

« universitas vestra nos, divinæ pietatis intuitu, altare
« de Bloeteria et capellam ejus in honore patroni
« beatissimi Thomæ, martyris atque pontificis, conse-
« crasse, et cimeterium ejus loci benedixisse, et de
« Dei misericordia et beati martyris meritis confi-
« dentes, omnibus illis qui, a festo inventionis sanctæ
« Crucis, in quo facta illa fuerunt, usque in diem nativi-
« tatis Joannis Baptistæ, ad locum illum accesserint
« et capellæ illi et fratribus ibidem elemosinas suas
« concesserint, septem dies pœnitentiæ illius anni sibi
« injunctæ relaxamus. Datum anno ab incarnatione
« Domini 1200. »

La date de cette charte nous est une preuve que Guillaume de Tournebu, notre évêque, vécut jusqu'à cette année ; nous ne savons pas positivement le jour. L'obituaire de la cathédrale, au cinquième article du mois de novembre du cinquième jour du même mois, fait mémoire de lui en ces termes : « Ranulphus « Burgensis. Item Guillelmus de Tournebu, episcopus « Constantiensis communiæ. » Son obit est marqué dans le nécrologe de la Bloutière en trois endroits différents. L'onzième de juin porte ces mots : « Obitus « Guillelmi Constantiensis episcopi : decem libras. » Le vingt-neuvième du même mois : « Obitus Roberti « Thomassi. Guillelmus episcopus Constantiensis : « decem libras. » Et enfin, au quatrième octobre : « Obi- « tus Guillelmi Constantiensis episcopi : decem libras. »

Nous avons pu remarquer par les chartes que nous avons citées le nom des premières dignités de son chapitre. Geoffroi du Bourg fut premièrement chanoine, puis archidiacre, et ensuite chantre. Les archidiacres étaient Richard de Poilley, le plus fameux, dont la famille subsiste encore très-noblement en Bretagne, et porte d'argent parti d'azur au lion léopardé de gueules, armé, lampassé, couronné d'or brochant sur le tout ; Richard de Milly, que je crois de cette famille, qui porte coupé d'argent et de sable. Raoul et Richard de Héauville, leurs ancêtres, étaient fondateurs du prieuré de ce nom dont nous avons parlé. La famille est éteinte il y a longtemps ; les biens en sont en la maison de Thieuville-Bricquebost.

A l'égard des abbés, nous connaissons leurs noms, et c'est presque tout. Thomas le Forestier, huitième abbé de Lessay, succéda à Robert Guérin, lequel, au rapport de Cenalis et de Luc Dachery, d'abbé du Mont-Saint-Michel était devenu abbé de Lessay en 1167. L'obituaire de ce monastère marque la mort de ce Forestier le 25 janvier, sans désigner l'an. Il eut pour successeur un nommé Onfroi Samson, mort le 6 des calendes de mars.

Le cinquième abbé de Montebourg, nommé Richard, mort en 1182, eut pour successeur un nommé Robert, suivant que le dit Robert du Mont[1]. « Obiit », dit-il, « Richardus abbas Montisburgi, et successit ei Robertus, « prior et monachus ejusdem loci. » Ce Robert ne fut pas béni, et mourut deux ans après. Il eut pour successeur un religieux du même monastère, nommé Guillaume : « Obiit Robertus electus Montisburgi,

---

[1] *Historiens de France*, XVIII, 334. Seulement Robert de Torigni place la mort de Richard en 1183.

« et successit ei Guillelmus monachus hujus loci »[1].

En la dédicace de l'église de Saint-Thomas de Saint-Lo, nous avons remarqué que Guillaume de Martainville était abbé de l'abbaye de cette ville. C'est le quatrième; il eut pour successeur un autre Guillaume, surnommé de Masel, auquel succéda Robert de Mole dont nous parlerons bientôt, et Robert prieur de Saint-Lo de Rouen.

Richard Martin, qui est marqué quatrième abbé de Cherbourg et successeur de Benjamin, vivait aussi sous l'épiscopat de Guillaume. De son temps, son abbaye, outre ce que nous avons dit ci-dessus, fut encore enrichie extraordinairement par un seigneur, nommé Osbert de la Heuse, au rapport de Robert du Mont. Il leur bâtit une très-belle maison en laquelle il passa le reste de ses jours, par la permission d'Henri second dont il était connétable. Huit jours avant sa mort, il prit l'habit de chanoine, donna à ses confrères trente-deux marcs d'or, une autre fois cent livres, monnaie du Mont, et encore six vingts marcs d'argent en vaisselle : « Quidam enim constabularius
« domini Regis Henrici, Osbernus de Hosa nomine,
« qui castrum Cæsaris-burgi, cum patria quæ ad illud
« pertinet, custodiebat, jussu domini Regis Henrici
« ædificavit in eadem abbatia de Voto domum pulcher-
« rimam, officinas idoneas in se continentem ad opus
« suum, in qua post administrationem domini Regis,
« quamdiu vixit, satis honestè conversatus est. Ipse vero

---

[1] *Historiens de France*, XVIII, 337.

« ante octo dies mortis suæ, factus est canonicus
« permissione domini Regis, eidem abbatiæ dedit
« XXXII marcas auri; dedit etiam prædictæ abbatiæ
« centum libras Cenomanensium ad augmentandas
« possessiones ejusdem abbatiæ; dedit etiam eidem
« abbatiæ sexaginta marcas argenti in plata et totidem
« in vasis [1]. »

Ce Richard Martin eut pour successeur un nommé Eudes.

Nous avons parlé ci-devant de Robert de Veules, septième abbé de Saint-Sauveur-le-Vicomte. Nous espérons encore en parler ci-après; mais nous ne connaissons que les noms de Guillaume, abbé troisième de Hambie, et d'Etienne de Saint-Sever.

---

[1] *Historiens de France,* XVIII, 327.

TROISIÈME PARTIE

Qui comprend ce qui est passé depuis la réduction de la Normandie à la couronne de France, l'an 1204, jusqu'en 1450, auquel toutes disputes cessèrent pour cette province, entre les Anglais, qui se prétendaient héritiers légitimes des ducs de Normandie, et les Français, qui les en chassèrent pour jamais.

CHAPITRE PREMIER

DE VIVIEN

Nous n'avons pu connaître aucune chose de sa famille, ni des premiers emplois de ce prélat. Il y a deux familles nobles qui portent le surnom de Vivien. L'une porte d'azur flanqué d'argent au sautoir engrelé de gueules, chargé de deux étoiles d'or ; celle-ci est d'Avranches et croit effectivement que ce prélat était de sa maison. Nous estimons que Vivien était le nom propre de cet évêque ; ce nom était alors assez commun. Le premier abbé d'Aunay s'appelait Vivien. Il y en avait plusieurs autres qui portaient ce même nom.

Nous n'avons trouvé jusqu'à présent aucuns mémoires dont nous ayons pu apprendre la manière dont il fut élevé à l'épiscopat. Nous croyons que ce fut par une légitime élection : nous sommes assurés que ce fut un bon prélat, et très-appliqué au devoir de sa charge. A peine tint-il le siége épiscopal huit ans ; il nous reste cependant plusieurs monuments de cette application.

Auparavant que d'en parler, il ne sera pas hors de propos de remarquer ici un différend arrivé et terminé entre les chanoines réguliers du prieuré de Saint-Lo de Rouen et ceux du prieuré de Beaulieu dans le même diocèse de Rouen, ce dernier étant dépendant du premier. Il s'agissait de la manière dont les religieux de Beaulieu en devaient user en l'élection de leurs prieurs, le cas advenant, et de quelques autres petits intérêts particuliers.

Gautier, archevêque de Rouen, le termina. Il fut dit que, mort advenant du prieur de Beaulieu, les chanoines le feraient savoir à ceux de Saint-Lo de Rouen, lesquels députeraient trois personnes de leur communauté pour aller à Beaulieu ; que ces députés assisteraient à toutes les assemblées capitulaires et auraient voix passive et active pour cette élection, de même que les autres. Je passe les autres clauses de ce jugement que le P. Arthur du Monstier a fait imprimer tout entier dans son *Neustria pia*[1], pour remarquer que ce juge, aussi bien que les parties, reconnaît pleinement la dépendance du prieuré de

[1] P. 809.

Saint-Lo de Rouen des évêques de Coutances. Il décide que, quoique Beaulieu dépende de Saint-Lo et que Saint-Lo dépende de Coutances, il faut savoir que l'évêque de Coutances ne pourra jamais s'attribuer aucun droit sur l'église de Beaulieu, ni comprendre dans ses limites l'église, ou excommunier les chanoines de Beaulieu, comme il le pouvait faire à l'égard de l'église et chanoines de Saint-Lo de Rouen. Une des plus belles époques du commencement de l'épiscopat de Vivien est la dédicace de l'église de l'abbaye de Saint-Lo. Il en fit la cérémonie, assisté de Guillaume, vingt-huitième évêque d'Avranches, et d'une infinité de peuples de tous états et conditions, à la requête de Robert de Molé, sixième abbé de ce lieu, qui l'avait fait édifier de neuf. Le P. Arthur du Monstier en a fait imprimer la charte en sa langue naturelle[1]; la voici en la nôtre : « L'an depuis l'incar-
« nation de Notre-Seigneur Jésus-Christ 1202, Gautier
« étant archevêque de Rouen, Vivien évêque de Cou-
« tances, l'an quatrième du règne de Jean, roi d'Angle-
« terre, Robert Molé étant le sixième abbé de céans,
« cette église a été dédiée en l'honneur de saint Lo,
« évêque, notre patron, par ledit Vivien et Guil-
« laume, évêque d'Avranches, lesquels, par une abon-
« dance de charité, s'affectionnant et travaillant forte-
« ment au salut des âmes, ont remis la troisième
« partie de la pénitence due pour les péchés qu'on
« aurait oubliés, le violement des vœux qu'on serait

[1] P. 838.

« en disposition d'exécuter, à tous ceux qui, au jour
« de cette dédicace et depuis jusqu'à la fête de Saint-
« Martin, visiteront cette église et y feront telle
« offrande qu'il plaira à Dieu leur inspirer, en l'hon-
« neur de ce même Dieu, de la sainte Vierge Marie et
« de saint Lo, notre patron, et ce à perpétuité, remet-
« tant aussi la peine du péché dont on aurait pu se
« rendre coupable, pour avoir frappé son père ou sa
« mère sans y penser. »

Nous apprenons d'une charte de Saint-Sauveur-le-Vicomte, citée par l'auteur du *Neustria pia*[1], qu'un seigneur Guillaume Corbet, chevalier, présent à cette dédicace, ému de pitié et d'affection pour les religieux de ce même monastère de Saint-Sauveur, leur donna l'église de Margueray[2] avec la seigneurie des Aules, la terre d'un nommé Jourdain le Tellier, pour être appliquée à l'entretien et nourriture des religieux qui étaient à l'ermitage de Sainte-Marie-de-la-Colombe, qu'on appelait le prieuré de la Coupperie : « Datur
« huic Abbatiæ S. Salvatoris, et Ecclesiæ S. Mariæ
« Heremi de Colomba, à Guillelmo Corbet, milite,
« præsentatio S. Mariæ de Mergerei : cum tota terra
« cujusdam Jordani Telonarii[3]. » Mais auparavant que de passer outre, nous devons remarquer cette grande révolution dont il est fait mention dans le titre de cette partie, par laquelle nos pères changèrent de maîtres et passèrent de la domination anglaise à l'obéissance des

---

[1] P. 542.
[2] Arr. de Saint-Lo.
[3] *Neustria pia*, p. 542.

rois de France. L'histoire en est commune ; je la rapporterai en peu de mots, comme faisant une des plus grandes particularités de la vie de notre évêque.

Henri second, roi d'Angleterre, eut de la reine Eléonore quatre fils : Henri, Richard, Geoffroi et Jean. Les deux aînés ne furent point mariés. Geoffroi épousa Constance, héritière de Bretagne ; il en eut un fils nommé Arthur, et mourut avant son père aussi bien que son frère aîné, Henri. Après la mort de Henri, père de ces quatre princes, Richard, surnommé Cœur-de-lion, eut la couronne ; mais étant mort le 4 décembre 1199, il y eut dispute, entre l'oncle Jean et le neveu Arthur, à qui lui succéderait. Jean se fit couronner roi d'Angleterre, et comme Arthur prétendait qu'étant sorti de l'aîné de Jean, la couronne et les autres états de Richard lui appartenaient, il y eut guerre entre eux. Arthur fut pris à Mirebeau, et, peu de temps après, lâchement massacré par son oncle : « Non multo post », dit Mathieu Paris, « idem Arthu« rius subito evanuit, modo ferè omnibus ignorato, « utinam non ut fama refert invida. » Et par après, il ajoute : « Increbuit opinio per totum regnum « Francorum de morte Arthuri, et per omnes regiones « transmarinas : adeo quidem ut Rex Joannes suspectus « haberetur ab omnibus, quod illum manu propria « peremisset. Unde multi animos avertentes à Rege, « semper deinceps, ut ausi sunt, nigerrimo ipsum odio « perstrinxerunt[1]. »

---

[1] *Mathæi Paris historia major* ; Parisiis, 1644 ; p. 145.

Constance, mère d'Arthur, et les Bretons, portèrent leurs plaintes de cet assassinat à Philippe, roi de France, comme à leur souverain. Jean fut cité, suivant toutes les formalités de la justice, devant la Cour des pairs. Il n'y parut point ; il fut déclaré contumace, coupable de parricide en la personne de son neveu, et ses états mouvants de la couronne de France confisqués et réunis à icelle.

Philippe, aussitôt après la prononciation de cet arrêt, se mit en effet de l'exécuter, et Dieu, vengeur des crimes, répandit sur le roi d'Angleterre un esprit d'étourdissement incroyable et tel, qu'il envisageait la perte de ses villes avec la plus grande indifférence du monde : « Joannes », dit Mathieu Paris à l'an 1203, « apud Cadomum... postpositis incursionibus bellicis, « cum Regina epulabatur quotidie spendidè, somnosque « matutinales usque ad prandendi horam protraxit[1]. » C'est ce qui engagea la plupart de ses sujets à ne point s'exposer aux derniers dangers pour se conserver à un prince qui témoignait ne se soucier aucunement de les perdre, et qui n'avait pas la moindre pensée de les secourir, lorsqu'on les attaquait. Aussi les diocèses entiers de Lisieux, Séez, Bayeux et Coutances se rendirent au roi de France, de leur bon gré et sans se laisser forcer. Nous l'apprenons des trois derniers vers[2] de Guillaume Le Breton dans sa *Philippide* :

> « Cumque diœcesibus tribus, illi tres sine bello
> « Sese sponte suâ præclari nominis urbes
> « Subjiciunt, Sagium, Constantia, Lexoviumque. »

---

[1] *Mathæi Paris historia*, p. 145.
[2] Ou plutôt des vers 37, 38 et 39 du livre VIII (*Historiens de France*, XVII, 211).

Le Mont-Saint-Michel fut brûlé par le feu qu'y jetèrent les Français, et Avranches forcé, pris, pillé et démantelé pour avoir osé s'opposer au torrent de la victoire. Ce fut l'an 1203. L'an suivant, 1204, Rouen et le reste de la province se rendit à Philippe : « Sic « omnimodò deficiente consolatione cum succursu, « tota Normania, Turonica, Andegavia et Pictavia, « cum Civitatibus, Castellis et rebus aliis, præter « Rupellam, Toarz et Niorz castella, sunt in Regis « Francorum dominio devoluta. Quod cum Regi « Anglorum nuntiatum fuisset, omnimodis cum « regina sua vivebat deliciis », dit Mathieu Paris[1].

La rapidité avec laquelle Philippe-Auguste fit ses conquêtes et les sujets de Jean changèrent de maître, ne leur donna presque pas le temps de s'en apercevoir. Chacun retourna à ses emplois comme auparavant, avec une pleine liberté de les exercer.

Il y avait alors un grand différend entre Robert de Veules, septième abbé de Saint-Sauveur-le-Vicomte, et Eudes, cinquième abbé de Cherbourg, touchant le prieuré de Saint-Hélier de Jersey, Saint-Pierre-d'Artéglise et la chapelle du Valdecie[2]. Il avait été porté à Rome, et Innocent III, qui tenait alors le saint-siége, avait choisi l'évêque, le chantre, l'archidiacre d'Avranches pour en juger. Les parties ne voulurent point être réglées à la rigueur ; elles firent compromission sur leur évêque, Vivien, Guillaume, abbé de Montebourg, et Pierre, abbé de Blanchelande, lesquels terminèrent

---

[1] P. 148.

[2] Saint-Pierre-d'Arteglise, le Valdecie, arr. de Valognes.

ce procès au contentement des intéressés, suivant les règles de la justice, ainsi que l'on pourra voir en la page du recueil des chartes en preuves, laquelle est datée de 1205, et extraite du cartulaire de Cherbourg.

Elle est suivie d'une autre de ce même prélat, par laquelle, à la présentation des abbé et religieux de cette même abbaye de Cherbourg, il conféra à Robert, prêtre d'Octeville[1], l'église de Saint-Martin-d'Ozeville[2], « in perpetuæ elemosinæ beneficium », et accorda à ces mêmes religieux que, vacance arrivant de cette église et bénéfice, ils pussent la desservir et en jouir par eux-mêmes, choisissant pour ce sujet quelque chanoine de leur communauté qui leur rendra compte du temporel et à lui, évêque, du spirituel.

On a pu remarquer dans tous les actes des donations faites aux religieux, de quelque ordre qu'ils soient, que les donateurs supposaient donner à des serviteurs de Dieu : « Dedi et concessi ibidem Deo servientibus. » Nous avons trouvé dans le chartrier de la Bloutière cette obligation de servir Dieu exprimée d'une manière si positive, que les fondateurs ne semblent leur céder la jouissance de leurs biens, et nos évêques ne la leur confirmer, qu'autant de temps qu'ils seront honnêtes gens, « quamdiu honestè conversati fuerint ». C'est ce qui paraîtra par la charte de cet évêque Vivien, datée de cette année 1205, par laquelle il confirma aux frères de la Bloutière le patronage de la moitié des

[1] Arr. de Cherbourg.
[2] Arr. de Valognes.

églises de Fleury[1] et de la Bloutière : « A tous les
« fidèles qui ce présent écrit verront, Vivien, par la
« grâce de Dieu évêque de Coutances, salut en Notre-
« Seigneur. Sachez qu'à la requête de Guillaume de
« Rollos, nous avons charitablement confirmé aux
« frères de la Bloutière, qui servent Dieu et saint
« Thomas en ce même lieu, en pure et perpétuelle
« aumône, le droit de patronage de l'église de
« Fleury et de la moitié de l'église de la Bloutière,
« avec une masure dans ladite paroisse de Fleury,
« nommée la Macère, et ce que Robert, fils Edine, tient
« de terre en la paroisse de Briqueville-la-Blouette[2],
« laquelle terre est de l'acquisition desdits frères,
« lequel droit de patronage appartenait audit Guil-
« laume de Rollos, à la requête duquel nous avons
« consenti qu'ils en perçoivent les fruits pour leurs
« propres usages, et que lesdits frères, autant de
« temps qu'ils seront honnêtes gens, puissent des-
« servir par eux-mêmes lesdites moitiés de deux
« églises susmentionnées, sauf le droit de l'évêque et
« de l'archidiacre. Et afin que tout demeure fixe et
« arrêté, nous avons fait cette présente charte et à
« icelle apposé sceau et confirmé par ce témoignage,
« l'an de Jésus-Christ 1205. »

On fut presque uniquement occupé pendant l'année
suivante, 1206, à voir ce que produirait la guerre en
Poitou, renouvelée par Jean d'Angleterre, qui était

---

[1] Arr. d'Avranches.
[2] Arr. de Coutances.

descendu avec une puissante armée à la Rochelle. Elle produisit une trêve, par laquelle Jean céda à Philippe-Auguste la Touraine et tous les états auxquels il avait quelque prétention, qui sont au deçà de la Loire, c'est-à-dire l'Anjou, la Bretagne, le Maine et toute la Normandie, ce qui fit juger à nos pères que ni lui ni ses successeurs n'y rentreraient jamais, et dès lors chacun ne songea qu'à faire confirmer par le roi de France les biens, priviléges et honneurs de ses ancêtres.

Les évêques de la province, c'est-à-dire Gautier, archevêque de Rouen, Robert, évêque de Bayeux, Lucas d'Évreux, Jourdain de Lisieux, Guillaume d'Avranches, Silvestre de Séez et Vivien de Coutances, s'assemblèrent et par la plume de Vivien lui présentèrent une requête sur la manière de procéder lorsqu'un patronage tombait en litige. Cet acte a été imprimé en la langue naturelle ; le voici en la nôtre, extrait du livre *Sanctæ Rhotomagensis ecclesiæ concilia et decreta synodalia* :

« A notre très-excellent seigneur sérénissime Phi-
« lippe, illustre roi de France, nous requérons que,
« sur la vacance des églises à la présentation desquelles
« il y a ou il y aura à l'avenir dispute, l'enquête ou
« information en soit faite par quatre prêtres et par
« quatre chevaliers ; que l'archevêque ou l'évêque,
« dans le diocèse duquel sera ce patronage en litige,
« choisisse de bonne foi les prêtres les plus fidèles et
« le plus gens de bien que faire se pourra, et les
« prêtres et les chevaliers jureront sur ce qu'il y a de
« plus saint qu'ils procéderont de bonne foi. L'arche-

« vêque ou évêque examinera par après les sentiments
« de chacun en particulier et séparément sur ce qu'il
« pense de ce droit de patronage. Le bailli royal fera
« la même chose et entendra aussi le rapport de
« chacun d'eux en particulier, et celui-là serait jugé
« avoir droit de patronage auquel la pluralité des
« voix l'aura accordé. Et si ces huit personnes ne
« peuvent connaître à qui légitimement appartient ce
« droit, on aura égard à la présentation qui aura été
« faite à cette église. Le dernier présentateur sera
« estimé être en possession. Si quelque clerc osait aller
« contre cet arrêt, nous nous opposerons à cette
« entreprise. »

Philippe-Auguste, traitant avec ses peuples et les villes de Normandie, promit de conserver leurs coutumes et leurs priviléges; il répondit donc favorablement à la requête de nos prélats. L'acte de la réponse de ce monarque est daté de l'an 1207, et donné à Gisors :
« Et nous, dit-il, ayant égard à la demande des susdits
« archevêques et évêques de Normandie, nous leur
« avons accordé les fins d'icelle, et voulons qu'on
« observe ponctuellement tout son contenu[1]. »

Cet archevêque de Rouen, Gautier de Coutances, étant mort au mois de novembre de cette année 1207, les officiers du roi saisirent en régale l'archevêché. Vivien, notre évêque, fut choisi pour en écrire au roi, afin de délivrer l'église d'une servitude à laquelle on

---

[1] D. Bessin, p. 105; *Cartulaire normand*, n° 146. M. Delisle date ainsi cette pièce : Avant 1207, octobre.

croyait que le roi d'Angleterre l'avait soumise injustement. Voici sa lettre :

« A son Seigneur, digne de tout respect sérénissime,
« par la grâce de Dieu roi de France, Vivien, par la
« même grâce de Dieu évêque de Coutances, salut en
« celui qui le donne. Nous avons appris, par le témoi-
« gnage de personnes dignes de foi, que l'archevêque
« de Rouen venant à mourir, l'administration des biens
« de cet archevêché, tant au temporel qu'au spirituel,
« est dévolue et appartient au chapitre de cette église
« sans aucune opposition; ni les rois d'Angleterre, ni
« leurs officiers, qui alors étaient seigneurs de Nor-
« mandie, n'avaient aucun droit de se saisir de ce qui
« appartenait audit archevêque. C'est pourquoi nous
« supplions très-instamment Votre Excellence de vouloir
« bien, comme vous avez de coutume, conserver fidè-
« lement et inviolablement les libertés de ladite église
« de Rouen, telles qu'elle les a eues jusqu'à présent
« de droit et d'usage, y allant en cela de votre hon-
« neur et de votre salut. Je prie Dieu qu'il vous
« conserve pour l'éternité. »

Une charte conservée et imprimée par Duchesne à la fin de ses *Historiens de Normandie*[1] nous apprend que Philippe-Auguste ayant fait assembler plusieurs personnes de qualité et de probité, afin de savoir d'elles la manière dont en usaient les rois d'Angleterre sur le fait des régales, la réponse de ces seigneurs fut que l'archevêque Robert étant mort, Henri second, roi

[1] P. 1056.

d'Angleterre, saisit en régale les revenus de l'archevêché de Rouen et y mit ses gardes; et Gautier de Coutances, qu'il aimait particulièrement, ayant été promu à cet archevêché, il les lui avait rendus, sans qu'ils sussent si ç'avait été par l'amitié qu'il lui portait, par droit ou par quelque autre raison. Le conseil de Philippe estima que Henri avait saisi en régale par droit et l'avait rendu à Gautier par amitié, et résolut d'en user de même, sans avoir égard à la requête de Vivien.

Dans le feuillet 53ᵉ du premier registre des chartes du chapitre de Coutances, il y a l'acte par lequel cet évêque donna à son église les deux parts de la dîme de Saint-Ebremont-de-Bonfossé[1], qu'il avait achetées de Guillaume de Soule, chevalier; la dîme de son moulin qu'il avait fait faire à Bonfossé, et les deux gerbes de sa terre de l'Oiselière, à Heugueville[2], desquelles aumônes il en serait distribué, au jour auquel on ferait l'annuel de son obit, la tierce partie aux chanoines qui y assisteraient, l'autre tierce aux clercs du chœur, et enfin l'autre tierce partie aux pauvres. « Et nous voulons aussi, ajoute-t-il, et demandons
« que tout le luminaire, tant du chandelier béni que
« nous avons fait faire de neuf en notre dite église,
« que les autres, soit allumé pour le jour de notre
« anniversaire, comme il a coutume de l'être aux plus
« grandes fêtes de l'année. Portez-vous bien en Notre-
« Seigneur. »

Nous avons rapporté au cahier de nos preuves,

[1] Arr. de Saint-Lo.
[2] Arr. de Coutances.

page 18°, une charte de Henri deuxième, roi d'Angleterre, par laquelle il donna les églises de Barfleur et de Gatteville aux religieux de Cherbourg. Les deux fils et successeurs de ce monarque, Richard Cœur-de-lion et Jean-sans-Terre[1], firent la même chose et en même temps, de sorte qu'en leurs trois chartes il n'y a différence que des noms des rois et des témoins. Ces chartes sont insérées au deuxième volume du cartulaire du chapitre, et Vivien, notre évêque, qui y réfère[2], témoigne les avoir vues et compris le sens non-seulement, mais en outre il termina le différend qu'il y avait entre le chapitre de Coutances et les chanoines réguliers de Cherbourg sur le revenu de ces paroisses : « Enfin, disent ces derniers, en présence
« et du consentement de notre vénérable père Vivien,
« évêque de Coutances, et d'un mutuel accord, nous
« sommes convenus en la manière qui suit : ci-après
« tous les fruits desdites églises de Barfleur, Gatteville,
« Quettehou[3] et le Rosel seront partagés également
« entre nous et le chapitre de Coutances. Nous em-
« ploierons tout notre pouvoir pour défendre le droit
« dudit chapitre sur ces églises, et leur fournir tous
« les titres dont nous serons porteur pour ce sujet,
« comme ledit chapitre, au réciproque, sera en obli-
« gation d'en user de même à notre égard[4]. »

Cette charte est le duplex donné par l'abbé Eudes

---

[1] *Cartulaire de Coutances*, nos 30 et 31.
[2] *Ibid.*, no 29.
[3] Lisez la Haye-d'Ectot, arr. de Valognes.
[4] *Cartulaire de Coutances*, no 32.

et ses religieux au chapitre, et insérée dans le cartulaire dont nous venons de parler. Le chartrier de cette même abbaye de Cherbourg en contient une dans laquelle nous trouvons notre prélat Vivien comme intervenant et juge entre ce même abbé Eudes et ses religieux, d'une part, et un nommé Robert de Sedeville, prêtre, vicaire de Jobourg, d'autre part, de l'avis duquel et de quelques autres personnes sages fut cédée audit Robert de Sedeville une maison que ces religieux avaient à Cherbourg, laquelle avait été à Geoffroi Sirenne, pour la somme de 10 livres, une fois payées, et 10 sous de rente. Vivien est souscrit à cette charte comme témoin, et après lui Richard de Poilley, Guillaume le Cheminant, Jean, chapelain, et plusieurs autres.

Il y a dans le Cartulaire de Hambie trois chartes de cet évêque, lesquelles, ainsi que les précédentes, sont sans date : par la première, il confirme aux religieux de ce monastère les mêmes donations que ses prédécesseurs leur avaient ou faites ou confirmées ; la deuxième est une révision ou relation des chartes, des donations de Henri, roi d'Angleterre, et de Guillaume Painel, en faveur de ce monastère, auxquelles ces religieux souhaitèrent que Vivien donnât son approbation et fît apposer son sceau pour les rendre plus authentiques et les fortifier contre les périls imminents, ainsi qu'il le dit : « Quoniam vero abbas et conventus « Hambiensis, quibusdam periculis imminentibus, « authentica scripta quæ præsenti scripto commemora- « vimus exponere deportare timuerunt, sigillorum

« nostrorum appensione præsens scriptum roborare
« petierunt, et nos ad perhibendum testimonium veri-
« tati sigilla nostra apposuimus. »

Enfin, par la troisième, il témoigne à tout le monde que Guillaume de Cotentin, chevalier, du consentement et volonté de Thomas, son fils, avait, par son ministère, donné et accordé en aumône perpétuelle, pour le salut de son âme et de ses prédécesseurs, 5 acres de terre, avec leurs dépendances, dans la paroisse de Nicorps[1], toutes lesquelles chartes sont sans date.

Les monastères, pour se conserver la possession des patronages, ont été très-curieux de conserver ces chartes par lesquelles il paraît que les évêques ont conféré les bénéfices à leur présentation. Nous avons plusieurs actes sur ce sujet de notre évêque Vivien. Nous les croyons trop peu importants pour être insérés ici ; en voici deux exemples :

A la présentation de l'abbé de Cherbourg, la cure de Sainte-Geneviève avait été conférée par Guillaume de Tournebu à Ambroise d'Evreux. Guillaume de Sainte-Marie l'avait disputée ; mais l'ayant cédée par après audit d'Evreux, elle lui fut confirmée par Vivien, notre prélat, et quelque temps après ce d'Evreux ayant fait remise de ce bénéfice auxdits religieux, nous avons la charte par laquelle le même Vivien, à la présentation de l'abbé et de son couvent, le conféra au nommé Etienne de Poitiers, parce que ce Poitiers

---

[1] Répertoire de M. DE GERVILLE, I, 185. — Nicorps, arr. de Coutances.

serait en obligation de payer au nommé Guillaume, le chapelain de cette église de Sainte-Geneviève, une pension annuelle de 20 sous à deux termes, savoir : 10 sous au synode Pascal, et 10 sous au synode de la Saint-Michel.

L'autre est extrait du cartulaire de l'abbaye de Cerisy. Vivien, évêque de Coutances, à la présentation de l'abbé et des religieux de ce lieu, conféra « in puram et perpe- « tuam elemosinam » l'église de Rauville, « Radulphi « villam », à deux personnes, savoir à Pierre d'Estien, qu'il appelle son frère, «Petro d'Estanno, fratri nostro», et messire Geoffroi de la Haye, de manière que ledit Geoffroi de la Haye payait par chacun an, audit Pierre, le tiers du revenu de ladite église. Le surplus lui devait demeurer, en payant néanmoins auxdits moines de Cerisy une pension de 30 sous, monnaie courante, avec les droits épiscopaux.

Environ le temps dont nous parlons, on fonda pour trois paroisses voisines, la Haye-Painel, Hocquigny et Folligny[1], deux hôpitaux (nous parlerons ci-après de leur union), desquels on donna l'administration aux religieux de la Bloutière. Le dernier que j'ai nommé, qu'on appelle Saint-Jacques-du-Repas, fut fondé par un seigneur nommé Henri Murdach, lequel donna l'église de Folligny pour ce sujet : « Noverit univer- « sitas vestra », porte la charte de notre évêque, « Henricum Murdach dedisse et concessisse in perpe- « tuam elemosinam hospitali Sancti Jacobi de Repasto

---

[1] Arr. d'Avranches.

« et priori hermitagii Sancti Thomæ de Bloeteria, qui
« est perpetuus custos dicti hospitalis, quidquid
« habebat juris in ecclesia de Folligni. » Cette charte
est datée de Saint-Lo, et a pour témoins Robert le
Neveu et Geoffroi le Neveu, sans en marquer ni le
mois ni l'année.

Enfin le quinzième jour de février de l'an 1208,
Vivien, notre évêque, mourut et fut inhumé en son
église cathédrale. On fait mémoire de sa mort et un
service solennel dans cette même église, ce jour que
nous venons de marquer pour le repos de son âme,
lequel obit du service il n'est point permis de transférer de cedit jour quinzième, s'il n'arrive au
dimanche : « Vivianus Constantiensis episcopus. Non
« moveatur, nisi sit dominica. » L'obituaire de Blanchelande marque le même jour : « Venerabilis
« Viviani Constantiensis episcopi obitus. » Celui de
l'abbaye de Saint-Lo le marque au sixième de février :
« Decimo quarto calendas martii, obiit Vivianus
« bonæ memoriæ Constantiensis episcopus », comme
aussi celui de Cherbourg le marque au même jour et
au même terme.

Un an auparavant la mort de cet évêque, lui et son
chapitre considérant que le chantre est la première
dignité de ce chapitre, que les dignités telles qu'elles
soient ne se soutiennent que par les richesses, et que
le revenu de la chantrerie était trop peu considérable
pour soutenir la qualité de chef d'un si noble chapitre,
y unirent la prébende de Blainville. Afin que cette
union fût perpétuelle et irrévocable, ils eurent soin

de la faire approuver et confirmer par le pape Innocent III. Nous en avons la bulle ; nous l'avons insérée en la page de notre recueil, et nous l'avons extraite du feuillet 96° du chartrier du chapitre. Elle est datée de Pérouse, au mois de novembre, l'an neuvième de son pontificat, qui est celui de Notre-Seigneur 1207.

CHAPITRE II

HUGUES DE MORVILLE

Le lieu dont la famille de cet évêque portait le nom est une paroisse considérable en ce diocèse, à demi-lieue de Valognes et sous sa juridiction.

Cette famille était très-distinguée et posséda des grands biens en Angleterre et en Normandie. Nous apprenons du Baronnage de Dugdale[1] que Simon de Morville, fils de Hugues, donna à Henri second, l'an trentième de son règne, 50 marcs d'argent pour entrer en possession des biens de Raphaël Engain, grand-père d'Ada, son épouse, fille et héritière de Guillaume Engain, fils de ce Raphaël. Ces biens étaient particulièrement la baronnie de Burgh, dans le comté de Cumberland.

Ce Simon de Morville eut trois fils : Hugues, Roger et Richard. Le premier fut un de ces quatre seigneurs qui firent mourir l'archevêque de Cantorbéry, et périt malheureusement. Roger épousa Héloïse d'Estouteville, dont sortirent deux filles, Ada et Jeanne, lesquelles après

---

[1] *The Baronage of England, or an historical account of the lives and most memorable actions of our English nobility*; 1675, 2 vol. in-fol.

avoir partagé les biens de leur père, l'an six du règne de Jean-sans-Terre, épousèrent, savoir : Ada, l'aînée, Thomas Molton, et Jeanne, la cadette, Richard Germain. Richard de Morville, le dernier des fils de Simon, possédait aussi de gros biens, ayant donné à Henri second, l'an seizième de son règne, 200 marcs d'argent pour entrer en possession des biens de Guillaume de Lancastre, dont il épousait la fille. Il en eut une fille unique et héritière de ses biens, nommée Hélène, qui porta ses grosses successions à Roland de Gallway, qu'elle épousa.

D'ailleurs, ce Simon de Morville fils de Hugues, dont nous venons d'expliquer la descente, avait un frère appelé Nicolas, lequel eut pour partage de gros biens dans le comté de Northampton en Angleterre, avec ce que ses ancêtres avaient et possédaient en Normandie. Ce seigneur eut de son épouse, nommée Emma, quatre fils : 1° Guillaume ; 2° Raoul, qui fut cardinal ; 3° Hugues, dont nous avons à parler. Le 4°, Hébert, eut un fils nommé Hugues. Guillaume, l'aîné, eut de son épouse Isabelle une fille unique, Amande, laquelle épousa Mathieu de Columbert, comme il paraît par deux actes, l'un daté de l'an vingt-deuxième du règne de Henri III, roi d'Angleterre, par lequel ce Mathieu donna à ce monarque 60 marcs pour entrer en possession de la moitié des biens de ce Hugues de Morville, son beau-père, et l'autre de l'an suivant, vingt-troisième du règne du même roi, par lequel il donna encore 20 marcs pour les biens de la succession de ladite Isabelle, mère de son épouse. Raoul est celui pour lequel on fait tous les ans un obit au mois de décembre, selon la fondation de notre évêque Hugues dont nous rapporterons la charte en temps et lieu. Hébert est celui qui donna la moitié de l'église de Morville à l'Hôtel-Dieu de Coutances, duquel nous parlerons aussi en son lieu et place, et enfin Hugues est le prélat qui fait le sujet de ce chapitre.

Hugues de Morville était archidiacre de Coutances, lorsqu'il en fut élu évêque ; c'est ce qui nous paraît par une charte de l'abbaye de la Luzerne, par laquelle Guillaume, évêque d'Avranches, confirma à ces religieux certains droits de déport que Achard leur avait donnés, en laquelle Hugues de Morville, archidiacre de Coutances, est signé comme témoin. Cette charte est rapportée par l'auteur du *Neustria pia* et finit par ces termes : « Actum est hoc anno ab incarnatione Domini « 1207 apud Abrincas, præsentib. Joan. Dolensi « Episcopo, et Magistro Hugone, Constantiensi Ar- « chidiacono, qui ad petitionem nostram, hanc « eamdem cartam, sigillorum suorum testimonio mu- « nierunt[1]. »

Il fut élu canoniquement, et par son seul mérite, immédiatement après la mort de son prédécesseur, et sacré à Rouen par Robert Poulain, « Pullus », archevêque de cette ville. Il est qualifié d'illustrissime dans ce fameux registre du chapitre appelé le *Livre Noir* ; ce que nous en dirons fera voir où connaître que c'est à très-juste titre, et peut-être prélat n'a plus eu d'affec-

---

[1] *Neustria pia,* p. 796.

tion pour son église et ne s'est mieux acquitté de son devoir que lui.

Sitôt après son élévation, il fut rendre ses respects au roi; et comme le soin et l'avantage de son église faisaient son plus grand désir, il demanda et obtint de ce monarque la confirmation du patronage des églises de Cherbourg et de Tourlaville. En voici l'acte en notre langue, qu'on pourra voir en latin dans notre recueil des chartes (il est extrait du feuillet 201 du premier volume du cartulaire du chapitre) : « Au nom de la
« sainte et individue Trinité, Philippe, par la grâce de
« Dieu roi de France. Sachent tous, présents et à
« venir, que notre amé et féal Hugues, évêque de
« Coutances, présent devant nous, nous a représenté
« que des églises de Cherbourg et Tourlaville le patro-
« nage lui appartenait, et nous a fait voir sur cela
« l'ordonnance de Geoffroi, duc de Normandie, par
« l'ordre duquel il avait été décidé, aux assises tenues
« à Valognes, que la présentation auxdites églises
« appartenait aux évêques de Coutances. A ces causes,
« nous voulons et accordons que le patronage desdites
« églises demeure audit évêque et à ses successeurs
« à perpétuité, sauf à nous et à nos successeurs le
« droit de toutes les prébendes dudit Cherbourg. Et
« afin que ce soit chose stable et permanente à per-
« pétuité, nous [le] confirmons par ce présent écrit, que
« nous avons signé de notre main royale et à icelui
« fait apposer notre sceau. Fait à Anet, l'an de l'in-
« carnation de Notre-Seigneur 1208, et le trentième [1]

---

[1] Lisez vingt-neuvième.

« de notre règne. Présents en notre palais ceux dont
« les noms ensuivent et qui ont souscrit au présent :
« Mill, grand maître de notre hôtel; Guillaume, notre
« grand bouteiller ; Barré, chanoine, et Drogué,
« connétable. Donné par la main du frère Guérin, la
« chancellerie étant vacante[1]. »

L'église de Cherbourg était effectivement collégiale. Notre évêque jugea qu'il serait plus à propos de la laisser simple paroissiale, et de fortifier les prébendes de son église de Coutances, dont le revenu diminuait de jour en jour par le refus que faisaient les Anglais de la laisser jouir des biens et revenus qu'elle avait en Angleterre, et par les autres suites de la guerre, qui n'était encore que faiblement éteinte. Il s'adressa donc encore à Philippe-Auguste pour ce sujet, et voici la consolation qu'il en reçut : « Au nom de la
« sainte et individue Trinité, Philippe, par la grâce
« de Dieu roi de France. Sachent tous, présents et à
« venir, que nous, pour l'honneur de Dieu et pour
« récompenser l'église de Coutances des pertes qu'elle
« a souffertes pour l'amour de nous, nous avons accordé
« et donné à notre amé et féal Hugues, évêque de
« Coutances, et à ses successeurs, en pure et perpé-
« tuelle aumône, toutes les prébendes de Cherbourg

---

[1] Toustain de Billy a mal lu ces souscriptions et les a traduites d'une étrange façon. Il faut lire : « Le sénéchal manquant. Seing de Gui, bou-
« teiller. Seing de Barthélemy, chambrier. Seing de Dreu, connétable.
« Donné par la main de Guérin, la chancellerie étant vacante. *Dapifero*
« *nullo. Signum Guidonis buticularii. Signum Bartholomei camerarii.*
« *Signum Droconis constabularii. Data, vacante cancellaria, per manum*
« *Guarini.* » (*Cartulaire de Coutances*, n° 288. — LÉOPOLD DELISLE : *Cartulaire normand*, n° 162; *Catalogue des actes de Philippe-Auguste*, n° 1099.)

« avec toutes leurs appartenances, pour l'augmentation
« de ladite église de Coutances, sauf le droit de ceux
« qui les possèdent présentement, de manière qu'après
« la cession ou décès d'iceux possesseurs, [ils] pourront
« disposer pleinement et absolument desdites pré-
« bendes, comme en étant les véritables seigneurs et
« patrons, sauf néanmoins que nous pourrons retenir
« et garder la forteresse dudit lieu de Cherbourg, pour
« la sûreté de la ville et du château[1]. » Et cet acte finit
comme le précédent, à la réserve qu'il est daté de
Gisors. L'an de son règne est l'an 1209 de J. C., cette
différence venant, comme il est évident, du temps
auquel commençait le règne de ce roi, l'an de J.-C.
étant commencé avant que le trentième du règne de
Philippe fût fini.

Je ne sais pas justement l'année en laquelle Hugues,
notre évêque, unit ces prébendes à celles de sa cathédrale, la charte en étant sans date. Il est néanmoins
certain que ce fut après l'an 1223, auquel Philippe-
Auguste mourut, puisqu'il est fait mention de lui en
cette charte comme [d'] un prince décédé, ce qui ne nous
empêchera pas de la rapporter ici comme étant de la
suite des deux précédentes. Au reste, la seule lecture
de cette charte expliquera mieux par elle-même cette
union que tout ce que nous en pourrons dire ; la
voici :

« A tous les fidèles de Notre-Seigneur Jésus-Christ
« qui ces présentes verront, Hugues, par la grâce de

---

[1] *Cartulaire de Coutances*, n° 293. — LÉOPOLD DELISLE : *Cartulaire normand*, n° 174 ; *Catalogue des actes de Philippe-Auguste*, n° 1168.

« Dieu évêque de Coutances, salut. Sachez tous que,
« pour l'honneur et pour l'augmentation du service
« de l'églisé de Coutances, du consentement et de
« l'avis de notre chapitre, nous avons réglé les pré-
« bendes de Cherbourg, lesquelles furent autrefois
« données par feu d'illustre mémoire Philippe, roi de
« France, à l'église de Coutances, pour la récom-
« penser des pertes qu'elle avait faites en ces guerres,
« de la manière qui ensuit, savoir : que les pré-
« bendes dont le roi paie le revenu, demeureront au
« service de la chapelle du roi, qui est château de
« Cherbourg, et aux chanoines qui ont été choisis par
« le seigneur roi Philippe. La prébende qui était à
« Jean le Roux sera pour l'augmentation du revenu du
« même évêché, qui est trop petit et presque de nulle
« valeur. La prébende que possède Henri, son fils,
« rentrera après sa mort au bénéfice du trésorier et à
« l'augmentation de son revenu, parce que l'un et
« l'autre, maîtres d'école, et le trésorier résideront con-
« tinuellement à l'église de Coutances, de sorte que
« s'ils ne le font pas, l'évêque et le chapitre les y obli-
« geront par le retranchement de leur rente. Les fruits
« des autres quatre prébendes, savoir, les trois parts de
« la dîme des gerbes de Tourlaville, la quatrième étant
« réservée au curé de cette église avec les droits de l'au-
« tel, les deux gerbes de Cherbourg, le revenu de la pré-
« bende de Nouainville[1] avec toutes ses appartenances,
« excepté la tierce gerbe et l'autelage qui sont encore

---

[1] Arr. de Cherbourg.

« pour le curé, le revenu de la prébende de Saussemes-
« nil[1] que tient messire Robert de Beauvais, et les fruits
« de la prébende que tient messire Guillaume de Boine,
« seront à l'avenir pour la commune de l'église
« de Coutances, de sorte néanmoins que cette com-
« mune ou chapitre de Coutances fournira et entre-
« tiendra six chapelains qui desserviront six autels de
« l'église de Coutances, donnant à chacun une pension
« annuelle de douze livres tournois, et ces six cha-
« pelains seront en obligation aux heures canoniales
« avec les autres clercs. Et en outre ladite commune
« ou chapitre paiera de rente annuelle trente livres
« tournois auxdits clercs de ladite église cathédrale,
« laquelle somme ils recevront de la main du procureur
« dudit chapitre, de manière encore que lesdits cha-
« noines et lesdits clercs seront contraints d'assister
« annuellement aux heures canoniales par la retenue
« de leur revenu, le tout au jugement du chapitre. Et
« il est à savoir que les six chapelains susdits et les
« curés des paroisses de Tourlaville, Cherbourg et
« Nouainville, ainsi que les chapelains du château,
« doivent être établis par nous et par nos successeurs ;
« et nous nous réservons aussi, à nous et à nos suc-
« cesseurs, le droit annuel qu'on appelle de *procure*
« sur l'église de Tourlaville, et sauf en tout le droit de
« l'archidiacre du lieu, qui recevra les droits par les
« mains des curés desdites paroisses. Et afin que ce
« soit chose stable pour l'avenir, nous avons fait

[1] Arr. de Valognes.

« apposer au présent notre sceau et celui de notre
« chapitre. »

Nous avons assez de chartes de cet évêque pour en faire un volume ; nous en rapporterons quelques-unes de celles qui nous paraîtront les plus utiles, nous nous contenterons d'en citer quelques autres. Nous en avons deux, datées de cette même année première de son pontificat, 1208 : l'une, extraite du cartulaire de l'abbaye de Hambie, par laquelle il confirma aux religieux de ce monastère toutes les donations qui leur avaient été faites jusqu'alors et déjà confirmées par ses prédécesseurs évêques, mais spécialement le don de l'église de Tripehou, fait par Raoul de Tripehou et confirmé par Richard de Bohon, son prédécesseur ; par la seconde, extraite du chartrier de l'abbaye de Cerisy, il conféra le bénéfice de Sainte-Marie du Moutier-Brûlé, en l'église de Jersey, à Thomas de Vauville, clerc de Saint-Martin-le-Vieux en cette même paroisse, a lui présenté par l'abbé de Cerisy. Cet acte est daté de Valognes.

Nous commencerons l'an suivant, 1209, par trois collations de bénéfice : la première fut de Guillaume Dioret à l'église de Sainte-Croix en la Hague, suivant la présentation que lui en avaient faite l'abbé et le couvent de Cerisy, et la démission de Robert d'Ancis, clerc, « qui personatum habebat in ecclesia Sanctæ
« Crucis », lequel Dioret devrait être vicaire perpétuel de ladite église et en percevoir la troisième gerbe avec l'autelage ; la deuxième est l'acte de cession que fit entre les mains de l'évêque le susdit Robert d'Ancis, en

faveur dudit Dioret, de tout ce qui lui appartenait en ladite église; et la troisième est la collation du bénéfice-cure de Tripehou, faite à Thomas Bohon, prêtre, suivant qu'il avait été présenté par l'abbé et le couvent de Hambie. Mais ce qui mérite plus notre attention en cette année 1209, c'est la fondation de l'Hôtel-Dieu de la ville de Coutances, ouvrage véritablement digne d'un grand et saint évêque tel qu'était Hugues de Morville. On en jugera par ce seul monument, que je crois à propos d'insérer ici en notre langue, sans qu'il soit nécessaire d'y faire réflexion :

« A tous les fidèles en Jésus-Christ qui sont dans le
« diocèse de Coutances, Hugues, par la grâce de Dieu
« évêque de Coutances, salut en Notre-Seigneur. Con-
« sidérant attentivement nos défauts et ceux de chacun
« à l'égard de la pratique des œuvres de miséricorde
« dont l'exercice est si avantageux pour le salut
« éternel, et particulièrement à l'égard de l'hospitalité,
« par le moyen et la pratique de laquelle plusieurs
« se sont rendus agréables à Dieu jusqu'au point de
« recevoir chez eux des anges mêmes, et à laquelle
« l'apôtre nous exhorte spécialement par ces termes :
« *N'oubliez l'hospitalité les uns envers les autres;* con-
« sidérant aussi que la charité ne recherche point ses
« intérêts, mais ceux de Jésus-Christ, ni ne préfère
« point ses avantages à ceux du public, mais au con-
« traire l'avantage du public au sien particulier, du
« consentement unanime de nos frères, pour le bien
« et l'utilité de tout notre diocèse, en l'honneur du
« Saint-Esprit, de la bienheureuse vierge Marie, de

« saint Jean, de saint Antoine, confesseurs, nous
« avons bâti à Coutances un hôpital pour y recevoir les
« pauvres et les étrangers ou pèlerins, dans le sein
« desquels reposent véritablement les richesses de
« Jésus-Christ. Nous nous confions entièrement en la
« miséricorde de Celui par la volonté duquel nous
« l'avons entrepris, que, par les sept dons de la grâce
« du Saint-Esprit, les sept œuvres de miséricorde y
« seront accomplies. On y donnera à manger à ceux
« qui auront faim, à boire à ceux qui auront soif ; on
« revêtira ceux qui seront nus ; on y recevra les
« étrangers; on visitera les malades; on consolera les
« prisonniers et on ensevelira les morts ; et puis, ces
« sept œuvres de miséricorde, moyennant la grâce du
« Saint-Esprit, provenantes en sept manières, nous
« croyons que les sept péchés mortels, causes de toutes
« langueurs et infirmités, après une véritable contrition
« de cœur et confession de bouche, seront remis. Afin
« donc que ce que nous venons de dire serve au salut
« de tout le monde, et afin qu'au jour terrible du
« jugement, nous n'appréhendions point cette parole
« dure et formidable aux méchants par laquelle, après
« ces reproches qu'on leur aura faits de leur paresse
« et de leur lâcheté pendant leur vie en l'exercice
« des œuvres de miséricorde susdites, le souverain
« juge leur dira : *Allez, maudits, dans le feu éternel ;*
« mais plutôt que, par le moyen de l'accomplissement
« des œuvres de miséricorde, nous entendions celles-
« ci : *Venez, les bénis de mon père,* nous avons établi
« d'un commun avis, pour régir ledit hôpital et avoir

« soin des pauvres qu'on y recevra, une confrérie en
« l'honneur du Saint-Esprit et de tous les saints, dont
« les frères serviront non-seulement pendant nos jours,
« mais aussi dans tout l'avenir. Faisant en outre atten-
« tion à la miséricorde de Dieu qui dit : *Ce que vous*
« *faites aux moindres de mes petits, vous me le faites,* et
« aux mérites de la bienheureuse vierge Marie et de
« tous les saints, nous remettons charitablement la
« septième partie de la pénitence enjointe à ceux qui
« entreront en ladite confrérie, aideront de leurs
« facultés et donneront quelque chose de leurs biens
« audit hôpital. En outre, à la requête que nous leur
« en avons faite, le chapitre de l'église de Coutances
« et toutes les abbayes du diocèse ont bonnement et
« libéralement accordé que les frères et tous les bien-
« faiteurs dudit hôpital soient participants à leurs
« prières, et que, pour chacun desdits frères et bien-
« faiteurs défunts, ils feront chacun en leur église un
« service d'obit par chaque année, ce qui fait neuf
« annuels, savoir, le chapitre de Coutances, l'abbaye
« de Cherbourg, celles de Montebourg, de Saint-Sau-
« veur, de Blanchelande, de Lessay, de Saint-Lo, de
« Hambie et de Saint-Sever, chacun un, lequel obit sera
« marqué en leur martyrologe, afin qu'on s'en sou-
« vienne chaque année, et cette cession si considé-
« rable a été faite par le chantre et les abbés au nom
« de leur chapitre, et confirmée par l'apposition de
« leurs sceaux. Nous vous prions donc tous et nous
« vous exhortons en Notre-Seigneur, qu'aucun de vous
« ne s'excuse, mais que vous vous pressiez de devenir

« les confrères des pauvres de Jésus-Christ, afin que
« *les amis que vous vous serez faits du prix de l'iniquité*
« vous reçoivent dans les demeures éternelles, que des
« biens temporels donnés par vous, vous en receviez
« d'éternels au centuple, et que vous possédiez enfin
« une vie qui n'aura point de bornes. Nous accordons
« en outre la sépulture ecclésiastique dans leur pa-
« roisse à tous les bienfaiteurs et protecteurs de ladite
« confrérie qui décéderont en temps d'interdit. Le tout
« fait l'an de l'incarnation de Notre-Seigneur 1209, au
« mois de juillet[1]. »

Cet acte est un excellent monument de la piété de cet évêque et de l'affection particulière qu'il avait pour les pauvres. On pourra aussi y remarquer l'établissement d'une confrérie en leur faveur, dévotion qui me semble nouvelle en ce diocèse, laquelle s'est depuis tellement multipliée qu'il y a des églises où l'on en compte jusqu'à sept. Baronius rapporte, sur l'an de Notre-Seigneur 336, que le grand Constantin institua une compagnie ou confrérie d'hommes, pour inhumer les corps des défunts, jusqu'au nombre de 950, lesquels furent exempts de toutes charges et tributs ; que l'empereur Anastase augmenta ce nombre de 150 confrères ; que Justinien confirma aussi cette confrérie, laquelle ayant été dans la suite des temps abolie peu à peu, s'était renouvelée depuis quelque temps à Rome. J'ai lu aussi chez un certain chronologiste Feuillant, qu'en 1075, Guillaume le Conquérant fit célébrer

---

[1] *Gallia christiana*, XI, 253 *instrum.*

solennellement à Rouen la fête de la conception de la sainte Vierge et y établit une confrérie sous le nom de Notre-Dame-du-Puy; et [il] cite pour cela Jean Nagerel [1], historien de Normandie. Ce sont faits dont je ne suis pas assuré; mais je sais qu'avant cette confrérie des pauvres de l'hôpital de Coutances, je n'en avais point ouï parler dans tout notre diocèse.

On ne saurait croire combien le zèle de Hugues, notre évêque, pour cet établissement causa de bien. Il choisit un certain nombre d'ecclésiastiques pour servir cette maison, il leur fit faire des vœux de religion sans les attacher à aucun ordre de ceux qui avaient été établis jusqu'alors, il leur donna des règles et des constitutions conformes à leur emploi et leur obtint du pape Honorius III une bulle de confirmation de leur état. Voici quelque chose de l'un et de l'autre : « A « tous les fidèles en Jésus-Christ qui ces présentes « verront, Hugues, humble ministre de l'église de « Coutances, salut. Vous saurez que, d'un commun « consentement, nous avons ordonné qu'on mettra par « écrit tous les revenus de l'Hôtel-Dieu, à mesure « qu'ils viendront, et qu'à la fin de chaque année, « qui sera à la saint Michel, on examinera la somme « à laquelle le tout se monte, en la présence de tous « les frères. On y mettra un tronc, lequel fermera à « trois clefs, l'une desquelles sera mise entre les mains « de l'évêque, l'autre en celles du prieur, et la der-« nière sera gardée par l'un des frères. Tout l'argent,

[1] P. 117.

« de quelque part qu'il vienne et qui l'ait reçu, sera
« mis et déposé en ce tronc; et s'il est prouvé contre
« le prieur et contre qui que ce soit des frères qu'il ait
« retenu six deniers, ou plus ou moins, sans le mettre
« dans ledit tronc, il mangera autant de jours à la
« table de pénitence qu'il aura retenu de deniers, s'il
« ne plaît au seigneur évêque, du consentement des
« frères, de lui pardonner; à l'égard du prieur, il
« recevra tel châtiment qu'il plaira à l'évêque et aux
« frères. Ledit seigneur évêque et les frères en choi-
« siront deux qu'ils connaîtront les plus fidèles, dont
« l'un recevra tous les revenus de l'Hôtel-Dieu, l'autre
« achètera toutes les choses nécessaires pour la vie et
« entretien des pauvres et des frères, lesquels rendront
« compte de leur gestion au jour et fête de saint Clé-
« ment, de la chaire saint Pierre, de saint Urbain et
« de saint Simphorien, au seigneur évêque, ou à tel
« qu'il voudra choisir pour ce sujet, au prieur ou aux
« autres frères, tant de ce qu'ils auront reçu que de
« l'emploi qu'il auront fait tant en blé qu'en autre
« chose, et chacun d'eux comptera chaque semaine
« devant le prieur ou quelque autre frère par lui
« nommé pour cela, du reçu ou de l'emploi de cette
« semaine. Celui qui ne satisfera pas pleinement, man-
« gera pendant trois mois à la sellette, s'il n'en est
« dispensé par l'évêque, du consentement de tous les
« frères. Chaque mois, s'il en est besoin, les porte-
« clefs ouvriront le tronc et en déposeront l'argent par
« compte, dont ils feront mémoire au prieur qu'ils
« représenteront le jour auquel on comptera. Le prieur

« distribuera aussi par compte cet argent aux pro-
« cureurs de la maison pour les dépenses ordinaires,
« selon qu'ils en auront besoin, et aux jours susdits, ils
« en rendront compte au seigneur évêque et aux
« autres; et le prieur rendra compte de ce qu'il aura
« reçu et employé en montrant ses mémoires audit
« seigneur évêque et aux frères, aux termes susdits, en
« la première semaine de septembre, de décembre, de
« mars et de juin, et s'il ne satisfait pas pleinement, il
« sera déposé, et l'évêque conjointement avec les frères
« lui ordonnera une pénitence, selon la grandeur de
« son péché. Que nul des frères ne fasse entrer dans
« ledit Hôtel-Dieu, ni son frère, ni sa sœur, serviteur
« ou servante, parente ou alliée, sans le commun con-
« sentement de l'évêque et des frères. Enfin si le prieur
« est convaincu, ou quelqu'un des frères, avoir baillé
« à quelque étranger deux sous des deniers de la mai-
« son ou la valeur d'iceux, qu'il soit chassé comme un
« traître et un sacrilège. Et moi, Hugues, je supplie
« humblement et dévotement mes successeurs de faire
« toujours observer soigneusement ce que nous avons
« ordonné à bonne intention, de vouloir bien s'appliquer
« avec piété et charité à la conservation des biens et de
« la maison des pauvres de Jésus-Christ, condescendant
« miséricordieusement à tout ce qui peut faire son
« avantage; conjurant aussi tous les enfants de l'église
« de Coutances de se comporter à l'égard de ces
« pauvres et de leur maison avec des entrailles de
« charité. Et afin que tout ce que dessus persévère
« constant et sans changement, et ne puisse recevoir

« d'altération par la malice des hommes et la diversité
« des temps, nous avons fait apposer à ces présentes
« nos sceaux, l'an de grâce 1217 [1]. »

Je ne traduirai point ici la bulle du pape Honorius III[2], par laquelle il prend sous la protection de saint Pierre et la sienne, les personnes et les biens de cet hôpital, tant ceux dont ils étaient en possession que ce qu'ils acquèreraient ou leur seraient après donnés. Il n'y a rien d'extraordinaire dans cette bulle ; on pourra la voir en original au cahier des preuves, page 25 ; on remarquera seulement qu'étant datée de Viterbe, l'an quatrième de son pontificat, au mois de novembre ; et lui ayant été élevé à cette dignité en 1216, il s'ensuit que cette bulle est de 1220.

Voici un abrégé des principales donations qui furent

---

[1] Registre de Coutances, 94-96. — *Gallia christ.*, XI, 254 *instrum.*

[2] Voici, d'après le registre de Coutances, p. 93, cette bulle que notre auteur annonce, mais ne donne point : « Honorius episcopus, servus servo-
« rum Dei, dilectis filiis priori et fratribus hospitalis sancti Spiritus et
« sancti Anthonii Constanciensis, salutem et apostolicam benedictionem.
« Cum a nobis petitur quod justum et honestum, tam vigor equitatis quam
« ordo exigit rationis, ut id per sollicitudinem officii nostri ad debitum
« preducatur officium. Eapropter, dilecti in Domino filii, vestris justis
« postulationibus grato concurrentes assensu, personas vestras et hospitale,
« in quo divino estis obsequio mancipati, cum omnibus bonis que impre-
« senciarum rationabiliter possidet, aut in futurum justis modis, prestante
« Domino, poterit adipisci, sub beati Petri et nostra protectione suscipimus.
« Specialiter autem possessiones et alia bona vestra, necnon antiquas et
« rationabiles predicti vestri hospitalis consuetudines, sicut ea omnia juste
« et pacifice obtinetis, vobis et per vos eidem hospitali vestro, auctoritate
« apostolica confirmamus et presentis scripti patrocinio communimus.
« Nulli ergo homini liceat hanc paginam nostre protectionis et confirma-
« tionis infringere, vel ei ausu temerario contraire. Si quis autem hoc
« attemptare presumpserit, indignationem omnipotentis Dei et beatorum
« Petri et Pauli apostolorum ejus se noverit incursurum. Datum Viterbii,
« 17 kalendas decembris, pontificatus nostri anno quarto. »

faites à cet hôpital par le moyen et à l'exemple de Hugues de Morville.

<small>FURENT DONNÉS :</small>

En 1212, le patronage et le tiers de la dîme de Dangy ;

En 1216, les deux tiers de la dîme de Cametours ;

En 1218, le patronage et les deux tiers de la dîme de Saint-Sauveur-de-la-Pommeraye ;

En 1219, le patronage de Morville et les deux tiers de la dîme du Mesnil-Rogues ;

En 1221, le patronage de l'église de Saint-Pierre-de-Coutances ;

En 1221, le patronage et dîme de Beaumesnil [1] ;

En 1222, les deux tiers de la dîme de Gonfreville.

Toutes ces chartes, avec un grand acte de l'évêque Hugues contenant la réception et confirmation de ces aumônes, sont attachées ensemble sous le titre de deuxième liasse et renfermées dans les archives de l'Hôtel-Dieu [2]. Nous en rapporterons quelques-unes dans le cahier de nos preuves ; nous avons cru qu'il suffisait, et qu'il serait ennuyeux de les insérer ici, à la réserve de celle de l'église Saint-Pierre-de-Coutances dont voici la traduction : « A tous les fidèles en Jésus-Christ qui « ce présent verront, Hugues, humble ministre de « l'église de Coutances, et le chapitre de la même « église, salut en Notre-Seigneur. Vous saurez que

---

[1] Calvados, arr. de Vire ; les autres paroisses, Manche, arr. de Coutances.

[2] Elles y sont encore pour la plupart, et l'excellent économe de l'hospice, M. Leròty, en est le gardien jaloux ; mais on y a mis un tel désordre, qu'il est impossible de les consulter.

« comme l'église Saint-Pierre-de-Coutances appartient
« de plein droit en toutes ses circonstances aux pré-
« bendes de Richard de Saint-Michel, archidiacre, de
« Guillaume le Cheminant, Pierre du Bois, Guillaume
« du Ham et messire Robert le Neveu, tous chanoines
« de Coutances [1], ils ont charitablement, de notre con-
« sentement, donné à l'hôpital de Coutances, pour la
« nourriture des pauvres, l'autelage de cette église en
« pure et perpétuelle aumône, se retenant toujours
« lesdits chanoines, pour eux et leurs successeurs,
« toutes les gerbes et les dîmes des chardons de foulon
« et des autres fruits qui croissent dans les terres qui
« ont été labourées depuis l'an 1190. Les frères dudit
« Hôtel-Dieu paieront pour ledit autelage, auxdits
« chanoines et à leurs successeurs, une pension
« annuelle de douze livres, monnaie courante, savoir
« six livres au synode de Pâques, et les autres six
« livres au synode d'automne. Les maîtres dudit Hôtel-
« Dieu présenteront auxdits chanoines et à leurs suc-
« cesseurs des prêtres pour desservir à ladite église et
« à la chapelle de l'hôpital, lesquels jureront de garder
« toute obédience canonique envers lesdits chanoines
« et leurs successeurs. Tous ensemble, ou chacun en
« particulier, auront et se sont réservé tout droit et
« pouvoir de juridiction ecclésiastique sur ladite
« église, chapelle et ecclésiastiques d'icelle. Et afin

---

[1] Le *Gallia* porte : R. de sancto Michǽle archidiaconi, G. le *Cheminant*, P. de Bosco, G. de *Hampernesu* magistrorum, R. nepotis canonicorum Constantiensium (XI, 255 *instrum.*). La version de notre auteur satisfait mieux.

« que ce que dessus demeure stable et assuré pour
« l'avenir, nous avons fait le présent et à icelui fait
« apposer nos sceaux, l'an de grâce 1221. » Et enfin
pour finir tout d'un trait tout ce qui regarde cette
Maison-Dieu, nous remarquerons encore ici deux
choses, dont nous apporterons les chartes en notre
recueil des preuves, que fit ce prélat pour le bien des
pauvres. La première fut d'instituer, en chacune des
paroisses de son diocèse, des confréries dont le but
principal serait le bien et l'avantage de cette maison,
et d'ordonner pour cet effet qu'on ferait chaque année,
par trois dimanches qui seraient marqués exprès
pour cela, une quête, que cette quête serait faite par
des personnes d'une probité connue, avec toute la
diligence et le soin possibles, que pendant le temps de
cette quête toutes les autres cesseraient dans le diocèse,
que l'argent qu'on en aurait ramassé serait mis en
dépôt entre les mains de deux paroissiens fidèles, lequel
serait par eux remis au député dudit hôpital; ordonnant
et enjoignant, en vertu de sa sainte obédience, à tous
les curés et personnes ecclésiastiques de se rendre une
fois par an auprès de leurs doyens; enjoignant aussi
à cesdits doyens de les faire assembler aussitôt qu'ils
en seront requis par les députés de l'Hôtel-Dieu, afin
qu'ils soient pleinement instruits des indulgences,
lesquelles ont été accordées tant par ledit évêque que
par d'autres audit hôpital et à ceux qui lui feraient du
bien, et des prières qui se font tous les jours, auxquelles les bienfaiteurs sont participants; accordant en
outre aux doyens prêtres qui veilleront soigneusement

audit avantage des pauvres, et qui leur donneront aide et adjonction pour cela avec fidélité et un véritable zèle, dix jours de pénitence qui leur aurait été enjointe ; suppliant enfin avec toute sorte d'affection et de dévotion ses successeurs, que ce qui a été par lui pieusement commencé, il leur plaise, pour l'amour de Dieu qui est l'auteur et l'amateur de la piété, s'attacher à l'augmenter de mieux en mieux, selon que Dieu leur inspirera, et [appelant] les grâces et les reconnaissances sur ceux qui procureraient le bien et l'avantage de l'hôpital. Cet acte est de 1224.

L'autre est daté de l'an 1234 et contient encore quelques nouveaux règlements pour le bon gouvernement de cette maison, lesquels il supplie très-particulièrement les évêques, ses successeurs, de faire observer plus exactement qu'ils pourront faire, tout le bon ordre de cette maison dépendant absolument de l'observation de ces règlements. Le premier concerne le choix qu'on doit faire du prieur et administrateur de cet hôpital, dont les mœurs doivent être entièrement pures, la vie toute céleste, grand et fidèle observateur des règles de la maison, capable de les faire observer, sage, prudent, jugé tel par les frères et par eux religieusement élu. Il déclare que c'est à une personne de ce caractère à laquelle il donnera son approbation et qu'il instituera, suppliant ses successeurs de n'en recevoir ni instituer aucun qui n'ait ces qualités et qui ne soit reconnu pour tel par tous les frères. Ce prieur élu doit être instruit pleinement de tout ce qui regarde son état et son devoir, reconnaître particulièrement que l'évêque a toute autorité sur lui et peut, toutes fois

et quantes qu'il lui plaît, le destituer de son office et en établir un autre à sa place, suivant néanmoins en ceci l'avis des frères. Ces règlements et ceux qui ont été faits ci-devant doivent être lus en public à certains jours marqués et destinés pour cela, et particulièrement à la réception de quelques frères ou de quelques sœurs, afin qu'ils ne les puissent ignorer et faire dans la suite mauvais usage des biens de la maison. Que les frères et les sœurs dudit Hôtel-Dieu, ainsi qu'ils l'ont promis, et que leur ordre et leur habit le demandent, demeurent absolument dans l'obéissance et s'appliquent chacun à l'emploi auquel il aura été destiné, ayant spécialement un grand respect pour celui qui a l'administration de la maison sous le nom de prieur, conformément au bon ordre des maisons religieuses. Et enfin que les clercs de cette maison témoignent aux laïques toute sorte d'honnêteté et de révérence, afin qu'on puisse dire de cette maison ce qu'on disait des premiers chrétiens, qu'*ils n'avaient qu'un cœur et qu'une âme.* « Ego vero Hugo episcopus,
« omnes præsentes et futuros moneo diligenter in visce-
« ribus caritatis, et precipue omnibus meis successo-
« ribus supplico humiliter et devote, ut quod a nobis
« divinæ pietatis intuitu inceptum est pro Christi pau-
« peribus perpetuo sustentandis, omni amore carnali
« postposito et seculari, pie et misericorditer sattagant
« de die in diem in melius promovere. » [Actum est hoc anno gratiæ millesimo ducentesimo vicesimo quarto[1].]

Retournons maintenant autant qu'il nous sera pos-

---

[1] On voit que cette charte est en réalité de la même année que la précédente. (Registre de Coutances, 96-98; *Gallia christiana,* XI, 258 *instrum.*)

sible, et commençons par remarquer, qu'en l'an 1209, notre évêque et le chapitre conjointement confirmèrent à l'abbaye et aux religieux de Cherbourg la donation que Guillaume de Tournebu avait faite de l'église de Nacqueville, comme aussi celle de Gatteville, qui leur avait été de même faite par Vivien, son prédécesseur. On pourra voir cette charte dans notre recueil, et l'on y remarquera que, non-seulement il donne et confirme les deux gerbes de Saint-Laurent-de-Nacqueville[1], mais aussi celles du fief de Saint-Martin-d'Urville, nommé le fief du *Roi-de-la-Halle*. Cet acte est de 1209.

Cette charte sera suivie d'une autre sans date dont nous avons jugé ici à propos d'insérer la traduction, parce que l'on verra par la lecture la manière dont on en usait lorsqu'on voulait aumôner quelque patronage aux monastères. La moitié de celui des Pieux appartenait à un nommé Michel Murdrac. Ce seigneur, voulant la donner aux abbé et religieux de Cherbourg, s'adressa à notre évêque en ces termes : « A personne
« vénérable, à notre père en Jésus-Christ, Hugues, par
« la grâce de Dieu évêque de Coutances, Michel Mur-
« drac, son serviteur en toutes choses, salut. Vous
« saurez que j'ai donné, accordé et même confirmé
« par écrit à Dieu et à l'église de Sainte-Marie-du-Vœu,
« près de Cherbourg, et aux chanoines qui y servent
« Dieu, pour le salut de mon âme et pour celles de mes
« père et mère et de tous mes prédécesseurs et succes-
« seurs, en pure et perpétuelle aumône, le patronage

---

[1] Arr. de Cherbourg.

« de la moitié de l'église des Pieux avec toutes ses ap-
« partenances. C'est pourquoi je vous requiers, en qua-
« lité de seigneur et père spirituel, que pour l'amour
« de Dieu, en vue de service que je voudrais vous
« rendre, il vous plaise recevoir et admettre lesdits
« chanoines à ladite moitié de l'église. En témoignage
« de quoi je vous envoie à Coutances, le jour de
« Pâques, le mémoire de mes dettes, comme vous me
« l'avez ordonné dans votre chambre, étant à Valognes,
« ce que faisant je demeurerai éternellement votre
« obligé. Je vous souhaite une parfaite santé en Notre-
« Seigneur. »

On voit par là que les évêques ne recevaient toutes sortes de donations et qu'ils examinaient soigneusement si les donateurs étaient en état de les faire.

En l'an 1210, Raoul Graffard, seigneur du Mesnil-Bonand[1], et Mathilde, son épouse, donnèrent, pour le salut de leurs âmes et de celles de leurs ancêtres, le patronage de leur église du Mesnil-Bonand aux abbé et religieux de Hambie, lesquels religieux cédèrent au même temps toutes les dîmes de cette paroisse au curé, parce qu'il serait en obligation de leur fournir, au jour de la Chandeleur, douze marcs de cire. Hugues, notre évêque, reçut la donation et cession et les confirma, ainsi qu'il paraît par la charte que l'on conserve encore dans ce monastère.

Il accepta aussi et ratifia l'année suivante, 1212, certaine transaction passée entre ces mêmes religieux

---

[1] Arr. de Coutances.

de Hambie et les paroissiens de Quesney[1], par laquelle les premiers cédèrent à ceux-ci six boisseaux de froment de rente qu'ils avaient droit de prendre sur certaines terres dépendantes d'eux en ladite paroisse, parce qu'ils demeureront quittes envers lesdits paroissiens de les entretenir de cierges, livres, ornements et autres choses semblables que les paroissiens prétendaient leur être dues par lesdits religieux.

Cette même année, Raoul de Gonfreville, voulant participer aux prières des religieux de Blanchelande, leur donna une gerbe de la dîme de cette paroisse de Gonfreville[2]. Il en mit l'acte entre les mains de notre évêque Hugues, lequel accepta et ratifia cette donation.

On m'a mandé de l'abbaye de Saint-Wandrille qu'il y a dans les archives de ce monastère deux chartes datées du même an 1211, par la première desquelles, en la présence et du consentement de Hugues de Morville, Richard le Neveu renonça en faveur de cesdits religieux [à] la présentation de la cure de Saint-Martin-de-Varreville, et par l'autre il conféra la cure de Foucarville à Bernard de Villedieu, et celle de Gerville[3] à Geoffroi de Garville ou Gerville, présentés par ledit abbé de Saint-Wandrille.

Il y avait alors en Angleterre, et en ce diocèse, une famille noble qui portait le surnom de Courçon, pa-

---

[1] Arr. de Coutances.

[2] Arr. de Coutances.

[3] Les deux premières de ces paroisses arr. de Valognes; la troisième arr. de Coutances.

roisse du doyenné de Montbray. Robert de Courçon, illustre rejeton de cette maison, avait été par son mérite élevé à la dignité de cardinal, du titre de Saint-Etienne-au-Mont-Celius, et le pape Innocent III l'ayant créé légat en France pour y prêcher la croisade contre les Albigeois dont le Languedoc était infesté, il assembla les évêques en concile à Paris, l'an 1212[1]. Notre évêque y assista comme les autres et donna son approbation aux quatre-vingt-huit canons qui y furent publiés pour la réforme des abus du temps. Ces canons sont tous dignes de considération ; on me permettra d'en remarquer deux ici : l'un par lequel il est fait défense aux religieux ou ecclésiastiques de faire vœu ou serment de ne point prêter de livres, ce vœu étant contre les règles de la charité ; l'autre est contre un abus qui s'était glissé dans les monastères de n'y recevoir point personnes de certaines nations, comme si la vertu n'eût pas été de tout pays.

L'an 1213, Eudes de Lestre, chevalier, seigneur du lieu, donna l'église et le patronage, les dîmes et tout ce qui en dépend, aux religieux de Blanchelande, pour être ladite église et paroisse desservie par deux chanoines de cette abbaye. Hugues, notre évêque, reçut cette donation et la ratifia.

Cette même année[2], notre prélat, conjointement avec son chapitre, confirma aux chanoines réguliers de Gra-

---

[1] Lisez 1213.

[2] Le *Neustria* (p. 864) dit en 1214. Je ne sais s'il a raison ; mais il se trouve évidemment sur le nom de l'évêque de Coutances, qu'il appelle Henri.

ville, près le Havre, la chapelle de Sainte-Marie-de-la-Salle, en la paroisse de Sainte-Croix-de-Montaigu, près de Valognes, que leur avait donnée Philippine, fille du comte d'Alençon, épouse de Guillaume de Roumare, promettant de prendre sous la protection de la sainte Vierge et sous sa protection tant les chanoines qui demeureraient en ce nouveau prieuré de Montaigu que ceux de Graville.

A l'occasion de laquelle fondation nous remarquerons deux choses : la première, que ce qu'on appelle à Valognes le bailliage d'Alençon, où il y a lieutenant-général, vicomte, maître des eaux et forêts, dont la juridiction s'étend sur les paroisses de Saint-Germain-de-Tournebu, la seigneurie de la Brisette, Grenneville, le Breuil, la Boussaye, le Parc, Acqueville, Arville, la grande forêt[1], qui contient environ 2,000 arpents de bois et autres terres voisines, était dès lors une mouvance du comté d'Alençon ; la seconde, que ces sortes de chapelles, prieurés et cures, dépendantes des plus grands monastères, n'étaient jamais pour un seul religieux.

[1] Le fief de S*t* *Germain de Tournebu*, quart de fief... s'extend aux paroisses d'Emondeville, Surville, S*t* Remy et S*t* Jean de la Rivière, S*t* Georges de la Rivière, S*t* Martin. — Fief de *Montaigu la Brisette*, dont le chef est assis à S*t* Germain de Tournebu et qui a aussy des teneures à Valognes. — *Grenneville*, demy fief... Extensions : S*te* Croix, Crasville, Reville, Octeville, S*t* Martin, Hautmoitier, Turtheville. Maupertus, S*te* Genevieve, Morsalines, Anneville en Saire. — Le fief du *Breuil*, qui releve par demy fief de la s. de Montaigu la Brisette, y a son chef domaine. Teneures tant en la paroisse qu'en celles de Reville, la Pernelle, S*t* Jean du Val, S*te* Croix au Boscage, Turtheville, Crasville et la moityé de S*te* Genevieve. — *La Boussaye*, 8 de fief tenu du Roy en Alençon, s'extend à S*te* Marie d'Audouville, le Han, S*t* Germain, Octeville, Hautmoitier, Craville, Greneville, S*te* Croix, Turqueville (*sic*). — Le fief du *Parc*, du

Nous remarquerons sur l'an 1213 la donation que le troisième abbé de Blanchelande, nommé Pierre et surnommé le poëte, et ses religieux, firent à l'Hôtel-Dieu de Coutances, d'une rente de dix boisseaux de froment à prendre sur ce qui leur appartenait en la paroisse d'Angoville, ce que notre évêque accepta et ratifia.

L'année suivante, 1214, est célèbre par les deux grandes victoires que les Français remportèrent, le 27 juillet, contre tout le nord de l'Europe conjuré contre eux. C'est la journée de Bouvines, où Philippe-Auguste défit l'armée d'Othon et de ses alliés de plus de 150,000, et de la Roche-aux-Moines, où le prince Louis, fils de ce monarque, défit le roi d'Angleterre et cette puissante armée qui ne se promettait rien moins que de le rendre maître de ce qu'il avait perdu en France.

La suivante n'est pas moins célèbre à toute l'Eglise par la tenue du quatrième et fameux concile général de Latran. Je ne puis assurer que notre prélat y ait assisté ; mais [nous] savons qu'il avait tant de déférence pour les ordonnances de ce concile, que presque dans toutes les

---

Roy à un 4 de fief, s'extend à St Lo d'Ourville, Portbail, St Georges et St Jean de la Rivière, St Martin du Mesnil, St Pierre d'Alonne, Ste Suzanne en Bauptois. — Le fief d'*Acqueville*, tenu du Roy à cause du domaine d'Alençon en Costentin por quart de fief avec manoir seigneurial et domaine siz en la mesme parroisse et extention en celles de Vasteville, Ste Croix à la Hague, Querqueville, Cherbourg et Flothemanville à la Hague, en laquelle dite parroisse est assis le fief de *Harville*, qui releve de celui d'Acqueville. Ce fief n'etoit autrefois qu'une dependance de Montaigu la Brisette, dont les seigneurs ont disposé ainsi que de la teneure, et comme Montaigu la Brisette releve du Roy à cause du duché d'Alençon, ce fief en relève pour cela. (Extrait d'une *Recherche sur les fiefs du Cotentin*, faite dans le xviie siècle, d'après un manuscrit de M. DE GERVILLE.)

chartes qu'il a fait expédier depuis, spécialement en matière bénéficiale, il y ajoutait toujours ces termes : « Salvo tenore concilii generalis. »

Nous trouvons une charte de cette même année 1215, passée à Saint-Germain-en-Laye le 10 de septembre, en forme de transaction entre le roi et notre évêque, par laquelle ce monarque cède à l'évêque le patronage de l'église de Soule, et l'évêque cède au roi le fief de cette même paroisse, sauf les droits de l'évêque et de l'église de Coutances. On pourra voir cette charte en la page 28°, extraite du 202° feuillet du cartulaire du chapitre de Coutances[1].

En l'année 1216 que mourut le pape Innocent III°, et Honorius aussi III° lui succéda, l'évêque et le chapitre, « intuitu charitatis et pietatis », accordèrent les deux parties des dîmes dépendantes des églises de Sainte-Marie-du-Valdecie et de Saint-Pierre-d'Arthéglise à l'abbaye de Saint-Sauveur, parce qu'elle demeurerait chargée de payer la moitié des droits de l'archidiacre : « Mediatem procurationis archidiaconi salvat[2]. » A l'égard des prêtres qui devaient desservir lesdites églises, ils devaient avoir la tierce gerbe de l'autelage et payer les droits de l'évêque. Et par un autre acte de cette même année, il confirma au Mont-Saint-Michel la donation que Thomas Havel, pour le salut de son âme, l'honneur de Dieu et du saint archange honoré en ce lieu, fit à ces religieux, de plusieurs terres, cens,

---

[1] Cartulaire de Coutances, n° 289. — Cartulaire normand, n° 234.
[2] Arr. de Falaise, Calvados.

revenus et droits à lui appartenant en la paroisse de Saint-Pair.

Il y avait alors différend de conséquence entre les chanoines de l'ordre de Premontré du couvent de Falaise, le curé de Guibray[1] et Julienne de Saint-Celerin, dixième abbesse de la Trinité de Caen. Un nommé « Stigandus » faisant, en 1082, sa fille religieuse en ce monastère, lui avait donné les dîmes des paroisses de Falaise et de Guibray, avec un moulin qui est en cette dernière; le tout du consentement de Guillaume de Bayeux, duquel le tout dépendait, ainsi que le faisaient voir ces religieuses par la lecture des chartes qu'elles s'attribuaient. Nicolas, septième abbé de Falaise, et ses religieux, y prétendaient divers droits. Hugues de Morville, notre évêque, en fut choisi arbitre, et le jugement qu'il en porta cette année 1217 fut [si] juste, que les parties y acquiescèrent. Ce jugement fut encore ratifié dix-sept ans après par ce même prélat, ainsi qu'il paraît par une deuxième charte sur ce sujet, datée de 1234. Cette même année encore, 1217, il accepta et ratifia la donation que fit à l'abbaye de Blanchelande Guillaume Avenel, fils Henri, du patronage d'Octeville-la-Venelle[2] qui lui appartenait, comme il le dit, par droit hérédital, « jure hereditario ».

Il y a dans les archives de Blanchelande un acte, daté de l'an 1218, et confirmé par notre évêque Hugues, entre les mains duquel cet acte fut déposé,

---

[1] Cartulaire de Saint-Sauveur, n° 203. — Guibray, Calvados, arr. de Falaise.
[2] Arr. de Valognes.

par lequel Geoffroi, prêtre, donna à ces religieux et à leur prieuré de Saint-Michel-d'Etoublon[1] tout le droit de domaine avec toutes les dépendances qui pouvaient lui appartenir audit lieu d'Etoublon[2].

Nous avons extrait du feuillet 155 du premier volume des chartes du chapitre un acte de cette même année 1218, notifié par le même Hugues, qui contient la donation que fait au chapitre de Coutances Robert Mauvoisin, chevalier, d'un quartier de froment à prendre tous les ans sur la masure de Guillaume de Cléville, fils Anquetil, en la paroisse du Rosel, en signe de quoi il fait apposer son sceau à la charte[3].

En 1213, Richard de Poilley, archidiacre de Coutances, avait donné en pure, perpétuelle et paisible aumône à ses chères frères en Notre-Seigneur, les chanoines de la cathédrale de Coutances, les maisons, son verger et tout ce qui en dépendait, sis et situé dans la ville de Coutances, contre les murailles, qu'il faisait des mêmes chanoines pour une livre de poivre qu'il est obligé de leur payer tous les ans, et comme il avait fait bâtir ces maisons des biens de l'église, il avait jugé à propos de les donner à l'église pour le salut de son

---

[1] Arr. de Cherbourg.

[2] L'acte dont parle ici notre auteur n'est pas de 1218, mais de 1210, et nullement d'un Geoffroi, prêtre : Universis Christi fidelibus ad quos præsens scriptum pervenerit, Hugo, Dei gracia Constanciensis minister humilis, salutem in Domino. Noverit universitas vestra quod *Gaudefridus de Frestavilla, miles,* in presencia nostra donavit abbacie Sancti Nicolai de Blancalanda totum jus et dominium quod habebat in loco qui dicitur Sanctus Michael de Estoubelundo... Datum anno dominice incarnationis millesimo ducentesimo *decimo.* Apud Constantias. (Répertoire de M. DE GERVILLE, I, 21.)

[3] Cartulaire de Coutances, n° 6.

âme, celles de ses parents et particulièrement pour l'âme de feu de bonne mémoire Richard de Bohon, autrefois évêque de la même ville, et cette donation avait été faite et acceptée à condition qu'il ne demeurerait en ses maisons que des chanoines, un ou plusieurs, qui en payeraient 100 sous par an de monnaie courante, dont la moitié serait par les chanoines mêmes distribuée aux chanoines qui seraient présents à l'obit qu'on ferait tous les ans pour lui, et de l'autre moitié on en distribuerait 30 sous aux clercs du chœur qui assisteraient au même office ou anniversaire, 10 sous à l'Hôtel-Dieu et 10 sous à la maison des lépreux.

Cet archidiacre avait fait d'autres donations à cette même église ; mais comme il y en avait une partie qui dépendait de Guillaume de Cotentin, ce seigneur, en cette année 1218, en donna une partie au chapitre par la charte qu'on verra en son lieu, et dont voici la traduction : « A tous ceux qui ce présent verront, Guil« laume de Cotentin, chevalier, salut. Sachez que moi « et Thomas, mon fils et mon héritier, avons pour « agréable et ratifions la donation que Richard de Poil« ley, archidiacre de Coutances, a faite à l'église de « Sainte-Marie dudit lieu, de la terre qu'il tenait de « mon fief à Coutances, laquelle est située au Clos-Bis, « et, en outre, moi et mon fils Thomas nous avons, « pour le salut de nos âmes et celles de nos ancêtres, « donné en pure et perpétuelle aumône, franche et « quitte de toutes choses, à ladite église de Coutances, « la rente que nous faisait ledit archidiacre à raison de « ladite terre, et avons juré sur les saints évangiles et

« promis de la garantir. Et afin que le tout demeure
« ferme et arrêté, nous l'avons confirmé par cet écrit,
« auquel nous avons fait apposer notre cachet. En l'an
« 1218. »

Nous avons une charte de 1219, par laquelle cet évêque ratifia la donation que fit au chapitre de Coutances Robert le Neveu, chanoine de cette église, des maisons et de leurs dépendances qu'il avait à Saint-Lo, lesquelles avaient appartenu à Richard de Milly, [étaient] situées hors la porte, bâties vers l'église Saint-Thomas, tenues de son fief, et sur lesquelles néanmoins il se réservait sa mouvance, ses droits et revenus. Il y a en l'abbaye de Saint-Sauveur une charte, par laquelle Hugues consent à la cession que fit cette même année, 1219, Guillaume de Salenal, à ces religieux, de la dîme de son moulin qu'il avait à Jersey, et à la remise que leur fit Guillaume d'Ozeville d'une paire de bottes qu'ils étaient obligés de lui fournir tous les ans. Nous apprenons de Robert Cenalis et des mémoires du Mont-Saint-Michel, que cette même année, notre prélat fut appelé par Thomas des Chambres, vingt et unième abbé de ce lieu, avec Ambroise de Saint-Louet, pour être terminée par eux la grande question du patronage de Saint-Jean-des-Champs[1], lequel, par provision, fut adjugé aux religieux.

Il y a dans les archives de l'abbaye de Cherbourg deux chartes de cette même année ou de la suivante : par la première il publia et rendit authentique la dona-

[1] Arr. d'Avranches.

tion que Thomas Tollevast, chevalier, avait faite de Saint-Martin-de-Tollevast ; et par l'autre lui et son chapitre cédèrent aux mêmes chanoines réguliers, « pietatis intuitu », les deux tiers de la dîme de Sainte-Geneviève [1], pour être convertis à leurs usages.

Au mois de janvier 1221, Hugues consentit que le louage de plusieurs maisons situées en la place publique de Coutances, lesquelles avaient appartenu à Robert de Dives, chanoine de cette église, et qui ayant été brûlées avaient été réédifiées par Geoffroi et Guillaume le Cheminant, chanoines, serait employé à perpétuité pour un anniversaire qu'on ferait, à certain jour marqué, pour eux après leur décès. L'acte en est contenu au 89° feuillet du 3° volume du cartulaire du chapitre.

Au 24° feuillet du premier de ces volumes, il y a une autre charte de cette même année 1221, par laquelle Robert de Briqueville, chevalier, donna pour le salut de son âme et de celles de ses amis, au même chapitre de Coutances, la moitié du patronage de Saint-Cyr-de-Laune [2], avec tout le droit qu'il y avait ou pouvait avoir, et pour la garantie de cette donation contre tout ce qui en pourrait arriver, il reçut dudit chapitre la somme de 80 livres tournois ; jurant cette garantie envers et contre tous, mettant la main sur le grand autel, en présence de notre évêque, en foi de quoi il donna cette charte, scellée de son sceau, au mois de novembre de cette dite année 1221,

[1] Arr. de Cherbourg.
[2] Arr. de Coutances.

Nous trouvons au 98° feuillet du même volume un acte de l'année suivante 1222, qui mérite quelque attention. Nous avons remarqué ailleurs que la politique des rois d'Angleterre avait été que les grands de leur empire eussent des biens tant deçà que delà. Il en était de même des maisons religieuses. Nous trouvons peu d'églises cathédrales, abbatiales, ou de gros prieurés ayant des biens en Angleterre, qui n'en eussent en Normandie; tel était le prieuré de Brewton, de l'ordre de saint Augustin, dans le diocèse de Bath. Guillaume de Moyon avait donné à ce prieuré le patronage et les dîmes de Tessy et de Moyon[1], et Guillaume de Magneville, ceux de Pierreville[2]. Richard, prieur de ce monastère, et les religieux en traitèrent cette année avec Hugues de Morville, notre évêque, et son chapitre de la manière qui suit : le prieur laissa au chapitre les fruits de l'église de Moyon et de celle de Pierreville, parce que lui et ses successeurs seraient reçus chanoines de l'église de Coutances, avec tous les honneurs et priviléges des chanoines, tant dans l'église que dans le chapitre, excepté l'élection, en ayant pour prébendes ces deux églises, Moyon et Pierreville entières, sauf l'entretien des prêtres qui y desserviraient, savoir pour celui de Moyon, l'autelage, c'est-à-dire les offrandes et les menues dîmes, et pour celui de Pierreville, outre l'autelage, la tierce gerbe de la dîme, attendu que la paroisse est petite, sauf aussi les droits de

[1] Arr. de Saint-Lo.
[2] Arr. de Cherbourg.

l'évêque et de l'archidiacre. A l'égard de l'église de Tessy, ces mêmes droits pris, les dîmes doivent demeurer à la commune du chapitre, et l'autelage avec ses dépendances aux prêtres qui desserviraient et qui y seraient mis par l'évêque, et par ce moyen ledit prieur prêterait à l'évêque et au chapitre le serment de fidélité, ainsi qu'ont accoutumé de faire les autres chanoines à leurs réceptions. On en dressa l'acte dont chacun eut un double, ainsi qu'on peut voir au recueil de nos chartes, page 9°, dans lequel on pourra remarquer que ces chanoines de Brewton pouvaient servir les églises de Moyon et de Pierreville s'ils voulaient[1].

On y verra aussi, si l'on veut s'en donner la peine, au feuillet 1229, une charte presque semblable entre l'évêque et le chapitre de Coutances, d'une part, et les religieux de l'abbaye de Lessay, d'autre. Ces religieux laissèrent à l'évêque Hugues la disposition entière des églises dont le patronage leur appartenait, savoir de Montchaton, de Saint-Sauveur-Lendelin, Omonville, Ourville, Orval, Laune et Heugueville[2], requérant ledit évêque d'en disposer de manière que ce soit à l'avantage dudit chapitre et de leur couvent, à quoi l'évêque consentant volontiers, il leur laisse les deux gerbes de la dîme de Montchaton, la troisième et l'autelage demeurant au curé, sauf dix-huit quartiers d'avoine, neuf de froment et neuf d'orge qui leur appartenaient, huit livres tournois sur le Saint-Sauveur, avec une pension de quinze sous sur Omonville, toutes

[1] Cartulaire de Coutances, n° 273.
[2] Arr. de Coutances.

les gerbes d'Orval, les déchargeant même de loger en leurs maisons de ce lieu le curé avec les religieux, et leur accordant qu'à l'avenir les curés n'auront que la troisième partie des offrandes de l'autel et la cinquième gerbe, comme c'était l'ancienne coutume. Pour ce qui est des deux églises de Laune et de Héugueville, l'évêque en disposa entièrement en faveur du chapitre, et pour entretenir l'union et la charité entre ledit chapitre et lesdits religieux, créa l'abbé de Lessay, tant le présent que ses successeurs, chanoine de l'église de Coutances, avec tous les droits, priviléges, dignités et revenus comme les autres, et comme nous avons [vu] du prieur de Brewton : « Et habeat stallum in choro « et vocem in capitulo in omnibus agendis ecclesiæ, « excepta electionis causa[1]. » Et le revenu de l'église d'Orval devait être le fond de la prébende de ce nouveau chanoine, sauf les droits de l'évêque et de l'archidiacre. On fit un doublé de cette constitution, dont l'un demeura au chapitre et l'autre au chartrier de Lessay.

Ces nouveaux établissements ne durèrent pas longtemps; nous en parlerons en son lieu. Nous dirons cependant que cette même année le seigneur de Saint-Marcouf, nommé Guillaume des Barres le jeune, chevalier, fils de Guillaume des Barres, aussi chevalier, donna à Dieu, à la sainte Vierge Marie et à l'église de Coutances, « intuitu divinæ pietatis », et pour le salut de son âme et de celles de ses prédécesseurs et successeurs,

[1] Cartulaire de Coutances, n° 321.

8 livres tournois de rente, à prendre chaque année sur le receveur de ses terres et rentes de Saint-Marcouf, et ce pour entretenir à perpétuité un cierge qui brûlait incessamment devant le grand autel de ladite église de Coutances, ladite somme de 8 livres payable à Pâques. Et ce qui est à remarquer, ce seigneur veut et ordonne que si son receveur ou prévôt manque à payer, l'évêque ou le chapitre prononce sentence d'excommunication contre lui, et soumette sa terre à l'interdit autant de temps qu'il sera morosif de payer, et qu'il paye [ensuite] le double, se soumettant lui et ses héritiers à la garantie de ladite rente[1].

Cette même année encore, 1222, il confirma aux religieux de la Bloutière « pietatis intuitu tantum », comme le dit la charte, les moitiés des églises de Fleury et de la Bloutière, aumônées par Guillaume de Rollos, et confirmées par notre évêque Vivien. Cet évêque, Hugues, ainsi que son prédécesseur, consentit que ces religieux pussent desservir en personne ces églises aux mêmes conditions de son prédécesseur, c'est-à-dire autant de temps qu'ils seraient personnes d'honneur; « quamdiu fuerint honeste conversati ».

Cette année fut heureuse pour l'église de Coutances: Luce du Rosel, veuve de Hugues de la Haye, chevalier, lui donna, pour le salut de son âme et pour celle de feu son mari, cinq quartiers de froment à prendre annuellement, en l'octave de Pâques, sur son moulin du Rosel, et être distribués aux chanoines et aux

---

[1] Cartulaire de Coutances, n° 112.

pauvres clercs du chœur qui seront présents au service de l'obit de feu son mari, lequel se célèbre le cinquième jour après la fête de saint Nicolas, qui arrive au mois de mai, duquel froment les chanoines auront deux parts et les clercs la troisième. Elle ajouta encore un autre quartier de froment, à prendre sur le même moulin, pour les cierges du grand autel, et consentit que le seigneur évêque eût juridiction ecclésiastique sur le meunier dudit moulin, jusqu'à pouvoir prendre ledit moulin et la *tremie*[1], s'il le juge à propos, jusqu'à l'entière solution dudit froment[2].

L'an 1223 est remarquable par un concile national, tenu à Paris après la mort de Philippe-Auguste. Conrad, évêque de Porto, cardinal et légat de France, avait, par la permission du roi, assemblé les prélats, afin d'aviser aux moyens de réprimer l'audace des Albigeois, qui ruinaient le Languedoc et venaient de se faire une espèce de pape. Le roi était à Passy, accablé d'une fièvre quarte qui le faisait languir depuis longtemps; il voulut, contre l'avis de ses médecins, aller à Paris, où l'on avait exprès fait venir les Pères de la ville de Sens, auquel lieu ils avaient été premièrement convoqués. Son mal redoubla tellement à Mantes, qu'il fut obligé de s'y arrêter et y mourut, comme l'explique Guillaume le Breton :

« ..... Sanctorum concio Patrum
« Concilium tunc Parisius generale tenebat,
« Procurante statum ecclesiæ reparare Philippo,

[1] Du Cange au mot *tremuia*.
[2] Cartulaire de Coutances, n° 7.

« Quem mare perverti citra lugebat et ultra :
« Quo sine cùm reliqui nil diffinire valerent,
« Quamvis torreret ipsum intolerantia febris
« Continuæ, proprio geminata et temporis æstu,
« Communi propriam postponens utilitatem,
« Parisius medicis contradicentibus ibat,
« Paciacoque movens ad concilium properabat[1]...»

Mathieu Paris, en la page 219, sur cette même année, parle de dix-huit chefs[2] Albigeois qui avaient créé leur pape, et rapporte l'épître que le légat Conrad écrivit à l'archevêque de Rouen pour se trouver au concile qu'il avait indiqué à Sens; et nous apprenons de Richard Rigord[3] que notre évêque Hugues y assista. C'est dans l'énumération qu'il fait des prélats qui y furent et qui assistèrent aux funérailles du roi Philippe : « Ad ipsius », dit-il, « exequias (quod non « sine nutu et providentia Dei gestum esse videtur) « affuerunt duo archiepiscopi, videlicet Remensis « Guillelmus, Senonensis Galterus, et viginti episcopi, « videlicet..., de provincia Rotomagensi, Baiocensis « Robertus, Constantientis Hugo, Abrincensis Willel« mus, Lexoviensis Willelmus[4]. » Et l'on voit le fragment de Rigord au tome XI des conciles, page 289, sur l'an 1223.

Cette même année, notre évêque termina un différend qui était entre un de ses archidiacres, nommé Etienne,

---

[1] *Recueil des historiens de France*, XVII, 280 ; Duchesne, V, 250.

[2] Mathieu Paris dit : « Circa dies istos, hæretici Albigenses constituerunt « sibi Antipapam. » On ne voit pas là les dix-huit chefs de notre auteur.

[3] Lisez Guillaume le Breton. Rigord n'a conduit l'*Histoire des gestes de Philippe-Auguste* que jusqu'à l'année 1208. (Voir la préface du tome XVII du *Recueil des Historiens de France*, p. 3.)

[4] *Historiens de France*, XVII, 116 ; Duchesne, V, 61.

et les abbé et religieux de Cerisy, touchant les essarts, c'est-à-dire les terres nouvellement défrichées de la forêt de Rabet : « Dictus abbas et monachi », dit l'archidiacre dans le duplex de l'acte qu'il leur en donna et qui est inséré dans le cartulaire de Cerisy, « mihi et successoribus in ecclesia de Duccauville,
« ratione cujus quæstio mota est, concesserunt tertiam
« garbam essartorum dictæ forestæ quæ magis appro-
« pinquant et attinent ad dictam ecclesiam, quam ad
« aliam circumstantem, et jus parochiale, sibi duabus
« garbis decimarum illarum essartorum reservatis,
« quod et ego et pro meis successoribus eis concessi
« salva in omnibus domini Constantiensis limitatione
« et ordinatione », etc.

Cette même année, au mois de novembre, Geoffroi du Mesnildot, chevalier, et Muriel, son épouse, donnèrent à l'église de Coutances, pour le salut de leurs âmes, trois quartiers de froment de rente, en la paroisse de Saint-Pierre-de-la-Chapelle, pour l'entretien d'une lampe qui devait brûler perpétuellement devant le grand autel de ladite église, duquel froment Guillaume Frestoit et ses héritiers en devaient payer cinq boisseaux.

L'an suivant 1224, le roi Louis VIII, qui avait succédé à Philippe-Auguste, son père, donna à l'église de Coutances le patronage de Saint-Martin-de-Belval. En voici la charte en français, qu'on pourra voir en notre recueil, extraite du feuillet 201 du premier registre du cartulaire du chapitre : « Louis, par la
« grâce de Dieu roi de France, à tous ceux qui ces

« présentes lettres verront, salut. Savoir faisons que,
« à la requête et prière de notre très-cher et féal
« Geoffroi, évêque de Senlis, chancelier de France,
« pour le salut de notre âme et de celle de notre très-
« honoré père, d'illustre mémoire, Philippe, roi de
« France, nous avons donné à nos amés le doyen et
« chapitre de Coutances, pour l'augmentation de leurs
« biens, l'église de Saint-Martin-de-Belval, proche la
« ville de Coutances, de laquelle le patronage nous
« appartenait, et les susdits doyen et chapitre nous ont
« libéralement accordé de faire tous les ans un obit
« pour ledit feu seigneur notre père, comme aussi un
« autre pour nous et encore un troisième pour ledit
« évêque de Senlis, après notre mort, aussi chaque
« année en perpétuité. En foi de quoi nous leur avons
« délivré le présent, auquel nous avons fait apposer
« notre sceau, sauf le droit d'Etienne de Gallardon,
« clerc de cet évêque, lequel est curé de ladite église.
« Fait à Compiègne, au mois de décembre [1] 1224 [2]. »

Farin, ce fameux historien de la ville de Rouen, au deuxième volume, pages 304 et 341 [3], parlant de la chapelle Saint-Philibert, bâtie en l'an 1218, par les religieux de Jumiéges, à la place d'une ancienne porte de la ville, nommée la Poterne, de la paroisse et du prieuré de Saint-Lo, rapporte un acte du vingtième de mars de cette même année, par lequel Hugues, notre évêque, ratifia, en qualité d'évêque du lieu, les con-

---

[1] Lisez novembre.
[2] Cartulaire de Coutances, n° 290; Cartulaire normand, n° 333.
[3] V° partie, p. 22 de l'édition de 1731.

ventions faites entre les chanoines de Saint-Lo et ces religieux. Je n'écrirai point ici les paroles de cet auteur, dont l'ouvrage est public. Je remarquerai seulement qu'il s'est trompé en interprétant la lettre cinquième de l'original qu'il avait vu, par Henri au lieu de Hugues.

Sous l'épiscopat de Richard de Bohon, Geoffroi de Brucour fonda et dota le prieuré de Savigny, à deux lieues de Coutances, et en donna la disposition au prieur de Sainte-Barbe. Il aumôna aux religieux qui y demeuraient et au prieuré toutes les dîmes de la paroisse, avec les terres dont ils jouissent encore, la dîme du moulin de Saussey, avec ce qu'il y avait de propres, la moitié de Savigny, enfin la dîme de tous ses biens, tant en Angleterre qu'en Normandie. Le successeur de ce Geoffroi, nommé Richard du Mesnil, et ces religieux avaient eu quelques disputes sur la dîme de ces moulins et le patronage de Saint-Martin-de-Saussey; ils s'étaient accommodés. Nous en avons les actes, qui sont sans date; mais nous en avons un de cette année 1224, par lequel Henri de Savigny, chevalier, ratifia à ces chanoines la donation de Geoffroi. C'est l'accord dont nous venons de parler. Nous avons une charte du mois d'août 1225, du chartrier de Saint-Sauveur, par laquelle notre prélat, à la présentation de l'abbé et du couvent de ce lieu, conféra, comme il le dit, « intuitu « pietatis et charitatis », à Thomas de Brix, prêtre, [un bénéfice] que Pierre, prêtre, et Robert Hasse avaient possédé dans l'église de Saint-Martin-de-Grouville [1],

---

[1] A Jersey. — Cartulaire de Saint-Sauveur, n° 182.

lequel bénéfice ayant été remis entre ses mains par ledit Thomas et lesdits abbé et religieux, il le donna en pure et perpétuelle aumône, toujours par charité, « intuitu charitatis », à Richard, prêtre, neveu dudit Thomas, le tout conformément aux statuts du concile général.

Cette charte paraît peu importante ; elle contient trois particularités remarquables : la première, que de la famille du Brix, dont nous avons parlé, il en était resté encore quelque partie en Normandie, ou plutôt qu'elle n'abandonna les terres qu'elle y possédait qu'au temps dont nous avons aussi parlé, je veux dire lorsque le roi saint Louis fit commandement aux seigneurs qui avaient des terres en France et en Angleterre d'abandonner les unes ou les autres ; la deuxième, que les bénéfices étaient en ce temps-là conférés et regardés comme des pures aumônes qu'on faisait aux ecclésiastiques ; nous en avons un million de témoignages ; la dernière enfin, que Hugues n'en conférait point sans cette clause : « Tenore salvo concilii generalis », ce qui se doit entendre particulièrement des canons vingt-neuvième et trentième, dont le premier défend la pluralité des bénéfices, et l'autre demande de la capacité aux bénéficiés.

Nous avons vu ci-dessus comment le prieur de Brix avait cédé ses droits sur l'église de Tessy au chapitre de Coutances. Le chartrier de ce chapitre nous fournit un acte de cette même année 1225, qui contient un accord fait entre l'abbé et les religieux de la Luzerne et le même chapitre, par lequel les deux parts de la dîme demeuraient à celui-ci et la tierce gerbe à l'abbaye, ce qui devait se continuer sur les terres de leurs acquisitions en cas que les uns ou les autres en fissent quelques-unes en cette paroisse, par la permission du seigneur temporel du lieu, qui était, comme nous le verrons ci-après, Robert de Brix, chevalier.

Cette charte est tirée du feuillet 98° du premier volume du cartulaire de Coutances. Au feuillet 166 il y en a une toute semblable, touchant les dîmes de Trelly[1], dont ledit chapitre devait aussi avoir les deux tiers, et ladite abbaye de la Luzerne l'autre tiers, laquelle charte est datée du même an 1225.

Nous avons vu comment les seigneurs du nom de Rollos, terre et paroisse que nous appelons maintenant la Bloutière, dans le diocèse de Bayeux, à une lieue de Vire, vers le levant, [avaient donné aux religieux de ce prieuré la moitié] des patronages de Fleury et de la Bloutière, l'autre moitié appartenant au seigneur de Brucour, parce que Richard Rollos ayant épousé la fille aînée du comte de Cestre, qui était de la maison d'Avranches, et un puissant chevalier du Bessin, qui avait nom *Brucorch,* avait eu la puînée, et ainsi [elles] avaient partagé entre elles la baronnie, fiefs et terres de la Bloutière et Fleury. Ce seigneur résolut d'imiter les seigneurs de Rollos, de donner aussi ses deux moitiés de patronages à ces religieux. Pour le faire régulièrement, il présenta sa requête à notre évêque Hugues, expositive de son intention et de sa piété. Le prélat

[1] Cartulaire de Coutances, n° 272.

l'écouta favorablement et ratifia par un acte particulier cette aumône, l'an 1226.

Cette même année 1226, Robert de Laune, chevalier, donna à Dieu et à l'église de Saint-Cyr-de-Laune, pour la dédommager des pertes qu'elle faisait de la chapelle qu'il avait fait bâtir en son château, trois portions de terre pour demeurer à jamais à ladite église libres et quittes de toutes redevances; droits de moulin et autres servitudes, avec promesse de garantie ou d'échange, soit lui ou ses héritiers; s'obligea en outre, le jour de Noël, d'entendre lui et sa famille deux messes en sa chapelle, mais d'aller entendre la troisième en l'église paroissiale, et que ce jour on ne chantera point la messe en ladite chapelle; de même d'aller à la messe paroissiale le jour de Pâques et de la Pentecôte, sans qu'on la dise en sa chapelle, aux cinq fêtes de la sainte Vierge, savoir la Purification, l'Annonciation, l'Assomption, la Conception et la Visitation. On disait solennellement la messe en sa chapelle, mais les offrandes étaient partagées également entre le chapelain et le curé de la paroisse, ledit seigneur s'obligeant de garantir au curé tous les droits curiaux, et le chapelain jura fidélité au curé en promettant de ne point recevoir ses paroissiens, se réservant ledit seigneur la présentation d'un chapelain à sa chapelle, auquel, outre les offrandes de sa maison, il donnerait 12 livres tournois de rente. Cet acte est du mois de septembre.

Je n'ai de 1227 qu'une charte, par laquelle Henri de Savigny, chevalier, pour le salut de son âme et celles de ses prédécesseurs et successeurs, donna en pure et perpétuelle aumône au chapitre de Coutances la rente qu'il avait droit de prendre tous les ans sur ledit chapitre, à cause de la maison qui fut à Guillaume Tiercelin, près la grande maison qui appartenait à Roger de Hérouville, en son vivant chanoine de ladite église.

En ce temps dont nous parlons, les seigneurs du nom de Carbonnel étaient déjà maîtres de la terre et seigneurie de Canisy. C'est ce qui paraît par une charte du mois de juillet de l'an 1228, par laquelle Hugues Carbonnel et Raoul, son frère, donnèrent au chapitre de Coutances les deux tiers de la dîme de Canisy et de celle d'un fief qui leur appartenait en la paroisse de Cambernon.

L'an suivant, 1229, notre évêque, à la présentation des abbé et religieux de Cerisy, conféra à Jean, clerc, le vicariat perpétuel de Houesville avec la tierce gerbe, autelage de ladite église, et tout ce qui en dépend :
« Ita videlicet quod percipiat totum altalagium ejusdem
« ecclesiæ cum omnibus pertinentiis suis et cum tertia
« garba totius ecclesiæ. »

Il confirma aussi cette année, la veille du jour et fête de saint Pierre et saint Paul, aux religieux de Hambie, les deux gerbes de la paroisse de Chantelou et tout ce que Fouque de Chantelou avait aumôné l'an précédent à ces religieux, avec la place à bâtir une grange, toujours sauf les droits de l'évêque et de l'archidiacre.

Cette même année peut être légitimement appelée l'année des dupes. Quelques princes jaloux de ce que la reine Blanche gouvernait le royaume en qualité de régente et de tutrice du roi Louis IX, son fils, encore mineur, s'étant armés en pensant obliger cette princesse à leur faire part du gouvernement, s'estimèrent enfin heureux de n'être pas dépouillés de leurs héritages. Le plus fameux de cette espèce fut Pierre de Dreux, duc, ou, comme on disait alors, comte de Bretagne. La régente ayant trouvé moyen de diviser les princes ligués, celui-ci se trouva seul. Il fit venir les Anglais à son secours; ils entrèrent dans notre Cotentin, prirent par force le château de la Haye-Painel, et se promettaient de faire lever le siége que l'armée royale tenait devant Bellême, place forte dont le roi avait donné le gouvernement au Breton. Bellême fut pris, le château de la Haye rendu, et le duc de Bretagne obligé de se retirer honteusement; c'est de là qu'il fut nommé Mauclerc.

C'est en cette occasion, pour le dire en passant, que Mathieu Paris se plaint de la fidélité d'André de Vitré envers la France, et loue l'infidélité de quelques autres seigneurs, lesquels ne firent point de difficulté de recevoir son héros, Henri III, roi d'Angleterre : « An-
« dreas tamen de Vitreio et alii viri nobiles pauci, ad
« fidelitatem Regis venire contemnentes, munierunt
« castra sua alimentis et ad pugnam sese viriliter præ-
« parabant. »

Cette famille de Vitré était, au temps dont nous parlons, fort distinguée, et possédait de grands biens en Angleterre et en France. M. Ménage, dans son *Histoire de Sablé,* pages 125 et suivantes, en fait mention ; il en donne la généalogie, du moins en partie. Le livre du secrétariat de l'évêché, qu'on appelle le *blanc*, témoigne que le roi est patron de l'église de Landelles au droit d'une des filles d'André de Vitré, laquelle s'était rendue religieuse de l'ordre de Saint-François au couvent de Saint-Cloud, proche Paris : « Rex Francie est patronus ecclesie de Landelles ratione « cujusdam sororis de filiabus domini Andree de « Vitriliaco que se dedit in ordine fratrum minorum « in hospicio de Saint-Clout, juxta Parisios [1]. » Le *Livre noir* du même secrétariat, qui a été fait longtemps avant le *blanc*, marque cet André de Vitré être le patron de cette même église de Landelles [2]. Enfin nous trouvons dans le cartulaire de l'abbaye de Cerisy une charte par laquelle une Léonore de Vitré [3] donna aux religieux de l'île Saint-Marcouf un septier de froment de rente à prendre sur sa terre de Rye.

Nous avons parlé de saint Marcouf en son lieu, et du monastère nommé Nanteuil, qu'il établit en ce lieu qui porte maintenant le nom du saint abbé. Nous avons aussi remarqué que ce monastère fut détruit par les Normands infidèles ; nous avons plusieurs témoignages qu'il s'y rétablit un couvent de religieux bénédictins de cette abbaye de Cerisy.

Nous avons vu une charte de Henri II, roi d'Angleterre, par laquelle il ordonne que l'abbé de Cerisy

---

[1] Fol. 78, v°.

[2] Fol. 43, v°. *Historiens de France*, XXIII, 503.

[3] Alienor de Vitré, comtesse de Salisbury. (Répertoire de M. DE GERVILLE, I, 189.)

possède paisiblement la terre qui avait été à Roger, fils de Jean, de Saint-Marcouf, que Engelger de Bohon et ledit Roger lui avaient donnée en sa présence et de son consentement. Cet acte est passé à Cherbourg et est sans date.

Il y en a encore un autre contenant un accord entre les moines de Saint-Wandrille et ceux du même lieu de Cerisy, par lequel la dîme de cette paroisse de Saint-Marcouf demeurait entre eux également, l'autelage et ses dépendances demeuraient aux religieux de Cerisy, et ceux-ci donnaient aux autres une place pour faire bâtir une grange. Cette charte est aussi sans date ; mais comme cet accord fut fait en présence de Robert, archevêque de Rouen, et ses suffragants, et que nous savons, d'ailleurs, que ce Robert fut élevé en cette dignité en l'an 1221, nous connaissons certainement que ce fut en cet intervalle de temps qu'il fut fait.

Remarquons encore, avant que de passer outre, que de ces religieux de Saint-Martin, il y en avait deux qui résidaient actuellement en l'île, auxquels, pour les empêcher de divaguer, Robert, évêque de Bayeux, donna à Grand-camp[1] certains revenus, et Hébert, seigneur de l'Aigle, donna un quartier de froment à prendre à la saint Michel sur sa terre de Crépon.

En cette année 1230, Jean de Saint-Marcouf donna à ces religieux de Cerisy « totum clausum monachi », comme il l'appelle, « situm apud sanctum Marculphum,

---

[1] Arr. de Bayeux.

« cum tota terra quæ in eodem continetur, sicut
« undique sese portat, cum omni jure et possessione
« et reclamatione quæ in eodem clauso habebam.
« Tenemurque », ajoute-t-il, « insuper reddere, ego
« et hæredes mei quatuordecim quarteria frumenti et
« duos bucellos ad festum sancti Michaelis, pro quadam
« terra quam teneo de eis de feodo Rogerii filii
« Joannis. »

Nous apprenons au reste, pour le dire en passant, de Mathieu Paris, que ces seigneurs de notre Cotentin, du nom des Barres, étaient d'une distinction très-grande. Il remarque qu'en la journée ou plutôt à la déroute de Xaintes, où les Anglais et leur roi furent si maltraités, l'an 1242, Jean des Barres, frère ou fils de celui-ci, ayant été fait prisonnier, sa liberté fut si chère au roi de France qu'il l'acheta par la liberté de trente seigneurs anglais, qui avaient été pris par ses gens : « Ex parte autem Regis Anglorum captus est
« vir nobilis Henricus de Hastingus, cum viginti mili-
« tibus, et manu pedestri non minimi, qui omnes pro
« Joanne de Barris, et illis qui cum eo capti fue-
« runt, commutabantur[1]. » (Page 140, sur l'an 1242.)

Jean d'Essey, que nous verrons bientôt évêque de Coutances, était au temps dont nous parlons archidiacre. A cette même année 1230, notre évêque

[1] Mathieu Paris avait dit auparavant : « Ex parte autem Francorum
« captus fuit ibidem Joannes de Barris, per Willelmum de Sey, cum sex
« militibus, qui postea pro totidem Anglis sunt commutati. » Ce Guillaume
de Sey était aussi bas Normand, fils de Guillaume du Hommet. (*Cartulaire de Saint-Sauveur*, n° 387.)

Hugues composa entre Onfroi, huitième abbé de Saint-Sauveur-le-Vicomte, et le couvent, d'une part, et lui, de l'autre, par lequel accord ces religieux cédèrent à l'archidiacre certain manoir à eux appartenant, appelé de *Torgistorp*[1], avec toutes les appartenances, à la réserve de la vente des bois, dans lequel monastère deux de leurs religieux avaient coutume de résider, pour être icelui tenu et possédé par ledit d'Essey pendant sa vie, au moyen et parce qu'il leur paierait par chacun an cent sous de monnaie courante au jour et fête saint Michel, faute de quoi ils pourraient exécuter et exercer leur justice sur ledit monastère et tout ce qui en dépend, et parce que aussi, en cas de mort et de cession d'icelui archidiacre, le tout retournerait sans aucune formalité de justice auxdits abbé et religieux, lesquels y mettraient deux religieux comme auparavant, accordant ledit archidiacre qu'en cas d'augmentation de revenu dudit monastère, soit par révision des biens qui en ont été aliénés, ou par acquisitions qu'il pourrait faire dans le doyenné de Saire, le tout après sa mort vertirait au bénéfice desdits religieux de Saint-Sauveur[2].

Nous avons de cette même année deux actes tirés des archives de l'abbaye de Cherbourg, par lesquels nous apprenons la manière de procéder au règlement des différends sur les bénéfices dont les patronages étaient contestés. C'est un jugement prononcé aux assises de Carentan, par Jean de Fricam, bailli de

---

[1] A Clitourp.
[2] Cartulaire de Saint-Sauveur, n° 289.

Cotentin, entre les religieux de cette abbaye et Jean de Baubigny, touchant la moitié de l'église des Pieux, laquelle fut adjugée auxdits religieux. Voici l'acte entier en notre langue, qu'on pourra voir en latin, comme il fut prononcé, en notre recueil :

« Au Révérend Père en Jésus-Christ Hugues, par la
« grâce de Dieu évêque de Coutances, Jean de Fricam,
« bailli du seigneur roi, salut et amour. Nous faisons
« savoir que, y ayant procès en notre cour, entre
« l'abbé de Cherbourg, d'une part, et Robert de Baubi-
« gny, touchant l'église des Pieux, et l'affaire ayant
« été renvoyée à la cour du seigneur roi pour y être
« terminée, ledit abbé présent devant moi, ainsi que
« sa partie, pour suivre leur cause, ledit abbé a mon-
« tré deux chartes par lesquelles il assurait que le
« droit de patronage lui appartenait absolument et per-
« pétuellement, lesquelles chartes étaient scellées du
« sceau dudit Baubigny, et témoignaient évidemment
« que ledit de Baubigny et Michel Mansel avaient cédé
« leurs terres avec tout le droit de patronage sur la
« moitié de ladite église des Pieux audit abbé, pour
« le posséder à perpétuité. Ces chartes vues et recon-
« nues, ainsi que leurs sceaux, les chevaliers qui
« étaient présents à ladite assise ont tous unanimement
« adjugé ledit patronage à l'abbé, et ils ont en outre jugé
« qu'à l'abbé appartenait l'acte de fidélité, celui qui
« était en possession de cette moitié d'église, qui est
« Raoul Mouchant, lequel s'est obligé de jurer qu'il
« en gardera fidélité. Fait à Carentan, l'an 1230. »

Voici l'ordonnance de l'évêque donnée en consé-

quence de ce jugement : « A tous les fidèles en Jésus-
« Christ, etc. Nous avons connu par les lettres pa-
« tentes de Jean de Fricam, bailli royal, que la moitié
« du patronage de l'église des Pieux a été adjugée à
« l'abbé et aux chanoines de Notre-Dame-du-Vœu, à
« l'assise royale tenue à Carentan, ce qui fait que ce
« droit, qui leur a été jugé canoniquement, nous [le]
« leur confirmons par ces présentes de notre autorité
« épiscopale. Fait l'an 1230, la fête de la Chaire saint
« Pierre. »

L'an 1231, il conféra « divinæ pietatis intuitu » le
bénéfice des Pieux en entier, et de la manière que
l'avait possédé Guillaume de Baubigny, à Raoul, clerc,
« salvo tenore concilii generalis », à la présentation de
l'abbé et du couvent de Cherbourg.

Il ratifia les aumônes que Geoffroi de la Lande-d'Airou et Guillaume, son fils, avaient faites à l'abbaye
de Hambie, à prendre sur son moulin dudit lieu de la
Lande-d'Airou[1]. Il fut présent et ratifia certain jugement
donné par deux chanoines de Bayeux, Guillaume de
Tourcaville et Jourdain de Rouen, entre l'abbé et le
couvent de Cherbourg, d'une part, et Thomas de Mortain, chanoine de Coutances, d'autre, sur les prétentions que les uns et les autres avaient sur la chapelle
de Saint-Clair-de-Nacqueville, par lequel il fut décidé
que ladite chapelle demeurerait aux religieux moyennant le payement de 10 sous de rente qu'ils feraient
audit Thomas et à ses successeurs, le jour saint Clair.

---

[1] Répertoire de M. DE GERVILLE, I, 187.

Les religieux de Falaise, pour rendre plus inviolables les donations à eux faites par les rois d'Angleterre, et particulièrement par le dernier mort, Jean sans Terre, requirent l'archevêque et quelques autres prélats de Normandie de les reconnaître et de les confirmer par leurs souscriptions et leurs sceaux. On en conserve encore l'acte auquel nous trouvons notre évêque Hugues souscrit avec Maurice, archevêque de Rouen, Guillaume, évêque de Lisieux, Richard d'Evreux et Guillaume d'Avranches[1].

Enfin, y ayant procès en cour de Rome entre les abbé et religieux de Cherbourg, d'une part, et un seigneur appelé Fouque Mansel, d'autre, et le pape ayant délégué les abbés de Caen, d'Ardennes, et le prieur d'Ardennes pour en être juges, ces délégués excommunièrent Mansel, parce qu'il n'avait pas voulu comparaître devant eux, et mandèrent à notre évêque qu'il eût à le faire dénoncer excommunié par tout le diocèse, jusqu'à ce qu'il eût comparu devant eux et reçu le bénéfice de l'absolution[2]. Notre évêque déféra au commandement de ces délégués et publia leur sentence[3]. On verra les actes en notre recueil; ils méritent quelque attention pour la manière hautaine dont ces juges parlent à notre prélat, et par la déférence qu'il eut pour leur mandement. Le dernier de ces actes est daté du jour saint Simon et saint Jude de cette même année 1231.

Le premier acte de 1232 qui se représente à ma

---

[1] *Neustria pia*, p. 754.
[2] Répertoire de M. DE GERVILLE, I, 97.
[3] *Ibid.*

plume, est une donation que fait notre évêque à son chapitre de deux parties de la dîme de Canisy, pour un obit pour lui, pour feu ses père et mère, pour son frère Raoul, de bonne mémoire, en son vivant cardinal de l'église romaine, et ses autres amis, et ce après la cession ou la mort de celui qui en jouit, se réservant à lui et à ses successeurs la disposition de la troisième gerbe et l'autelage pour le curé, et afin que cet obit, qui devait se faire tous les ans, se fît plus solennellement, il ajoute à ce que dessus ce que Guillaume de Cambernon avait droit de lever tous les ans sur le fief qui lui appartenait à Coutances, et qui, depuis la mort dudit Cambernon, lui était échu « nobis tanquam es-« caeta devenit ». Cet acte est du mois de juillet 1232, extrait du 81° feuillet du premier volume des chartes du chapitre.

Cette même année fut renouvelé et terminé le différend dont nous avons parlé ci-dessus, entre les prieurs, chanoines et religieux de Saint-Lo de Rouen et de Beaulieu. L'archevêque de Rouen, comme supérieur immédiat de Saint-Lo de Rouen et de Beauprey, et l'évêque de Coutances furent juges : « Intendebant in « nos, Archipiescopum Rhotomagensem et Episcopum « Constantiensem. » Le décord venait de ce que les chanoines de Beaulieu élurent un prieur sans attendre les députés de Rouen, outre quelques intérêts spirituels. Il fut fini par ces deux évêques. Le prieur élu demeura, et les chanoines de Rouen furent assurés de 80 livres tournois, payables en trois termes. Cet acte est de 1232, le lundi avant la

Nativité de la sainte Vierge, et imprimé par l'auteur du *Neustria pia*[1].

Feu M. Le Prevost en marque un autre de plus grande conséquence, où notre évêque aussi bien que ce prieur de Saint-Lo eurent part. Il y eut de gros différends entre la cour et l'archevêque de Rouen, touchant des certains droits et exemptions dont ce prélat ne trouvait pas bon qu'on privât son église. La chose alla si loin qu'il jeta un interdit général sur son diocèse, qui dura treize mois. Cet interdit fit naître un autre différend entre cet archevêque et notre prélat, celui-ci soutenant que les paroisses et églises de Saint-Lo et Saint-Jean-sur-Renelle étant du diocèse de Coutances, et non de celui de Rouen, elles n'étaient point sujettes à l'interdit. Néanmoins, comme les diocésains de Rouen en abusaient, et que peut-être le service divin se célébrait encore plus solennellement en ces églises par le concours de peuples qui ne pouvaient aller ailleurs, ce qui semblait faire une espèce de scandale et énerver la force de la discipline ecclésiastique, Hugues, notre évêque, jugea à propos d'en arrêter le cours, et faire comme les autres évêques, qui aussi bien que lui avaient des églises dans le diocèse de Rouen, immédiatement dépendantes d'eux et exemptes de la juridiction archiépiscopale. Il consentit donc, par un acte daté du jeudi avant Noël 1233, que les églises de Saint-Lo et de Saint-Jean observassent l'interdit comme les autres. « Recognovit », dit M. Le Prevost,

[1] P. 808.

« in jure, coram Mauritio archiepiscopo, se et cano-
« nicos Sancti Laudi Rothomagensis teneri ad obser-
« vandam sententiam interdicti in ecclesia Sancti Laudi
« Rothomagensis, cum per archiepiscopi civitatem Ro-
« thomagensem generali interdicto supponi contingeret,
« ex litteris datis die Jovis ante nativitatem Domini 1233. »

Nous trouvons dans le cartulaire de Coutances, au feuillet 167 du premier volume, et en celui de l'abbaye de Cerisy, un acte dont nous apprenons que notre évêque Hugues était en une telle estime, qu'on ne faisait point de difficulté de le choisir juge en sa propre cause. Il y avait matière de procès entre lui et son chapitre, d'une part, et l'abbé et des religieux de Cerisy, d'autre part, pour les dîmes de la forêt de Rabet, dont nous avons déjà parlé, qu'on avait défrichée en partie et qu'on défrichait tous les jours, et pour les dîmes des diverses autres novalles ; ce procès avait été agité devant Maurice, archevêque de Rouen, et n'y ayant point été terminé, cet abbé qui était, si je ne me trompe, Renouf ou Ranulphe, celui que l'on compte septième, s'en rapporta à notre évêque. Il jugea que la portion de ces bois sur lesquels les religieux avaient divers droits à eux accordés par leurs fondateurs, et desquels ils jouissaient auparavant qu'ils eussent été défrichés, ils en auraient la moitié de la dîme, et l'autre moitié lui resterait, et qu'à l'égard de tous les autres bois dépendant d'eux en ce diocèse, qui seraient ci-après *désertés*[1], lesdits religieux en auraient la tierce

---

[1] *De decimio autem novalium essartorum.*

partie des dîmes, et les deux autres seraient pour lui et son chapitre [1].

Cet acte est daté de l'an 1233 ; j'estime qu'il y a de l'erreur, parce qu'il y est parlé de l'archevêque Maurice comme étant déjà mort : « Coram bonæ memoriæ « Mauritio quondam Rhotomagensi episcopo, cum « questio verteretur », et nous savons d'ailleurs qu'il ne mourut que le 10 janvier, l'an 1235.

Il y avait aussi différend entre ces mêmes religieux de Cerisy et ceux de Montebourg pour le patronage de l'église Saint-Martin-d'Urville. Notre évêque le finit en rendant alternatif entre eux ce patronage. Il fit plus, il unit tellement le cœur des religieux de ces deux maisons, que par son moyen ils se donnèrent lettres mutuelles de communication de prières et de bonnes œuvres. Ces lettres sont datées de l'an 1234.

Je passe, pour n'être pas ennuyeux, plusieurs collations de bénéfices, pour commencer l'année 1235 par la fin d'un différend entre notre prélat et son chapitre, d'une part, et Thomas de Saint-Gilles, fils de Renouf, chevalier, touchant le patronage de l'église Saint-Gilles[2]. Ce seigneur céda entièrement ce patronage, parce que l'évêque et son église étaient en obligation de lui payer soixante et quatre sous tournois, cinq gelines et trois deniers au lieu de pains, de rente annuelle payable à Saint-Lo et à prendre sur certaine partie de la prairie appelée *des Isles,* que tenaient desdits évêque et église les nommés Raoul Vermase et

[1] Cartulaire de Coutances, n° 264.
[2] Arr. de Saint-Lo.

Richard de Montmartin, laquelle demeurera entière audit de Saint-Gilles en fief pur et exempt de toutes faisances envers eux, en payant à eux et à leurs successeurs quatre sous par an, au terme de Noël, cinq gelines et deux pains ou trois deniers, avec promesse de garantie.

Hugues termina encore un autre différend entre le prieur de Bohon et Robert du Mesnil-Normand, chevalier. Celui-ci soutenait que le curé de la Chapelle-Enjuger était en obligation de célébrer le service divin en la chapelle du Mesnildot, savoir : chaque semaine, quatre fois le carême et trois fois aux autres semaines, et toutes fois et quantes qu'il y a fête de neuf leçons. Le prieur et le curé, qui est seulement appelé vicaire, y acquiescèrent au moyen que ce vicaire aurait des terres données au chapelain par les fondateurs, une vergée de pré et deux acres de terre que ledit Robert avait données pour un service, lesquels terre et pré sont situés en son domaine, entre la maison Rouault et la maison de défunt Jean, fils Raoul, outre que le prieur de Bohon paierait audit vicaire trente sous de rente annuelle, et ce au terme de la foire de Montmartin, et le chapitre de Coutances, à raison de la portion de dîme qu'il percevrait en ladite paroisse, paierait encore au même vicaire, et au même terme de la foire de Montmartin, à quoi ce vicaire, nommé Philippe, s'accorda tant pour lui que pour ses successeurs, et demeura d'accord de servir, en cette chapelle du Mesnildot, cette même année 1235.

Ce droit de l'église et du chapitre de Coutances venaît d'un chevalier appelé Jourdain Neufmesnil, lequel, l'an précédent 1234, « pietatis intuitu », lui avait donné tout son droit et ses prétentions sur ce que Philippe de la Roque, chanoine de Coutances, possédait en l'église de Saint-Pierre-de-la-Chapelle-Enjuger, par le conseil du même Hugues, notre évêque, et d'un accord fait quelques années auparavant entre ledit chapitre et l'abbé et couvent de Marmoutier, duquel le prieur de Bohon est dépendant, par lequel, ainsi que l'avait jugé notre prélat, les dîmes de cette paroisse devaient être séparées également entre eux, excepté les deux gerbes du trait des méteils qui appartenaient de plus vieux au prieur et couvent de Bohon.

Au reste, j'espère qu'on ne trouvera pas mauvais que je m'écarte un peu de mon sujet pour expliquer cette foire de Montmartin, qui était alors un terme très-commun des paiements qui se faisaient entre divers contractants.

Cette foire commençait le lendemain des fêtes de la Pentecôte et avait été premièrement établie en la paroisse d'Agon, sur le bord de la mer, à deux lieues de la ville de Coutances. Guillaume des Roches, sénéchal héréditaire d'Anjou, si fameux dans l'histoire des guerres de la fin du XIIe siècle et du commencement du XIIIe, était seigneur d'Agon, en qualité de Clémence Mayenne, sa belle-mère, à qui Juhel du Maine l'avait donnée en la mariant avec Robert de Sablé, dont des Roches avait épousé la fille, nommée Marguerite ; et, en 1201, dit M. Ménage en son *Histoire de Sablé*, page 372, Jean sans Terre, roi d'Angleterre, donna un droit de marché à Agon tous les jeudis de chaque semaine et un droit de foire de huit jours à la fête de la Pentecôte. Les lettres patentes de cette concession sont dans la Tour de Londres. Cette foire fut depuis transportée à Montmartin, aussi sur le bord de la mer, à une lieue d'Agon et à deux lieues de Coutances. Elle y a resté jusqu'au milieu du xiv° siècle, qu'elle fut transportée à Guibray, près de Falaise, lieu moins exposé à l'insulte des Anglais, et plus commode pour la province. Nous aurons occasion de parler plus amplement de cette paroisse d'Agon.

Cependant nous remarquerons que cette même année 1235, un seigneur, nommé Robert de Chantelou, vendit au chapitre de Coutances quatre sous tournois de rente qu'il avait droit de prendre par chaque année sur une place qui appartenait à défunt Renaud Passemer, prêtre, située à Coutances, à côté de l'église cathédrale, et encore un quartier de froment et cinq sous tournois de rente qu'il avait droit de prendre et percevoir par chacun an sur la maison de Hervé, chanoine, située proche la chapelle Saint-Martin, et le tout par dix livres tournois à lui payées en marché faisant par ledit chapitre.

L'année 1236 nous fournit plusieurs témoignages de la grande affection que ce prélat avait pour son église, outre ceux que nous avons rapportés jusqu'à présent. Il commence toutes les chartes de ces donations par ces termes : « Nous, désirant de conserver et « augmenter de tout notre pouvoir le service qui « se fait dans notre église de Coutances en l'hon-

« neur de Dieu et de la bienheureuse vierge Marie, et
« ayant égard à la nécessité et à l'avantage de cette
« même église, nous, etc. »

La première de ces donations qui se présente à ma plume, c'est celle de Laune en son intégrité avec toutes les dépendances, à la réserve de ce qu'il faut pour l'entretien du curé ou vicaire y desservant. La deuxième est celle de la troisième gerbe de la dîme de Saint-Pierre-d'Arthenay[1], sur laquelle le vicaire du grand autel, qui dit la messe pour les défunts, percevra tous les ans 15 livres à deux termes, 7 livres 10 sous au synode de Pâques, et l'autre moitié à celui de l'automne. La troisième, celle de deux gerbes de la dîme de Monthuchon avec le manoir du curé de cette paroisse, nommé Enguerran, avec ce qui en dépend, se réservant, néanmoins, à lui et à ses successeurs, la disposition de la cure, de la tierce gerbe et de l'autelage. La quatrième, celle des deux gerbes qui lui appartenaient en la paroisse de Sainte-Marguerite-de-la-Bonneville[2], dont il disposa, en sorte que l'une de ces deux gerbes serait au bénéfice de celui qui desservirait en la chapelle qui serait fondée en cette même cathédrale pour le salut de son âme et de celles de ses prédécesseurs, et l'autre serait pour le chapelain de la chapelle de Laune[3]. Voici la sixième :
« A tous les fidèles en Jésus-Christ qui ces présentes
« verront, Hugues, par la grâce de Dieu humble mi-
« nistre de l'église de Coutances, salut en Notre-Sei-

---

[1] Arr. de Saint-Lo.
[2] Arr. de Valognes.
[3] Cartulaire de Coutances, n° 121.

« gneur. Sachez tous que nous attachant de tout notre
« pouvoir à augmenter le culte divin dans notre église
« de Coutances, et ayant égard à son avantage et à ses
« nécessités, nous avons donné à la commune de cette
« dite église les choses suivantes, chacune desquelles
« nous avons jugé à propos de marquer de son propre
« nom, savoir : Dans l'église de Hautteville-le-Gui-
« chard, la tierce gerbe de la dîme et cent sous tour-
« nois de pension annuelle ; en l'église de Quettehou,
« la tierce gerbe ; l'église de Belval ; en l'église de
« Saint-Denis-le-Vêtu[1], la tierce gerbe, à la réserve de
« ce qu'en paie présentement Henri de Brucourt, mais
« en cas de cession ou de mort, le tout vertira au bé-
« néfice de la commune ; l'église de Vandrimesnil ; les
« deux gerbes de la paroisse de Canisy ; l'église de
« Tessy avec toutes ses dépendances, après la cession
« ou le décès de la personne qui en jouit présente-
« ment ; l'église de Heugueville ; la tierce gerbe de
« Roncey ; l'église de Laune ; les deux gerbes de celle
« de Cherbourg ; les trois parts des gerbes de la pa-
« roisse de Tourlaville ; à Saint-Eny[2], la prébende qui
« était à messire Raoul de Beauvais ; la prébende de
« Nouainville après la cession ou le décès de Richard
« Pierreville, archidiacre des Iles ; la prébende de mes-
« sire Richard de Bernay, après la cession ou sa mort ;
« la prébende qui fut à messire Jean le Roux, à Cher-
« bourg ; celle de messire Richard le Pauvre, après sa
« mort ou qu'il l'aura cédée ; l'église d'Angoville, après

---

[1] Arr. de Coutances.
[2] Arr. de Saint Lo.

« le décès du curé qui en est possesseur ; en l'église de
« Monthuchon, les deux gerbes de la dîme, le manoir,
« la grange, le clos et les autres aumônes que tient
« Enguerran, curé de cette paroisse ; cent sous de tour-
« nois de rente perpétuelle sur l'église de Nay[1], payable
« par le curé du lieu ; en l'église d'Arthenay, la tierce
« gerbe sur laquelle le vicaire du grand autel de l'église
« de Coutances, qui célèbre tous les jours la messe des
« défunts, aura tous les ans quinze livres. Nous avons
« donné tout ce que dessus à notre église de Coutances
« à la propriété et pour l'usage des chanoines qui y
« servent, sauf la nourriture et entretien des vicaires
« qui servent dans cesdites églises, la provision des-
« quels demeure réservée à nous et à nos successeurs.
« Il faut en outre savoir que notredit chapitre de Cou-
« tances nous a gracieusement offert et accordé de faire
« et célébrer par chacun an quatre obits pour nous et
« nos parents et amis, défunts en ladite église de Cou-
« tances : le premier, pour feu Hébert, mon père, le 28^e
« jour d'août ; le deuxième, pour Emmeline, ma mère,
« le 5e de novembre ; le troisième, pour messire Raoul,
« cardinal de l'Église romaine, Raoul, chanoine régu-
« lier, Auvrai, Guillaume et Michel, mes frères, le der-
« nier jour de décembre, et le quatrième pour nous,
« le jour auquel arrivera notre décès, de sorte que
« le jour auquel notre obit sera célébré par chacun
« an, le chapitre, selon l'usage de l'église de Cou-
« tances, distribuera dix livres tournois aux chanoines,

---

[1] Arr. de Coutances.

« et cent sous aux clercs du chœur qui y seront
« présents, et le pain de dix quartiers de froment aux
« pauvres. A chacun des trois autres obits, on en usera
« de même, et seront distribués aux pauvres quatre
« quartiers de froment, ce que le chapitre fera faire par
« le procureur ou gardien ordinaire de la commune.
« Et afin que, etc. L'an 1236, au mois « d'août[1]. »

Rien n'était indifférent à ce bon évêque, lorsqu'il s'agissait de la gloire de Dieu et du bien de la paix; en voici un exemple de cette année :

Cette paroisse qui porte le nom du sixième de nos évêques, qui est dédiée à Dieu en l'honneur de saint Romphaire, et laquelle est la seule de ce diocèse et, comme je le crois, de toute la chrétienté, a maintenant pour seigneur M. le marquis de Renty, lieutenant général des armées du roi. Elle avait, peu de temps avant celui dont nous parlons, des seigneurs du nom des Tresgoz. Un de ces seigneurs, nommé Robert de Tresgoz, sous l'épiscopat de Guillaume de Tournebu, comme nous avons dit, avait donné les églises de Tresgoz et de Saint-Romphaire aux abbé et religieux de Hambie, parce qu'ils établissaient un prieuré et couvent de leurs moines proche son château de Tresgoz, lesquels auraient pour entretien et nourriture les dîmes de ces paroisses dont ils auraient le soin. La chose fut sans effet : point de couvent, point de moines à Tresgoz. Ils ont néanmoins toujours depuis prétendu droit sur ces églises ; ç'a été seulement de nos jours et même depuis très-peu

---

[1] Cartulaire de Coutances, n° 320.

que le marquis de Renty a emporté, par arrêt du parlement de Normandie, le patronage et droit de présentation de Tresgoz sur M. de Même, abbé commandataire de Hambie ; et l'on fut obligé, dès la fin du xii⁰ siècle, de leur abandonner les deux tiers du patronage et de la dîme de Saint-Romphaire. Ils ne s'en contentèrent pas ; ils voulurent avoir aussi la grange du curé à qui la tierce gerbe était demeurée : ce fut un procès. Notre évêque le termina cette même année 1236, en obligeant le curé, nommé Jean Estaquerel, à leur céder un certain lieu qu'ils souhaitaient pour y bâtir, dont on voit encore les restes.

Nous avons remarqué, sous l'épiscopat de Vivien, qu'il y avait deux hôpitaux dépendants du prieuré de la Bloutière : l'un, à la Haye-Painel, de la fondation du seigneur du lieu, nommé Fouque Paisnel ; l'autre, en la paroisse de Folligny, en une chapelle nommée Saint-Jacques-du-Repas, fondée par Henri de Murdrac. Ce dernier avait donné les dîmes de Folligny pour l'entretien de l'hôpital de Saint-Jacques, et le seigneur de la Haye celles de Hocquigny pour celui de la Haye.

Mais peu de temps après, considérant que ces deux hôpitaux ainsi séparés n'étaient pas suffisamment dotés pour entretenir tant de pauvres et administrateurs, notre évêque les unit, à la prière de Fouque Painel et du consentement de Guillaume Murdrac, fils de feu Henri. L'hôpital de la Haye demeura seul ; il fut arrêté que le prieur de la Bloutière nommerait à lui évêque et ses successeurs trois chanoines de sa maison, capables, dont l'un serait destiné à l'administration de l'Hôtel-Dieu de la Haye et resterait à la desserte de l'église de Hocquigny, les deux autres feraient leur résidence à Folligny, l'un pour l'église du lieu, et l'autre pour la chapelle du Repas, auxquels le prieur de la Haye donnerait trente livres tournois pour leur subsistance.

Et ce bon évêque craignait tant le relâchement de ces religieux, qu'il ajouta ces termes en la charte dont nous traitons : « Si ces deux chanoines ou le troisième,
« qui sera le prieur de l'Hôtel-Dieu de la Haye, ou
« eux deux, se comportaient malhonnêtement ou infi-
« dèlement, ce qu'à Dieu ne plaise, dans leur charge,
« le prieur de la Bloutière sera en obligation, à notre
« mandement ou à celui de nos successeurs, de le
« révoquer et de le rappeler en son monastère, ou bien
« nous ou nos successeurs nous le chasserons sans
« appel, à la place duquel il pourra nous en présenter
« d'autres capables, aux mêmes conditions. »

Il appréhendait tant que le bien des pauvres ne fût diverti ailleurs, qu'il est encore ajouté en cette charte, que le prieur de la Bloutière serait obligé de jurer qu'il ne prétendrait pour son monastère aucune chose des biens qui étaient ou seraient à l'avenir aumônés pour l'entretien des pauvres, quoiqu'il ait, par la permission de l'évêque, droit de visite sur cet Hôtel-Dieu.

« Ayant », dit-il dans une charte de l'abbaye de Saint-Sauveur, « appris que Richard Pierreville jouit de
« deux gerbes du fief nommé de Saint-Sauveur, situé

« en la paroisse à lui cédée par l'abbé et couvent de
« Saint-Sauveur, nous lui en avons accordé acte par
« l'apposition de notre sceau, pour lui être une assu-
« rance en cas de mort dudit abbé et manquement de
« parole des moines. »

Il ratifia la donation de Guillaume de Montigny, chevalier, avec Mathilde, son épouse, de un acre de terre aux abbé et chanoines de Cherbourg, par l'apposition de son sceau à l'acte qui en fut dressé en 1237, et déclara à Jean de Fricam qu'il avait excommunié Guillaume Piet pour s'être résilié d'un accord qu'il avait fait avec les mêmes religieux, et ce pour autant de temps qu'il persisterait en son opiniâtreté à ne pas tenir l'accord.

Enfin, à la présentation du roi et du couvent de Saint-Sauveur, patrons de Gatteville, il en conféra le bénéfice à un clerc nommé Simon, et, si nous en croyons MM. de Sainte-Marthe, on conserve dans les chartes du roi, à Paris, un second acte de cet évêque, en date du mois d'août de l'an 1238, par lequel il renouvela la cession qu'il avait faite du fief de Soule au feu roi Philippe, et le céda derechef à saint Louis, petit-fils de ce monarque, pour être exempt du service d'un chevalier qu'il devait fournir à l'armée de Sa Majesté : « In pu-
« blico cartarum tabulario Parisiensi, extat concordia
« illius et capituli cum rege Ludovico, feodum qua cessit
« de Sole, et idcirco immunis efficitur a servitio unius
« militis quem castris regis subministrare tenebatur.
« Ex scheda anni 1238, mensis Augusti. »

J'ai dit *renouvela,* parce que nous avons vu et rapporté cette première cession. Peu de temps après, cet excellent évêque tomba malade et mourut le 27 octobre de cette même année 1238, dans les mêmes sentiments de piété et de religion qu'il avait, généralement regretté de tout le monde, mais encore plus particulièrement des pauvres, pour lesquels il avait les entrailles d'un véritable père.

Il fut inhumé dans le chœur de son église, sous un tombeau de bronze qui se conserve encore : on y voit en relief la figure de ce prélat. Ce monument a été transporté dans la salle du chapitre. L'épitaphe que l'on grava sur ce tombeau est publique ; je ne crois pas néanmoins devoir l'oublier ici, puisque, telle qu'elle est, elle exprime clairement les sentiments qu'on avait de lui.

« Qui jacet hic? Hugo. Cato pectore, Tullius ore,
« Muneribus Titus, præsul honore fuit.
« Quique sequens Marthæ studium requiemque Mariæ.
« Quæ sua sunt mundo reddidit atque Deo.
« Prævia quem rapuit lux festi Simonis, annos
« Post bis sexentos octoque terque decem.
« Det Dominus vere huic secum sine fine manere. »

En voici une espèce de traduction :

Qui gît sous ce tombeau? Hugues, dont la sagesse
    Egalait celle de Caton.
Son éloquence était celle de Cicéron,
Et sa main surpassait le grand Tite en largesse.
Prélat incomparable et dont la piété,
La vertu, la candeur, le mérite, le zèle,
    Et son immense charité,
    Rendront la mémoire éternelle.
De Marie le repos, de Marthe l'action
    Faisait son occupation.
    L'auteur de la machine ronde

> Possédait tout son cœur, faisait tous ses plaisirs.
> Et après ses plus grands désirs
> Etaient de travailler à sauver tout le monde.
> Il mourut l'an de Jésus-Christ
> Mille deux cent et trente-huit,
> La veille de ce jour auquel on fait mémoire
> Des apôtres Jude et Simon.
> Fais, Seigneur, que ton sacré nom
> Par lui soit à jamais adoré dans la gloire.

Ce que nous avons rapporté de ce très-illustre évêque n'est qu'une faible partie des monuments qui nous restent de lui. Il n'y a point de lieu dans son diocèse qui n'ait ressenti les effets de sa piété et de sa bonté, point de monastère en Normandie qui n'ait des preuves manifestes de ses libéralités et de son activité. Les cartulaires de Saint-Taurin d'Evreux, en la première année de son pontificat et en 1224, de Saint-Wandrille, aux années 1221, 1222, 1234 et 1237, et de Fécamp, en divers temps, sans parler des autres, en portent tous d'illustres témoignages.

Voici les termes d'une charte de Fécamp, par laquelle notre Hugues donna les deux gerbes de Quettehou aux religieux de cette abbaye : « Du conseil », nous dit-il, « de notre chapitre de Coutances, afin que l'église de « Fécamp et l'église de Coutances soient unies à per- « pétuité d'un plus fort lien de charité mutuelle, nous « avons donné charitablement auxdits abbé et reli- « gieux de ce lieu les deux parts de la dîme de cette « dite paroisse de Quettehou, avec le droit d'y pré- « senter le vicaire perpétuel, lequel, en reconnais- « sance qu'il dépend d'eux, leur paiera tous les ans « un besant : *Nos communicato capituli nostri con-*

« cilio, ut ecclesia Constantiensis et Fiscannensis ad
« mutuæ charitatis vinculum fortius in perpetuum
« obligentur, duas partes decimæ frugum, divinæ pie-
« tatis intuitu, præfatis abbati et monachis concessimus
« in usus proprios convertendas.... Præsentationem
« autem vicarii prædicti abbas et monachi habebunt,
« quibus etiam in recognitione juris sui idem vicarius
« unum bisantium annuatim persolvet[1]. »

Je n'ai point vu de nécrologes dans lesquels il ne soit fait mémoire de lui très-particulière. Celui de notre cathédrale marque des services pour lui aux mois de février, d'août, d'octobre, de novembre et de décembre. Dans les deux derniers de ces mois, on y prie particulièrement pour Emma, sa mère, et pour Guillaume, son frère. Il est porté expressément, dans le dernier de ces obits, que le chapitre sera en obligation de distribuer aux pauvres quatre quartiers de froment : « In quorum obitu debent erogari paupe-
« ribus, per capitulum, quatuor quarteria frumenti. »

Voici les termes de l'obituaire de l'abbaye de Cherbourg : « Le six des calendes de novembre mourut
« Hugues d'heureuse mémoire, évêque de Coutances,
« qui nous a donné les deux gerbes de la dîme de
« Sainte-Geneviève, un quartier de froment, deux
« gelines et vingt œufs ; mourut aussi le même jour
« Nicolas, son père. Il a été résolu en plein chapitre,
« du consentement du révérend seigneur abbé et de
« tout le couvent, qu'à l'avenir on fera un service

---

[1] Cartulaire de Coutances, n° 69.

« solennel et qu'on célébrera une messe solennelle
« pour ledit Hugues, évêque de Coutances : Sexto
« kalendas novembris, obiit Hugo piæ memoriæ,
« episcopus Constantiensis, qui nobis dedit duas gar-
« bas decimæ sanctæ Genovefæ et unum quarterium
« frumenti, duos panes, duas gallinas et viginti ova,
« et Nicolaus, pater ejus. Statutum est in capitulo
« nostro, assensu venerandi domini abbatis et totius
« conventus, quod de cætero fiet obitus solemnis et
« missa major in conventu prædicto Hugone episcopo
« Constantiensis. »

Celui de Blanchelande marque l'obit de cet évêque le même jour 6 des calendes de novembre. Celui de Saint-Lô le marque le même jour en ces termes : « Pridie festi sanctorum Simonis et Judæ, obiit Hugo, « Constantiensis episcopus. » Celui de l'Hôtel-Dieu de Coutances marque l'année aussi bien que le jour de la mort de ce prélat. « Le 27 septembre, l'an du Seigneur « 1238, mourut notre révérend Hugues, évêque de Cou- « tances. »

Nous n'avons parlé jusqu'à présent de l'hôpital de Saint-Lô; nous ne doutons point néanmoins que l'évêque Hugues n'en ait été le fondateur; mais comme les prêtres qui en ont maintenant l'administration et qui ont succédé aux chanoines réguliers qui l'avaient avant eux, ainsi que les bourgeois de cette ville, ne veulent pas être dépendants des successeurs de notre Hugues, ils ont refusé de communiquer leurs chartes, crainte que je ne découvre quelques mystères contraires à leurs desseins, et qu'il ne paraisse que c'est à cet évêque

qu'ils soient principalement redevables de ce qu'ils sont. Il est pourtant évident qu'il était le seigneur spirituel et temporel de la baronnie de Saint-Lo; que cet Hôtel-Dieu est bâti sur son fond, et quoiqu'il n'ait pas donné tous les biens et revenus de cette maison, il en a aumôné la place, fait bâtir cette belle église dont il ne reste que quelques parties des fondements, et reçu les aumônes qui lui étaient faites; aussi trouvons-nous qu'il y réglait jusqu'aux choses de la moindre conséquence. Nous en rapporterons pour preuve l'ordonnance qu'il fit au sujet de la confrérie des tisserands de Saint-Lo, qu'il établit en cette église. La voici en notre langue; on pourra la voir en original en la page 37e de notre recueil : « Hugues, etc. Sachez que la
« communauté des tisserands de Saint-Lo, assemblée
« en notre présence, ont, de leur consentement et de
« leur franche et bonne volonté, établi une confrérie
« en l'honneur de sainte Catherine, en la forme sui-
« vante : Chaque métier ou ouvrier paiera annuelle-
« ment, à la fête de la Toussaint, à l'hopital de Saint-
« Lo, six deniers de monnaie courante. Item, il a été
« ordonné entre eux qu'aucun ne commencera son
« ouvrage jusqu'à ce que le jour lui fournisse assez de
« lumière pour y voir à son travail. Item, qu'ils ne
« tisseront point de draps ou serges en moins de qua-
« torze cents, et qu'ils cesseront de travailler au son
« de certaine cloche qui sera établie pour eux à ce
« sujet. Et si quelqu'un avait assez de présomption
« pour contrevenir à ces règlements, il sera condamné
« à trois sous d'amende, de laquelle somme il y en aura

« douze deniers pour nous susdit évêque. Avons eu
« agréable et ratifié le tout, faisant défense à toutes
« sortes de personnes de faire profession du métier de
« tisserand dans la ville de Saint-Lo, s'ils ne veulent se
« soumettre à ces constitutions. Fait l'an de grâce 1234. »

Il nous reste plusieurs autres chartes de ce prélat et de divers seigneurs qui, de son temps et à son imitation, enrichissaient les églises. Nous estimons devoir en laisser plusieurs; nous croyons néanmoins que nous ne serons pas ennuyeux d'en citer encore quelques-unes qui suivent.

La première est sans date et contient un acte, par lequel Thomas de Gorges, chevalier, donne au chapitre de Coutances dix vergées de terre, « decem virgatas « terræ in duabus piecis », de son domaine de Vasteville[1], jouxte le chemin qui conduit à Saint-Sauveur, le tout pour son salut, celui de son frère et de ses prédécesseurs.

Nous avons parlé ci-dessus de la grandeur et de la piété de la maison de Brix, et remarqué comment les seigneurs de la branche restée en Normandie avaient fait plusieurs donations au monastère de Saint-Sauveur. Nous ajouterons que Robert de Brix, fils d'Adam, et petit-fils de Robert, natif de cette branche, n'ayant eu qu'une fille nommée Luce, elle épousa Guillaume du Hommet, connétable héréditaire de la Normandie, à qui elle porta en dot la seigneurie de la Luthumière et ses dépendances.

[1] Arr. de Cherbourg.

Ce seigneur, à l'exemple de ses prédécesseurs, s'affectionnant aux religieux de Saint-Sauveur qui présidaient au prieuré de la Luthumière, leur fit des grandes aumônes. On verra à la page 37e du recueil de nos chartes un acte, daté de 1232, par lequel il donna à ces moines 100 sous de rente, payables à deux termes, savoir 50 sous à Pâques, et les autres 50 sous à la Saint-Michel; et ce qui me semble assez singulier, il s'obligea de leur fournir du pain, des viandes de sa table autant qu'il en était besoin pour la nourriture de deux chevaliers, et ce, pendant tout le temps que lui et son épouse résideraient, avec un galon de vin par jour, pendant lequel temps un de ces moines serait en obligation de célébrer la messe chaque jour pour les parents et amis du donateur, lequel religieux aurait, en qualité de chapelain, toutes les offrandes qui se feraient[1]. On y en verra une seconde, par laquelle ce même Guillaume du Hommet donna encore à ce prieuré quatre quartiers de froment sur son moulin de la Luthumière, à prendre à deux termes, la Saint-Michel et Noël. Comme ce bien provenait de son épouse, et devait conséquemment appartenir à ses enfants, ils sont signés à la charte en qualité de témoins et comme ils y consentent : « Testibus Richardo de Humeto, Guillelmo de Say « filiis meis; Lucia, uxore mea[2]. »

Nous trouvons encore que Raoul de Sottevast, pour le salut de son âme, avait donné à ces mêmes religieux du prieuré de la Luthumière la dîme de son pain, au

---

[1] Cartulaire de Saint-Sauveur, n° 164.
[2] *Ibid.*, n° 387.

lieu duquel Eudes, son fils, leur bailla la moitié de son moulin de Pierreville[1], avec tous les tenants au moulin seigneurial. Mais un autre seigneur de cette même famille, nommé Thomas de Sottevast, donna à ces religieux généralement toute la dîme du pain qu'il dépenserait lui ou sa femme en toute sa maison où ils feraient quelques résidences, à quoi aussi il obligea ses héritiers. Il changea néanmoins cette dîme de son pain par après, et bailla au lieu quatre quartiers de froment sur son moulin de Turqueville[2]. La charte de cet échange est datée de l'an 1242.

[1] Lisez Breuville. — *Ibid.*, n° 386.
[2] Il faut lire sans doute Tourville, arr. de Valognes.

CHAPITRE III

DE GILLES DE CAEN

Le siége épiscopal de Coutances vaqua sept ans pour le moins après la mort de Hugues de Morville, comme s'il ne s'était trouvé personne digne de remplir la place de ce grand évêque.

Le *Livre noir* du chapitre marque cette vacance non avant l'élection du successeur de Hugues, mais après sa mort. Il y a de l'erreur; on va le voir évidemment.

Le premier acte que je trouve pendant cette vacance est extrait du cartulaire de Saint-Sauveur-le-Vicomte et contient un accord ou jugement donné par Jean d'Essey, archidiacre de Coutances, du procès entre l'abbé et les moines du couvent, et Richard de Petiville[1], archidiacre des Iles; car c'est ainsi qu'on appelait cet archidiacre, que nous nommons maintenant du Bauptois. On l'appelait ainsi parce que les îles en étaient alors la plus noble et la plus grande partie. Il s'agissait des dîmes d'un fief de cette paroisse de

[1] Lisez de Pierreville.

Petiville[1] que les religieux demandaient à l'archidiacre. Jean d'Essey les leur adjugea. L'acte en est daté du lundi après le dimanche de *Lœtare* 1238, qui est à notre compte 1239, « sede episcopi vacante[2] ».

On trouve dans le cartulaire de Montebourg un acte daté du mois de mars 1239, « sede vacante », par lequel le chapitre de Coutances ratifie un acte passé le mercredi après la fête saint Luc, l'an précédent 1238, entre ce même archidiacre et Jean d'Essey, d'une part, et les religieux de Montebourg, d'autre, touchant certains droits particuliers que cet archidiacre avait et prétendait avoir sur les églises de Benoîtville, Siouville, Acqueville, Montfarville, Esquenauville, Canteloup, Néville, Retoville, Varouville, Tourville, Emondeville, Morsalines, Saussemesnil, Sortoville, Ozeville, Montebourg, Crasville, Colomby, Golleville, Sainte-Colombe et Rauville[3]. Il avait poursuivi ses droits en cour de Rome. Le doyen de Lisieux et quelques autres à lui adjoints en avaient été délégués juges; mais enfin les parties s'en étant elles-mêmes choisi pour arbitres Roger de Ingarville, Raoul et Hervé, chanoines de Coutances, au lieu de trente quartiers de froment que demandait l'archidiacre sur ces paroisses, dont les religieux et l'abbé de Montebourg sont patrons, on lui adjugea les deux gerbes du fief Roger de Inganville[4] et

---

[1] Pierreville.
[2] Cartulaire de Saint-Sauveur, n° 191.
[3] Toutes ces paroisses sont des arr. de Cherbourg et de Valognes.
[4] Lisez de Magneville.

le patronage d'Araville[1], avec quelques autres clauses assez peu importantes à notre sujet[2].

Dans le cartulaire de l'abbaye de Cerisy, nous trouvons deux chartes, l'une de 1240 et l'autre de 1243, par lesquelles nous connaissons certainement que le siége était encore vacant; ce sont deux collations de bénéfices à la présentation de ces religieux, donnés par le chapitre, « sede vacante ». Voici la première en notre langue; on la verra en la sienne en la page 32° :
« A tous les fidèles en Notre-Seigneur Jésus-Christ
« qui ces présentes verront, l'humble chapitre de Cou-
« tances, salut en Notre-Seigneur. Vous saurez que, le
« siége épiscopal de l'église de Coutances étant vacant,
« à la présentation de l'abbé et du couvent de Cerisy,
« nous avons conféré à Thomas de la Hougue, diacre,
« le bénéfice de Saint-Martin-le-Vieux, en l'île de
« Jersey, vacant par la mort de Thomas de Vauville,
« prêtre. Fait l'an 1240, le vendredi après le dimanche
« de la Pentecôte. »

La charte de 1243, expédiée encore par le chapitre, « sede vacante », contient un mandement au doyen de la Hague de mettre un nommé Guillaume de Sère, présenté par l'abbé et le couvent de Cerisy, en possession de la moitié de la troisième gerbe et des droits de l'autel de l'église Sainte-Croix-de-la-Hague, « medie-
« tatem 3ᵃ garbæ ecclesiæ Sanctæ Crucis de Haga cum
« medietate altalagii » ; ces droits vacants par la mort de Guillaume Dierette.

[1] Lisez Crasville.
[2] Cartulaire de Montebourg, nᵒˢ 65-70.

En janvier 1244, les religieux de Cherbourg ayant présenté au chapitre de Coutances Auvrai le Bouteiller pour être pourvu au bénéfice de Sideville, vacant par la mort de Raoul de Martinvast, le chapitre [le] lui conféra[1], « sede vacante »; et ces mêmes religieux, patrons alternatifs de la cure de Saint-Martin-d'Urville avec les moines de Cerisy, présentèrent à ce même chapitre un nommé Thomas Morna, pour y être pourvu, attendu la démission de Robert d'Urville, ce que fit le chapitre en 1244, toujours « sede va-« cante ».

C'est ce que nous connaissons de la vacance du siége épiscopal, sans en savoir les raisons, laquelle finit par l'élection de Gilles de Caen, duquel nous ne savons ni la naissance, ni l'éducation, ni la manière dont il a été élevé à cette dignité.

Il y a deux familles de ce nom, l'une noble, qui porte d'azur à trois têtes d'enfants d'or 2 et 1, à un croissant d'argent entre les deux têtes en chef; l'autre est roturière et de ce diocèse, de laquelle ce fameux M. de Caen, prêtre et régent de rhétorique au collége de Coutances; mais je n'ai pu savoir de laquelle de ces familles était notre évêque. Dans l'obituaire de la cathédrale, au mois d'avril, nous trouvons le nom de Henri de Caen, chanoine, pour lequel on doit prier, et nous ne doutons point que ce Henri ne fût un des parents de notre évêque.

---

[1] Rouault, dans son *Abrégé de la Vie des Evêques de Coutances*, page 212, transcrit l'acte du chapitre, qui est de 1240, et non de 1244, et confère la cure de Sideville non à Auvrai, mais à Léonard le Bouteiller.

Claude Robert, en sa *Gaule chrétienne,* semble insinuer que notre Gilles de Caen est ce Guillaume, cordelier, dont il est parlé dans la *Bibliothèque des Pères* pour avoir prêché et abjuré certaines erreurs. Voici les termes de cet écrivain : « Gillanus de Cadomo, forte Guillelmus,
« minorita, qui abnegat certos errores XXIV Bibl.
« Patrum, editione 4ª », et voici ce que c'est. Au tome treizième de la *Bibliothèque des Pères,* de l'impression de Cologne, page 368, après un long catalogue des erreurs condamnées par le fameux Guillaume de Paris, on lit ceci abrégé et *retractatum :*

« Des erreurs de Guillaume, cordelier, qui fut après
« évêque de Coutances.

« Le même an auquel on chantait *Lætare Hierusalem,*
« 1270, Guillaume, qui fut par après évêque de Cou-
« tances, au sermon de saint Jean-Baptiste, dans la
« maison des cordeliers de Paris, prêcha que le libre
« arbitre a la puissance naturelle à recevoir la grâce
« non efficace en quelque façon, ce qui est faux, parce
« que ne le voulant point, il ne recevra point; mais
« il prêcha que celui qui est damné n'a jamais été en
« grâce, mais toujours comme Ismaël ou Judas, et
« jamais Jean, ce qui est contre la foi, car ceux qui
« sont baptisés ont la grâce. De quoi ayant été repris,
« il se rétracta publiquement le jour de saint Pierre et
« de saint Paul suivant. Paix et grâce à tous ceux qui
« assurent cette vérité. Cette sentence fut prononcée
« l'an de Notre-Seigneur 1240, l'octave de l'Epiphanie. »

Cette pièce me semble très-apocryphe; on ne peut y faire aucun fond. Elle fut premièrement imprimée à la fin du *Maître des sentences,* et de là mise en la *Bibliothèque des Pères.* Le titre en a été forgé aux dépens du texte ; il n'est point dans les premières impressions. Ainsi il n'est pas très-certain que ce prétendu prédicateur fût cordelier. Il y a évidemment de l'erreur dans l'une ou l'autre de ces dates : si ces erreurs ont été prêchées en 1270, elles n'ont pu être condamnées en 1240, ni condamnées par Guillaume de Paris, qui mourut le jeudi de la semaine sainte 1248. Enfin, il y a une espèce de galimatias en cet acte que je n'entends point. Ce Guillaume prêche le jour de saint Jean ; on l'oblige de se rétracter cinq jours après, le jour saint Pierre ; et la sentence fut prononcée l'octave de l'Epiphanie ! C'est ce que je n'entends point.

Il faudrait pour en juger voir l'acte original sur lequel le *breviaculum* a été premièrement copié. Je suis si convaincu des ignorances et des faussetés d'une infinité de ces copies, qu'à peine en puis-je croire une véritable. Ce que j'avance ici n'est point hors de propos, étant vrai de dire que l'on a pris Gilles pour Eustache ou Eustache pour Gilles. Par exemple, Robert de Harcourt, en 1293, confirmant une charte de son prédécesseur Eustache, la rapporte entière et la fait commencer en ces termes : « Universis, etc. Frater Ægi« dius », etc., et la date de 1291, ce qui évidemment ne peut convenir à notre Gilles, qui mourut dès l'an 1247 ou 1248. De même celui qui a copié l'obituaire de la Perrine, prenant la lettre E, qui est la capitale d'Eustachius, pour un G, capitale de Gillanus, a, sans y prendre garde, écrit hardiment que ce Gilles mourut le

7 août 1291 : « Septimo die Augusti 1291, obiit Gil-
« lanus quondam Constantiensis episcopus, qui dedit
« nobis triginta libras ad emendos redditus[1]. » Il n'y
a presque point d'ancien manuscrit qui n'ait ses *variæ
lectiones*, et dont les copistes ou ne se soient trompés
par ignorance, ou n'aient trompé par malice.

Quoi qu'il en soit, nous avons une charte de 1246,
par laquelle nous apprenons que notre Gilles ou Gis-
lain était alors évêque de Coutances. Cette charte est
une relation et une confirmation de l'acte par lequel
Richard de Bohon, un de ses prédécesseurs, avait investi le couvent de Cerisy des biens qui lui avaient été
autrefois aumônés pour le prieuré de Saint-Michel-du-
Mont-de-Vauville. En voici quelques termes : « Gisla-
« nus, Dei gratia Constantiensis episcopus, omnibus
« Christianis fidelibus præsentes litteras inspecturis.....
« [Noverit universitas vestra nos litteras] bonæ me-
« moriæ Richardi, quondam Constantiensis episcopi,
« non concellatas, non abolitas, in nulla sui parte vi-
« tiatas, ut prima facie apparebat, diligenter inspexisse
« sub hac forma : Richardus, etc. » Il la rapporte entière, après quoi il ajoute : « Nos igitur ad petitionem
« viri religiosi fratris Petri, abbatis monasterii de Ce-
« risiaco, in hujus rei testimonium sigillum nostrum
« duximus apponendum. Datum apud Bonum fossatum,
« anno Domini 1246. »

[1] Voici ce qu'il y a dans l'obituaire de la Perrine : « Anno Domini
« M° II° nonagesimo primo, obiit E. condam episcopus Constantiensis qui
« dedit nobis xxx libras ad emendos redditus. » Où donc notre auteur a-t-il
vu un « Gillanus » ?

Le cartulaire de Blanchelande en fournit un autre de l'an 1247, dont le titre est en ces termes : « Tes-« timonium baillivi regis in insula, de ecclesia sancti « Martini de Bellosa in Gameno », et nous apprend que notre évêque Gilles ayant mandé à ce bailli du roi, nommé Dreu de Barentin, de dresser procès-verbal et information à qui appartenait le patronage de cette église de Bellouse, ce bailli fait réponse et adresse cette réponse à lui évêque ou à son grand vicaire. En voici quelques termes : « Reverendo patri ac Domino Gis-« lano, Constantiensi episcopo, vel domino Andreæ... « Droco de Barentino, baillivo domini regis in insula, « salutem, reverentiam debitam ac devotam. Manda-« tum vestrum recepimus, ut inquireremus cui perti-« net jus patronatus ecclesiæ sancti Martini de Bellosa « in hunc modum : Gislanus, miseratione divina Cons-« tantiensis ecclesiæ minister humilis, dilecto suo Dro-« coni de Barentino, baillivo Domini regis Angliæ in « insulis, salutem in Domino. Cum contentio verteretur « inter viros religiosos, etc. »

Il conclut le tout en ces termes : « Valeat paternitas « vestra in Domino. Datum anno Domini 1245, die « Martis proximâ post dominicam qua cantatur *Remi-* « *niscere*. »

Il y a encore trois chartes de ce prélat, deux extraites des mémoires de Saint-Wandrille, et une de l'Hôtel-Dieu de Coutances. La première est datée du vendredi d'après la Saint-Barnabé, 1246, et est un acte par lequel, à la présentation des abbé et couvent de Saint-Wandrille, il conféra à Roger le Neveu, prêtre, une des portions de la cure de Varreville ; l'autre est datée du mercredi après la Saint-Nicolas d'hiver, au même an, et contient un mandement au doyen du Plain de mettre en possession Pierre de Vrainville de la cure de Saint-Lo-de-Foucarville, vacante par la mort de Guillaume Briard, et à laquelle il avait été présenté par les mêmes abbé et religieux de Saint-Wandrille.

Enfin, la dernière est datée du vendredi après la Saint-Lo, par laquelle ce même prélat Gilles confirma à l'Hôtel-Dieu la donation des deux gerbes de la dîme de Bricqueville-sur-la-Mer, faite par Jean Painel, archidiacre de l'église de Coutances, et par Fouque Painel, son père, de la même manière que son prédécesseur, Hugues de Morville, l'avait confirmée.

Le catalogue des évêques de Coutances, qui est au *Livre noir* du chapitre, lui donne trois ans d'épiscopat : « Gislanus episcopus rexit tribus annis. » L'obituaire de la cathédrale marque son obit le premier jour de décembre, et celui de l'abbaye de Saint-Lo marque cette mort le jour précédent, l'an 1247 : « Pridie ca-
« lendas decembris, obiit Gislanus Constantiensis epis-
« copus. »

C'est ce que nous pouvons dire de ce prélat ; mais je crois être en obligation de remarquer quelques particularités arrivées peu auparavant son élection et sur la fin de son épiscopat, ou peu après sa mort.

La première est une charte extraite du feuillet 134 du premier volume des chartes de Coutances, par laquelle nous apprenons qu'un nommé Nicolas Pasté, ayant vendu à un chanoine de la cathédrale de Coutances, nommé Nicolas de la Balaine, certaines portions de terre situées en la paroisse de Saint-Pierre de Coutances, sous le bourg de cette paroisse, et le chanoine en ayant disposé en la faveur du chapitre et des religieux de Savigny, Jourdain Louvel, chevalier, et Fouque Louvel, son fils, de qui ces terres relevaient, en accorda indemnité à ces donataires moyennant une rente de douze deniers payables à la foire de Montmartin. Cette charte est de l'an 1243.

L'autre est un témoignage de ce que nous avons dit encore ne faisant qu'un avec nous. Hébert, évêque de Salisbury, avait, de son vivant, donné au chapitre de Coutances le patronage de Winterburn-Slilrellane, place considérable de son diocèse, avec la nomination aux églises qui en dépendent. Il avait obligé le vicaire perpétuel de ce lieu, dont il avait voulu que nos chanoines fussent les curés primitifs, à payer au chapitre de Coutances cinquante sous de rente annuelle, à quoi il avait ajouté une rente de trois marcs d'argent à prendre aussi annuellement sur ce même lieu et ses dépendances [1]. Son successeur en cet évêché de Salisbury, nommé Richard, « ad multiplicem instantiam venerabilis Hu« gonis Constantiensis », ayant égard à l'honnêteté et au mérite du chapitre de Coutances, non-seulement il ratifia ce qu'avait donné son prédécesseur, mais il ajouta encore cinq autres marcs d'argent, en sorte que le curé de Winterburn-Slilrellane serait obligé de payer annuellement huit marcs d'argent à notre chapitre [2]. Nous

---

[1] Cartulaire de Coutances, n° 275.
[2] *Ibid.*, n° 276.

avons ces chartes : celle de Hébert est datée d'un lieu nommé Bissupissis, le 6 octobre, la huitième année de son pontificat; celle de Richard, du 10 mars, l'an six de son pontificat, « apud Novas [1] ».

Le chapitre de Salisbury ratifia ces donations, et les abbés de Montebourg, de Lessay, de Blanchelande, furent choisis pour être les juges devant lesquels elles seraient reconnues [2]. Nous avons tous ces actes extraits du cartulaire du chapitre ; on pourra les voir en la page 39 de notre recueil.

Enfin, pour terminer ce qui regarde ce chapitre de Gilles de Caen, j'ajouterai que ce prélat avait un neveu, nommé Robert Goubert, archidiacre du Bauptois, lequel, en l'an 1260, donna au chapitre de Coutances ce qu'il avait acquis du nommé Jean Gosselin dans les paroisses de Barfleur, de Gatteville, de Montfarville et de Sainte-Geneviève, de quelque espèce que ce pût être, terres ou rentes, dont les deux tiers vertiraient au bénéfice des chanoines, et l'autre tiers serait pour les clercs du chœur ; et de tout ce revenu, il en destina vingt sous pour l'obit qu'on serait obligé de faire tous les ans pour feu son oncle Gilles [3] d'heureuse mémoire, évêque de Coutances; 2° qu'en 1248, messire Robert L'Ecrivain, clerc, donna à vénérable homme messire Jean d'Argenton, chantre de Coutances, en récompense de bons services qu'il avait rendus et pour la bonne amitié qu'il lui portait, toute la terre sur laquelle ce

---

[1] Cartulaire de Coutances, n° 277.
[2] *Ibid.*, n° 278.
[3] *Ibid.*, n°s 23 et 26.

chantre avait fait bâtir et qui était enfermée en son enclos, et le chantre, par une autre charte qui suit celle-ci et est datée du mois de février 1255, donna ce sien manoir à son chapitre de Coutances pour son anniversaire ; 3° [qu'] enfin, Jean de Caen, prêtre, donna pour toujours à messire Thomas de Mortain, chanoine de Coutances, aussi par bonne amitié, trois boisseaux de froment de rente payable à la Saint-Michel, avec un chapon de rente à prendre sur Robert de Jumel, de la paroisse de Saint-Nicolas de Coutances, laquelle rente lui avait été vendue par Alix de Jumel.

FIN DU PREMIER VOLUME.

ERRATA

Page 23, ligne 1, telle quelle soit, *lisez :* telle qu'elle soit.
Page 59, ligne 17, Nantreuil, *lisez :* Nanteuil.
Page 70, ligne 12, dequels, *lisez :* desquels.
Page 84, note, ligne 1, fut tué, *lisez :* mourut.
Page 142, ligne 11, ces hommes, *lisez :* ses hommes.
Page 143, ligne 16, dilixemus, *lisez :* dileximus.
Page 174, note, ligne 3, Rouaud, *lisez :* Rouault.
Page 225, note, ligne 13, Olivervus, *lisez :* Oliverus.
Page 230, note 1, village de la Manche, *lisez :* de la Mouche.
Page 240, ligne 8, Marmoutiers, *lisez :* Marmoutier.
Page 241, ligne 12, Virgultum, *lisez :* virgultum.
Page 243, ligne 1, manochus, *lisez :* monachus.
Page 248, note 1, ligne 4, épiscopi, *lisez :* episcopi.
Page 250, ligne 11, Athar-, *lisez :* Atharpoin.
Page 279, ligne 25, presentabunt, *lisez :* præsentabunt.
Page 288, ligne 6, Robert de Mole, *lisez :* de Molé.
Page 304, ligne 23, porteur, *lisez :* porteurs.
Page 340, ligne 15, chères frères, *lisez :* chers frères.
Page 367, note, de decimio, *lisez :* de decima.
Page 373, ligne 14, Vandrimesnil, *lisez :* Vaudrimesnil.
Page 376, ligne 16, Paisnel, *lisez :* Painel.

TABLE

PREMIÈRE PARTIE

		Pages.
Chapitre Ier.	De saint Ereptiole et de saint Exuperat.	1
Chapitre II.	De saint Léontien et de saint Possesseur.	10
Chapitre III.	De saint Lo.	18
Chapitre IV.	De saint Romphaire.	36
Chapitre V.	Des saints Ulphobert, Lupicius, Charibon, Valdomar, Hulderic et Frémond.	46
Chapitre VI.	Des évêques Willebert, Salomon, Agathée, Livin, Ubifride, Josué, Léon, Angulon et Hubert.	58
Chapitre VII.	De Willard, Erloin et Séginand.	64
Chapitre VIII.	De Liste, Ragenard, Agebert, Algeronde et Herlebaud.	84

DEUXIÈME PARTIE

Chapitre Ier.	De Théodoric.	94
Chapitre II.	De Herbert, Gilbert et Hugues Ier.	100
Chapitre III.	De Herbert II et Robert Ier.	108
Chapitre IV.	De Geoffroi de Montbrai.	117
Chapitre V.	De Raoul.	148
Chapitre VI.	De Roger.	159
Chapitre VII.	De Richard de Brix.	169
Chapitre VIII.	De Algare.	175
Chapitre IX.	De Richard de Bohon.	204
Chapitre X.	De Guillaume de Tournebu.	254

TROISIÈME PARTIE

Chapitre Ier.	De Vivien.	294
Chapitre II.	De Hugues de Morville.	340
Chapitre III.	De Gilles de Caen.	387

www.ingramcontent.com/pod-product-compliance
Lightning Source LLC
Chambersburg PA
CBHW071913230426
43671CB00010B/1588